PHP

Best Friend

PHP

Bernhard Bauder, Titus Hochgreve,
Alexander Marquarth

DATA BECKER

Copyright	© 2001 by DATA BECKER GmbH & Co. KG Merowingerstr. 30 40223 Düsseldorf
	1. Auflage 2001
Reihenkonzeption	Marc-André Petermann
Lektorat	Andreas von Brechan
Umschlaggestaltung	Inhouse-Agentur DATA BECKER
Textmanagement	Jutta Brunemann (jbrunemann@databecker.de) Korrektorat: Alexandra Müller
Textbearbeitung & Gestaltung	Cornelia Dörr
Produktionsleitung	Claudia Lötschert (cloetschert@databecker.de)
Druck	Media-Print, Paderborn
E-Mail	buch@databecker.de

Alle Rechte vorbehalten. Kein Teil dieses Buches darf in irgendeiner Form (Druck, Fotokopie oder einem anderen Verfahren) ohne schriftliche Genehmigung der DATA BECKER GmbH & Co. KG reproduziert oder unter Verwendung elektronischer Systeme verarbeitet, vervielfältigt oder verbreitet werden.

ISBN 3-8158-2225-4

Wichtiger Hinweis

Die in diesem Buch wiedergegebenen Verfahren und Programme werden ohne Rücksicht auf die Patentlage mitgeteilt. Sie sind für Amateur- und Lehrzwecke bestimmt.

Alle technischen Angaben und Programme in diesem Buch wurden von den Autoren mit größter Sorgfalt erarbeitet bzw. zusammengestellt und unter Einschaltung wirksamer Kontrollmaßnahmen reproduziert. Trotzdem sind Fehler nicht ganz auszuschließen. DATA BECKER sieht sich deshalb gezwungen, darauf hinzuweisen, dass weder eine Garantie noch die juristische Verantwortung oder irgendeine Haftung für Folgen, die auf fehlerhafte Angaben zurückgehen, übernommen werden kann. Für die Mitteilung eventueller Fehler sind die Autoren jederzeit dankbar.

Wir weisen darauf hin, dass die im Buch verwendeten Soft- und Hardwarebezeichnungen und Markennamen der jeweiligen Firmen im Allgemeinen warenzeichen-, marken- oder patentrechtlichem Schutz unterliegen.

Inhaltsverzeichnis

1. PHP installieren und konfigurieren **9**

1.1 PHP – Erfolgskonzept Server-seitiger Skripts 10
1.2 Auswahl eines geeigneten PHP-Editors 12
1.3 Internent Explorer, Netscape oder Opera? 15
1.4 Einrichten der Entwicklungsumgebung 17
1.5 Optimieren der Entwicklungsumgebung 33
1.6 Start-up – All engines are running! 40

2. Grundlegende Arbeitsweisen mit PHP **43**

2.1 PHP-Quelltext sauber schreiben 44
2.2 Variablen – Daten gekonnt verpacken 48
2.3 Konstanten definieren und prüfen 53
2.4 Datentypen – Was ist wo drin? 54
2.5 Daten manipulieren, auswerten und vergleichen 67
2.6 Grundlegende Funktionen im Umgang mit Arrays 73

3. Einsatz spezieller Strukturelemente **85**

3.1 Schleifen im PHP-Quelltext 86
3.2 Wenn, dann? – Bedingungen 95
3.3 PHP-Funktionen sicher im Griff 101
3.4 Umfangreiche Skripte zerlegen 109

4. Arbeiten mit Dateien und Verzeichnissen **115**

4.1 Die Dateifunktionen von PHP 116
4.2 Dateien sinnvoll verwalten 128
4.3 Entstehung eines Zeileneditors 133
4.4 Empfehlungen aus der PHP-Praxis 144

5. Mit PHP zur dynamischen Website — **147**

- 5.1 Entwicklung interaktiver Formulare — 149
- 5.2 Auswertung als Mail verschicken — 187
- 5.3 Dateneingaben der Besucher kontrollieren — 199
- 5.4 Datums- und Zeitangaben in PHP — 271
- 5.5 Formulare grafisch aufarbeiten — 286
- 5.6 Cookies – Einsatz und Beschränkungen — 303

6. PHP und andere Skriptsprachen — **309**

- 6.1 PHP mit JavaScript kombinieren — 310
- 6.2 Server-seitige Kombinationen — 312
- 6.3 Client-Server-Verbindung mit Java — 314

7. Das Dreamteam – PHP und MySQL — **317**

- 7.1 Aufbau von MySQL-Tabellen — 319
- 7.2 MySQL und PHP im Einsatz — 323
- 7.3 Grundlegende Arbeiten mit SQL — 328
- 7.4 Alles im Griff mit phpMyAdmin — 338

Stichwortverzeichnis — **343**

1. PHP installieren und konfigurieren

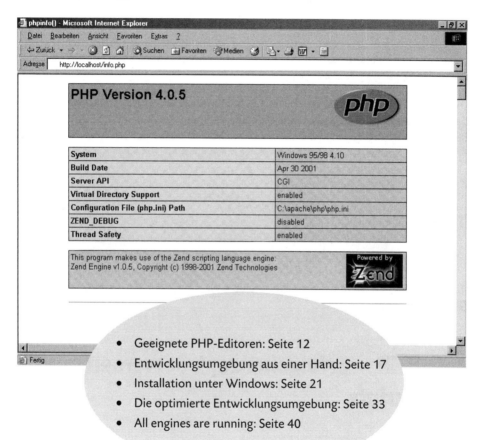

- Geeignete PHP-Editoren: Seite 12
- Entwicklungsumgebung aus einer Hand: Seite 17
- Installation unter Windows: Seite 21
- Die optimierte Entwicklungsumgebung: Seite 33
- All engines are running: Seite 40

PHP installieren und konfigurieren

Der große Vorteil von Server-seitigen Sprachen gegenüber Client-seitigen (wie z. B. JavaScript oder Flash) ist, dass man sich keine Sorgen machen muss, ob die Sprache vom Browser interpretiert wird oder nicht; denn der Browser hat mit PHP nichts zu tun: Er bekommt von PHP nur Daten geliefert, mit denen er etwas anfangen kann: Das PHP-Skript wird vom Webserver ausgewertet und damit HTML-Quelltext, ein Bild oder ein PDF-Dokument erzeugt, das dann an den Browser des Client geschickt wird.

Hier ist aber auch der Trennstrich zu ziehen zwischen der Server-seitigen Dynamik und der Client-seitigen: PHP ermöglicht keine grafischen Animationen wie Laufschriften, MouseOver-Effekte etc. Dies ist die Aufgabe von Client-seitigen Sprachen wie JavaScript.

Die Dynamik von PHP bezieht sich weniger auf einzelne Seiten als auf die ganze Site, das Zusammenspiel der Seiten. Beim Aufbau einer neuen Seite kann auf Eingaben des Besuchers reagiert werden und sie bleiben erhalten, solange man die Daten auf dem Webserver speichert.

Server – Client

Die Bedeutung dieser beiden Begriffe, wird sofort klar, wenn man sie übersetzt. Sowohl Server als auch Client sind zwei verschiedene Computer, die über ein Netz (z. B. das Internet) miteinander kommunizieren. Der Server ist der Lieferant der Daten. Der Client ist der Kunde, der sich vom Server mit Daten bedienen und diese Daten von einer Software verarbeiten lässt – in unserem Fall verarbeitet ein Webbrowser HTML-Text zur Darstellung einer Webseite.

1.1 PHP – Erfolgskonzept Serverseitiger Skripts

PHP entstand unmittelbar zur schnellen und einfachen Lösung von Aufgaben, die bei der Entwicklung dynamischer Websites immer wieder auftauchen. Rasmus Lerdorf schrieb Tools, die diese teils komplexen Aufgaben auf einige einfache Funktionsaufrufe realisierten. Dadurch sind viele, zunächst komplex anmutende Aufgaben recht einfach zu lösen, sodass der Entwickler sich auf Details und das Design seiner Website konzentrieren kann, wenn er in PHP einigermaßen geübt ist.

1.1 PHP – Erfolgskonzept Serverseitiger Skripts

Mithilfe von jeweils nur drei bis vier Funktionsaufrufen lassen sich so beispielsweise der Zugriff auf Datenbanken, einfache Template-Systeme, die dynamische Erzeugung von Bildern (z. B. beschriftete Buttons) realisieren. Die Übermittlung von Formular-Eingaben und Skript-Parametern geschieht automatisch, rechnen kann PHP natürlich auch.

Templates – Vorlagen für den Alltag

INFO Mithilfe der String-Funktionen von PHP lässt sich gar eine umfangreiche Website mit nur einer PHP- und einer HTML-Datei aufbauen, die das Layout enthält, während der gesamte Text der Site in Textdateien (oder einer Datenbank) gespeichert ist und je nach Bedarf vor der Ausgabe in das Layout eingefügt wird. Diese Technik verbirgt sich übrigens hinter dem Zauberwort „Template-basiert": Die eine HTML-Datei ist das Template, das von dem einen Skript mit Daten gefüttert wird, die es aus den Textdateien (oder der Datenbank) erhält.

Der Kern der Sprache besteht nur aus ein paar Dutzend Wörtern sowie den Prinzipien, die allen Programmiersprachen und jeder Softwareentwicklung zugrunde liegen. Mit diesem Sprachkern lassen sich schon einfache Aufgaben lösen. Wenn Sie das zweite Kapitel durchgearbeitet haben, können Sie schon PHP programmieren.

Die vielen Funktionen, die Ihnen im weiteren Verlauf begegnen werden, erleichtern Ihre Arbeit oder geben Ihnen zusätzliche Möglichkeiten an die Hand.

Voraussetzungen für die PHP-Programmierung

Zum Schreiben eines PHP-Skripts genügt ein normaler Texteditor. Zum Entwickeln von Websites gehört etwas mehr als nur das Schreiben von Skripten – nämlich das Testen. Um das Produkt dann auch der ganzen Welt vorstellen zu können, benötigen Sie Webspace mit PHP-Unterstützung. Den müssen Sie mieten, wenn Sie nicht über eine kostenlose Möglichkeit zur Veröffentlichung (beispielsweise beim Arbeitgeber) verfügen.

Sie werden Ihre Skripte mit einem mehr oder weniger komfortablen FTP-Programm auf den Server hochladen müssen. Um zu vermeiden, diesen Aufwand bei jeder kleinen Änderung betreiben zu müssen, können Sie sich auf dem heimischen Rechner einen eigenen Webserver einrichten und Ihre Skripte dort vor der Veröffentlichung testen. Wo Sie die notwendige Software finden und wie sie installiert und konfiguriert wird, wird in den folgenden Kapiteln erklärt.

PHP installieren und konfigurieren

1.2 Auswahl eines geeigneten PHP-Editors

Um PHP-Skripte bearbeiten zu können, genügt ein einfacher Texteditor, der unformatierten Text speichern kann. Das in Windows enthaltene NotePad ist eine von vielen Alternativen.

```
Chap04_09.php - Editor
Datei  Bearbeiten  Suchen  ?
<?php
function info ($filename)                // zeigt einige Informationen über die Datei
{
        echo $filename, ' existiert';
        if (file_exists($filename))
        {
                if (is_file($filename))
                        echo ', ist eine reguläre Datei und ', filesize($filename), ' Bytes groß
                elseif (is_dir($filename))
                        echo ' und ist ein Verzeichnis';
                elseif (is_link($filename))
                        echo ' und ist ein symbolischer Link';
                echo '; Schreibrechte sind';
                if (!is_writable($filename))
                        echo ' nicht';
                echo ' vorhanden';
        }
        else
                echo ' nicht';
        echo '.<br>';
}
info ('dummy.txt');
touch ('dummy.txt');    // Datei erzeugen bzw. Änderungsdatum aktualisieren
info ('dummy.txt');
$file = fopen ('dummy.txt', 'w');       // etwas hineinschreiben
fputs ($file, 'Hallo Welt.');
fclose ($file);
info ('dummy.txt');
copy ('dummy.txt', 'dummy2.txt');       // kopieren
info ('dummy2.txt');
unlink ('dummy.txt');                   // löschen
info ('dummy.txt');
rename ('dummy2.txt', 'dummy.txt');     // umbenennen
info ('dummy.txt');
unlink ('dummy.txt');
```

PHP-Code im Windows-Editor

Sehr zu empfehlen sind spezielle PHP-Editoren, die das Bearbeiten der Skripte durch Einfärben der Syntax erheblich erleichtern und vielfach weitere interessante Leistungsmerkmale bieten.

1.2 Auswahl eines geeigneten PHP-Editors

Schauen Sie sich auf jeden Fall den Editor PHP Coder an, den Sie unter *www.phpide.de* downloaden können. Auf der Website zum Buch finden Sie unter anderem eine Übersicht über Editoren, die Unterstützung für PHP bieten und das Syntax-Coloring, auch Syntax Highlighting genannt, beherrschen, d. h. die farbliche Markierung von PHP-Sprachelementen in Skript-Quelltexten.

Editoren zum kostenlosen Download

Der PHP Coder ist Freeware und unter *http://www.phpide.de/* erhältlich.

PHPEd (ebenfalls Freeware) finden Sie unter *http://www.soysal.com/PHPEd/*.

PHPEdit (OpenSource, s. Bild) hat sein Zuhause bei *http://www.phpedit.com/*.

PHP-Code in PHPEdit

PHP installieren und konfigurieren

LINK

PHP-Manual

Ergänzend zu diesem Buch ist das PHP-Manual zu empfehlen. Sie finden es in der deutschen Version als Windows-Hilfe (CHM-Datei) zum Download unter *http://www.php.net/download-docs.php*.

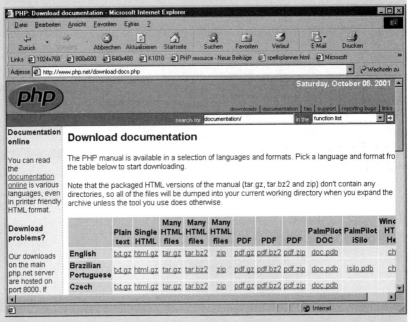

http://www.php.net/download-docs.php – die PHP-Manual Download-Seite

Dabei ist die englische Version immer die aktuellste, da die Übersetzungen nicht ständig aktualisiert werden. Falls Sie sich dank einer Flatrate keine Gedanken um Onlinekosten machen müssen und die englische Sprache gut beherrschen, benutzen Sie die kommentierte Onlineversion des englischen Handbuchs: Hier finden Sie weitere Tricks, die andere Benutzer zur Lösung von Problemen benutzt haben: *http://www.php.net/manual*.

1.3 Internet Explorer, Netscape oder Opera?

Schließlich benötigen Sie noch mindestens einen Webbrowser. Dabei ist zu bedenken: Je mehr verschiedene Browser Sie zur Verfügung haben, desto umfangreicher können Sie Ihre Website testen.

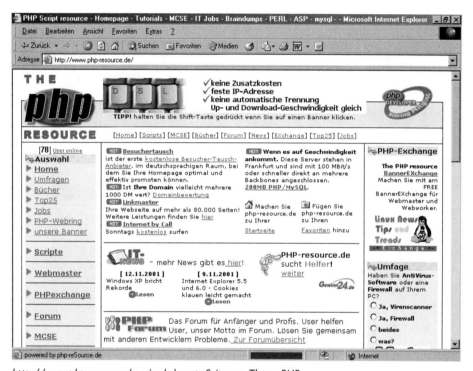

http://www.php-resource.de - eine bekannte Seite zum Thema PHP

Der Marktanteil des Internet Explorer von Microsoft geht zwar an die 75 %, dennoch surft ein Viertel aller Internetbenutzer mit Netscape – teils aus Überzeugung, teils weil es unter UNIX keine Alternative gibt. Um auch diese Besucher Ihrer Seite zu berücksichtigen, sollten Sie die Skripte auch mit Netscape testen.

PHP installieren und konfigurieren

Geben Sie auch jüngeren Browsern eine Chance und testen Sie Ihre Seiten zusätzlich mit dem Opera-Webbrowser und Mozilla. Wenn Sie zusätzlich die Möglichkeit haben, sich Ihre Site auf dem Mac anzuschauen, nur zu: Es warten vielleicht noch mehr Überraschungen auf Sie.

http://www.databecker.de/frames.php – die DATA BECKER Homepage mit Opera

Außerdem ist der Internet Explorer jetzt in der sechsten Version erhältlich, es wird aber noch eine Weile dauern, bis die neue Version seinen beliebten Vorgänger weitgehend abgelöst hat. In der Darstellung ergeben sich kaum Unterschiede, doch im Bereich von JavaScript hat sich Microsoft entschlossen, dem Standard nun hundertprozentig zu folgen – und das kann Inkompatibilitäten mit bisherigen Versionen bedeuten. Das größte Problem für den Entwickler ist dabei, dass sich auf einem System nicht zwei verschiedene Versionen des Internet Explorer gleichzeitig betreiben lassen – jedenfalls nicht ohne Tools anderer Hersteller.

1.4 Einrichten der Entwicklungsumgebung

Vor dem ersten Skript-Test ist aber die Installation und Konfiguration der kompletten Entwicklungsumgebung nötig. Um mit PHP auf dem eigenen Rechner arbeiten zu können, benötigen Sie mehrere Programme. Deren Installation wird im Folgenden erläutert.

Alles aus einer Hand mit PHPTriad

Am einfachsten ist die Installation von PHPTriad. Dieses Installations-Tool fasst alle nötigen Programme zusammen und enthält einen Apache-Server, PHP, MySQL und PHPMyAdmin. Dieses Paket ist nur für Windows verfügbar. Die Installation ist denkbar einfach.

1. Laden Sie zunächst das PHPTriad Installationspaket von folgender Adresse herunter: *http://www.phpgeek.com/*. Die Größe der Datei beträgt ca. 11 MByte und ist insgesamt kleiner als ein Download aller einzelnen Programme.

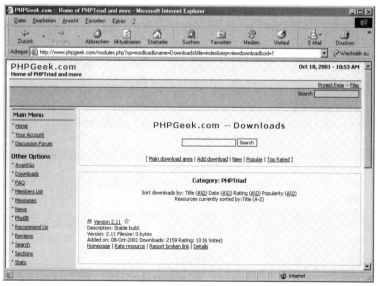

(*http://www.phpgeek.com/modules.php?op=modload&name=Downloads&file=index&req=viewdownload&cid=1*)

PHP installieren und konfigurieren

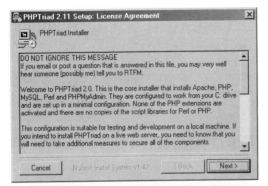

2. Führen Sie nach dem Download die Installationsdatei mit einem Doppelklick auf das Programmsymbol aus und bestätigen Sie den Dialog mit *Next*.

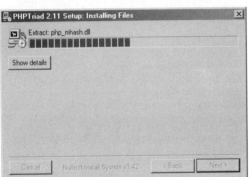

3. Jetzt läuft die automatische Installation von PHPTriad ab. Sie können sich Details anzeigen lassen, was den Installationsvorgang jedoch erheblich verlangsamt. PHPTriad installiert alle Programmteile in das Verzeichnis *C:\apache*.

4. PHPTriad ist jetzt auf Ihrem Rechner installiert. PHPTriad hat in dem Startmenü von Windows Einträge hinzugefügt. Über diese Einträge können Sie alle Programme verwalten. Zum Testen der Installation muss zuerst der Server gestartet werden. Gehen Sie dazu über das Menü *Start/Programs/PHPTriad/Start Apache*. Ein DOS-Fenster öffnet sich, was nicht geschlossen werden darf, da sonst der Server nicht mehr korrekt funktioniert.

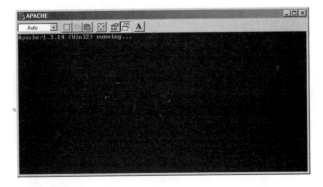

1.4 Einrichten der Entwicklungsumgebung

Wenn Sie dieses DOS-Fenster sehen, ist der Server korrekt installiert. Ist dies nicht der Fall, versuchen Sie zunächst, PHPTriad neu zu installieren. Schafft dies immer noch keine Abhilfe, muss der Server manuell installiert werden. Dies wird im nächsten Kapitel ab Seite 21 beschrieben.

TIPP

Sicherheit geht vor

Bitte beachten Sie: Der Apache-Webserver ist ein richtiger Webserver. Wenn der Server auf Ihrem System läuft und Sie gleichzeitig eine Verbindung zum Internet hergestellt haben, bieten Sie potenziellen Angreifern ein leichtes Ziel, wenn Sie keine speziellen Sicherheitsvorkehrungen getroffen haben. Daher sollten Sie den Apache-Webserver auf Ihrem System immer beenden, bevor Sie eine Verbindung zum Internet herstellen.

5. Um die Funktion des Servers weiter zu überprüfen, gehen Sie über das Menü *Start/Programs/PHPTriad/Launch Site*. Jetzt öffnet sich der Browser und zeigt eine Testseite an. Sollten Sie diese Testseite nicht sehen, versuchen Sie folgenden Eintrag in der Adresszeile des Browser: *http://127.0.0.1/*.

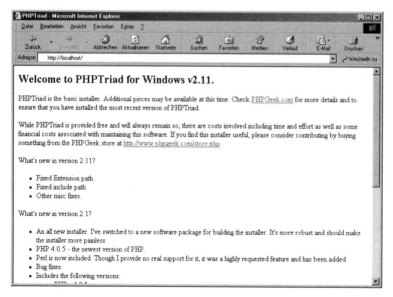

6. Um jetzt noch die Funktion von PHP zu testen, suchen Sie den Link *phpinfo.php* auf der Seite und wählen ihn aus.

PHP installieren und konfigurieren

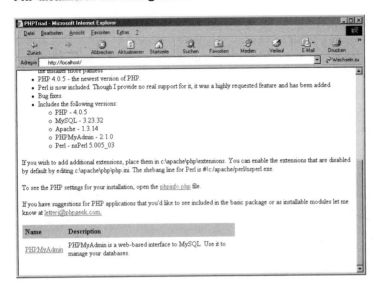

Als Nächstes werden Sie im Browser das folgende Bild erhalten. Die Seite enthält Informationen zur Installation von PHP.

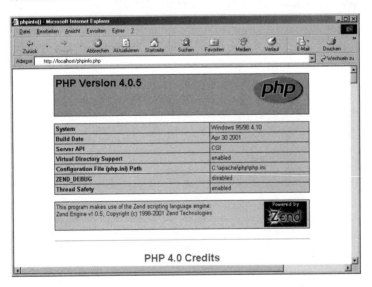

Der Server und PHP sind jetzt korrekt auf Ihrem System installiert. Um Programme zu testen, müssen diese im Dokumentenverzeichnis des Servers gespeichert werden. Dieses Verzeichnis lautet bei der PHPTriad-Installation *C:\apache\htdocs*. Um ein Skript aufzurufen, starten Sie zunächst die Launch-Site von PHPTriad und geben dann hinter

1.4 Einrichten der Entwicklungsumgebung

der Adresse im Browser den Namen des Skripts an. Haben Sie ein Programm mit dem Namen *test.php* in dem Dokumentenordner gespeichert, können Sie dieses über den folgenden Eintrag in der Adresszeile des Browsers aufrufen:

http://localhost/test.php

Alternativ funktioniert auch folgender Eintrag:

http://127.0.0.1/test.php

TIPP **Schneller Zugriff auf das Dokumentenverzeichnis**
Um nicht jedes Mal umständlich das Dokumentenverzeichnis des Servers zu suchen, wenn Sie ein PHP-Skript bearbeiten wollen, gibt es eine hilfreiche Abkürzung. Erstellen Sie von dem Dokumentenverzeichnis des Servers eine Verknüpfung und kopieren Sie diese auf den Desktop. So haben Sie immer einen schnellen Zugriff auf Ihre Skripte.

Apache-Server unter Windows installieren

In diesem Kapitel wird erklärt, wie Sie am einfachsten den Apache-Webserver auf Ihrem Windows-PC installieren und die nötigen Grundeinstellungen vornehmen.

Vorbereitung

Die fertige Apache-Installation benötigt ca. 4 MByte auf Ihrer Festplatte. Für die nötigen System-Updates benötigen Sie eventuell zusätzlichen Speicher. Angaben über alle nötigen Downloads finden Sie in der folgenden Tabelle:

Download	Betriebssystem	Quelle	Größe
WinSock-Update	Windows 95	http://www.microsoft.com/windows/downloads/bin/W95ws2setup.exe	963 KByte
Microsoft-Installer 1.1	95/98 (in ME bereits enthalten)	http://www.microsoft.com/downloads/release.asp?ReleaseID=17343	1,42 MByte
	NT (in 2000 enthalten)	http://www.microsoft.com/downloads/release.asp?ReleaseID=17344	1,43 MByte
Installer-Paket für den Apache-Webserver	Alle	http://httpd.apache.org/dist/httpd/binaries/win32/	1,8 MByte

PHP installieren und konfigurieren

1. Unter Windows 95 benötigen Sie ein Update für den Win32-Socket. Laden Sie die oben angegebene Datei herunter, öffnen Sie sie mit einem Doppelklick und führen Sie den anschließend verlangten Neustart durch.

2. Der Apache-Webserver ist seit Version 1.3.15 nur noch als MSI-Paket erhältlich. Um dies zu installieren, benötigen Sie den Microsoft-Installer mindestens in Version 1.1. In Windows ME und 2000 ist der bereits enthalten. Ist er noch nicht installiert, laden Sie ihn herunter und installieren ihn. Ein anschließender Neustart ist vermutlich nicht nötig. Führen Sie ihn aber dennoch durch, falls Windows Sie dazu auffordern sollte. In einigen Versionen von Windows 98 und NT ist der MSI zwar schon enthalten, aber nicht in der erforderlichen Version. Die Installation der Version 1.1 dauert aber nur ein bis zwei Mausklicks und ist – abgesehen vom Windows-Neustart – absolut schmerzlos.

3. Nach dem Neustart ist Ihr System auf die Installation von Apache und PHP vorbereitet.

Installation

Sollte sich das MSI-Paket des Apache nicht durch einen Doppelklick öffnen lassen, so starten Sie die Installation manuell, indem Sie „MSIEXEC /i d:\pfad\apache_version.msi" unter *Start/Ausführen* eingeben. Dabei ist *d:\pfad* natürlich durch die Pfadangabe der Datei zu ersetzen. Ist die Datei auf der Fetsplatte C:\ im Verzeichnis *Download* abgelegt, sieht dies wie folgt aus:

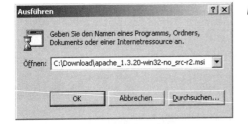

Die MSI-Datei manuell starten

1. Der Apache-Installations-Wizard zeigt Ihnen zunächst einige Informationsseiten sowie die Lizenzbedingungen. Klicken Sie sich durch die drei Dialoge, bis die erste echte Eingabemaske erscheint:

1.4 Einrichten der Entwicklungsumgebung

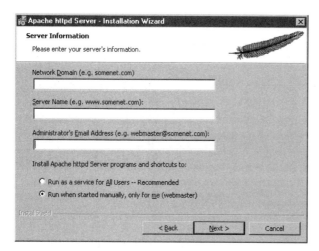

2. Tragen Sie unter *Network Domain* und *Server Name* jeweils „localhost" ein. Tragen Sie Ihre E-Mail-Adresse in der dritten Zeile ein – sollten Sie keine haben, tragen Sie eine beliebige Adresse ein.

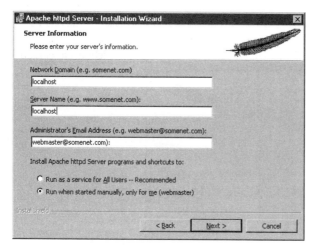

3. Zusätzlich haben Sie noch die Wahl, ob der Webserver als Systemdienst installiert werden soll oder ob Sie ihn manuell starten wollen. Dies hat jedoch nur unter Windows NT und 2000 einen Sinn, denn Windows 9x und ME kennen keine Systemdienste. Starten müssen Sie den Apache später ohnehin von Hand, wenn Sie den Start nicht im Windows-Autostart eintragen.

PHP installieren und konfigurieren

4. Als *Setup Type* wählen Sie *Complete*.

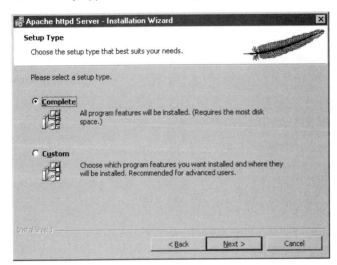

5. Anschließend werden Sie noch nach einem Ordner gefragt, in dem der Webserver installiert werden soll, Vorgabe ist *C:\Programme\Apache Group*. Wenn Sie das Verzeichnis ändern, müssen Sie spätere Pfadangaben entsprechend anpassen.

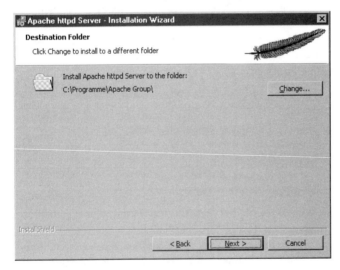

1.4 Einrichten der Entwicklungsumgebung

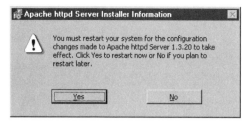

6. Auf der nächsten Seite bekommen Sie die Meldung, dass der Installer nun bereit ist, den Apache-Webserver zu installieren. Klicken Sie auf *Install* und warten Sie ab; im nächsten Fenster klicken Sie auf *Finish*. Abschließend fordert der Installer noch zum Neustart von Windows auf, nach dem Sie den Apache benutzen können.

7. Der Webserver als Dienst wird nicht automatisch gestartet. Sie müssen ihn gesondert starten, dafür hat der Installer einen Punkt im Startmenü eingerichtet: *Start/Programme/Apache httpd Server/Start Apache in Console*.

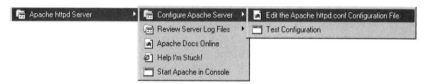

Der Installer hat ein Unterverzeichnis im Startmenü angelegt. Über *Start/Programme/Apache httpd Server/Start Apache in Console* können Sie zum Beispiel Ihren Webserver starten. Es öffnet sich ein DOS-Fenster, das Sie auf keinen Fall schließen sollten. Tun Sie dies doch, beschränken sich die sichtbaren Konsequenzen auf eine Meldung beim nächsten Aufruf des Apache, dennoch werden unter Umständen Ressourcen nicht freigegeben, was Ihr System instabil macht. Ein Menüpunkt zum Stoppen des Apache wird vom Installer auf Windows95/98 aber nicht angelegt, dies sollten Sie nachholen.

TIPP

Apache beenden

Um einen Menüpunkt zum Schließen des Apache anzulegen, öffnen Sie zunächst das entsprechende Verzeichnis des Startmenüs im Explorer. In den neueren Betriebssystemen gibt es dazu einen Eintrag *Explorer* im Kontextmenü des Startmenüs, das Sie über die rechte Maustaste erhalten. Existiert dieser Eintrag nicht, suchen Sie einfach auf Laufwerk C: nach dem Verzeichnis *Startmenü* und klicken sich zum Apache-Menü durch.

Kopieren Sie die Verknüpfung *Start Apache in Console* und benennen Sie die Kopie um in *Stop Apache*. Anschließend öffnen Sie mit der rechten Maustaste das Kontextmenü der neuen Verknüpfung und wählen den Punkt *Eigenschaften*.

PHP installieren und konfigurieren

Ersetzen Sie auf der Registerkarte *Verknüpfung* die Parameter *-w ...* durch *-k stop* und speichern Sie die Änderung durch Klick auf *OK*.

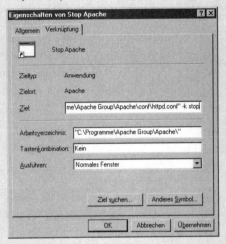

Stopp-Symbol für den Apache erstellen

Jetzt wollen Sie sich aber sicher erst einmal vom Erfolg der Installation überzeugen: Starten Sie den Webserver und öffnen Sie einen Webbrowser. In der Adresszeile geben Sie „http://localhost/" ein, und voilà: Sie erhalten die Bestätigung, dass soweit alles funktioniert. Sollte dies nicht so sein, versuchen Sie anstatt *http://localhost/* die Eingabe *http://127.0.0.1/* in der Adresszeile des Browsers.

Die Apache-Testseite – der Server funktioniert

1.4 Einrichten der Entwicklungsumgebung

TIPP

Sicherheit geht vor

Bitte beachten Sie: Der Apache-Webserver ist ein richtiger Webserver. Wenn der Server auf Ihrem System läuft und Sie gleichzeitig eine Verbindung zum Internet hergestellt haben, bieten Sie potenziellen Angreifern ein leichtes Ziel, wenn Sie keine speziellen Sicherheitsvorkehrungen getroffen haben. Daher sollten Sie den Apache-Webserver auf Ihrem System immer beenden, bevor Sie eine Verbindung zum Internet herstellen.

PHP unter Windows installieren

Als Nächstes muss PHP auf Ihrem Rechner installiert werden.

1. Sollte der Webserver aktiv sein, stoppen Sie ihn über den (eventuell soeben angelegten) entsprechenden Befehl im Startmenü – oder geben Sie unter *Start/Ausführen* den Befehl „apache -k stop" ein. Sollte dies nicht funktionieren, benutzen Sie den Task-Manager von Windows über die Tastenkombination [Strg]+[Alt]+[Entf] und beenden den Apache-Task.

2. Holen Sie sich jetzt zunächst den PHP-Installer unter der Adresse *http://www.php.net/downloads.php* und führen Sie ihn aus.

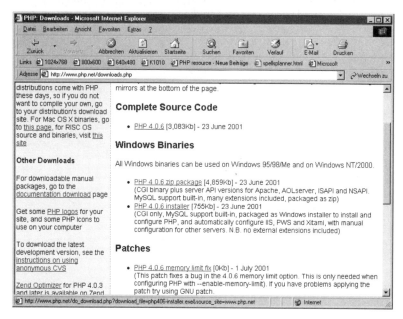

PHP installieren und konfigurieren

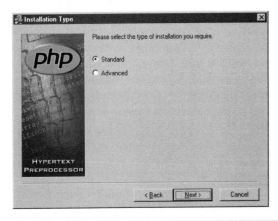

3. Haben Sie die Eingangsseite weggeklickt und den Lizenzbedingungen zugestimmt (*I Agree*), wählen Sie die Installationsmethode *Standard*. Dies genügt für die Zwecke dieses Buchs vollkommen und Sie müssen sich durch weniger Dialoge klicken.

best friend INFO

Advanced Installation

Wählen Sie den Installationsmodus *Advanced*, haben Sie einige zusätzliche Optionen: Für einige spezielle Dateien können eigene Verzeichnisse gewählt werden, die Anzeige von Fehlern kann ausgewählt werden. Letztendlich haben Sie (nach der Wahl des zu konfigurierenden Webservers, die auch in der Standard-Installation besteht) noch die Wahl der Erweiterung.

Für die Einstellung *Error Reporting Level* empfehlen wir Ihnen, von der Voreinstellung abzuweichen und die zweite Option zu wählen (*Display all errors and warnings*.). PHP selbst empfiehlt zwar für die Entwicklung zusätzlich, die notices auch ausgeben zu lassen. Dies macht aber das Benutzen von Cookies schwierig, da unter anderem das Anlegen jeder einzelnen Variablen dokumentiert wird.

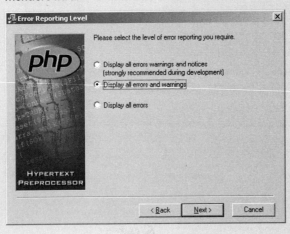

28

1.4 Einrichten der Entwicklungsumgebung

> Bei der Wahl der Erweiterung sollten Sie an der Vorgabe .php nichts ändern, solange der Apache nicht automatisch konfiguriert wird, ist es an dieser Stelle aber auch egal.

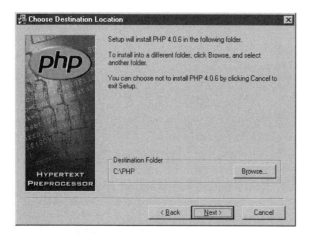

4. Als Nächstes können Sie einen Pfad wählen, in den PHP installiert wird. Als Standard wird hier das Verzeichnis C:\PHP vorgegeben. Um unnötige Probleme bei der Installation zu vermeiden, wird empfohlen, diese Pfadangabe nicht zu ändern. Sollten Sie dennoch einen anderen Pfad wählen, merken Sie sich diesen unbedingt.

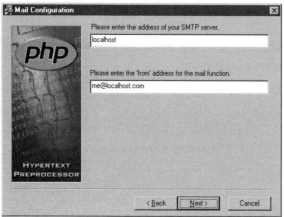

5. Der PHP-Installer fordert Sie jetzt auf, die Adresse des SMTP-Servers und eine Absenderadresse für E-Mails einzutragen. Die vorgegebenen Einträge können hier beibehalten werden. Haben Sie keinen SMTP-Server installiert, können Sie die Mail-Befehle von PHP nicht nutzen.

6. Der Windows-PHP-Installer installiert die CGI-Version von PHP und konfiguriert auch die Webserver IIS, PWS und Xitami. Eine Konfiguration des Apache ist in Vorbereitung, in der Version 1.06 des Installer aber noch nicht implementiert.

PHP installieren und konfigurieren

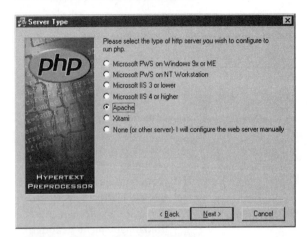

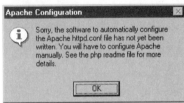

Sie können zwar den Apache-Server für die Konfiguration auswählen, am Ende der Installation bekommen Sie allerdings die Fehlermeldung, dass dieser Programmteil noch nicht existiert und die Konfiguration manuell vorgenommen werden muss.

7. Der PHP-Installer hat nun alle notwendigen Informationen, um PHP auf dem System zu installieren.

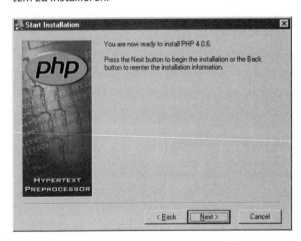

1.4 Einrichten der Entwicklungsumgebung

Bestätigen Sie den Dialog, indem Sie *Next* auswählen. PHP wird nun installiert. Sollten Sie bei den Optionen für die automatische Konfiguration den Apache-Webserver ausgewählt haben, bekommen Sie eine Meldung, dass der Apache-Server noch nicht automatisch eingerichtet wird und Sie dies manuell erledigen müssen. Danach folgt noch eine Meldung, dass PHP erfolgreich installiert wurde.

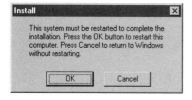

Je nach Windows-Version werden Sie noch zum Neustart von Windows aufgefordert.

Nun ist PHP auf Ihrem System installiert.

Apache-Server für PHP konfigurieren

Momentan bleibt für eine einfache Installation zu hoffen, dass die Konfiguration des Apache bald im Installer implementiert wird. Bis dahin müssen noch einige wenige Punkte in der Apache-Konfigurationsdatei *httpd.conf* angepasst werden, damit der Server PHP-Anweisungen ausführen kann. Diese Textdatei enthält sämtliche Einstellungen des Apache-Webservers, jede Einstellung in einer eigenen Zeile und die Parameter durch Leerzeichen getrennt.

1. Um die Einstellungen vorzunehmen, wählen Sie im Startmenü den Punkt *Start/ Programme/Apache httpd Server/Configure Apache Server/Edit the Apache httpd. conf Configuration File*. Sollten Sie der Erweiterung *.conf* noch kein Programm zugeordnet haben, werden Sie jetzt dazu aufgefordert. Empfehlenswert ist WordPad. Sie können aber natürlich jeden beliebigen Texteditor benutzen.

Sie können die drei Zeilen nicht irgendwo einfügen, denn das Bearbeiten der *httpd. conf* entspricht beim Apache in etwa einem manuellen Eingriff in die Registry bei Windows. Gehen Sie also auch dementsprechend sorgfältig vor!

In der Abbildung zu jedem Schritt sehen Sie die Stelle, an der Sie die beschriebenen Änderungen vornehmen müssen. Sie können Ihren Editor nach einem Wort aus der Abbildung suchen lassen, um die Stelle leichter zu finden.

PHP installieren und konfigurieren

2. Zunächst wird das PHP-Verzeichnis angegeben. Dazu muss die in der Abbildung markierte Zeile eingefügt werden:

- `ScriptAlias /php/ „C:/php/"`

Sollten Sie bei der Installation von PHP einen anderen Pfad gewählt haben, müssen Sie diesen hier angeben:

- `ScriptAlias /php/ „C:/EigenerPfad/"`

```
#
# ScriptAlias: This controls which directories contain server scripts.
# ScriptAliases are essentially the same as Aliases, except that
# documents in the realname directory are treated as applications and
# run by the server when requested rather than as documents sent to the client.
# The same rules about trailing "/" apply to ScriptAlias directives as to
# Alias.
#
ScriptAlias /cgi-bin/ "C:/Programme/Apache Group/Apache/cgi-bin/"
ScriptAlias /php/ "C:/php/"
#
```

3. Dann weisen Sie Dateien mit der Endung *.php* den entsprechenden MIME-Typ zu, damit der Server PHP-Dateien auch als solche erkennt. Die entsprechen Anweisungen sind in der Datei schon enthalten, sie sind nur auskommentiert. Um sie zu aktivieren, entfernen Sie die Doppelkreuze vor den letzten beiden Zeilen in der Abbildung:

```
#
# AddType allows you to tweak mime.types without actually editing it, or to
# make certain files to be certain types.
#
# For example, the PHP 3.x module (not part of the Apache distribution - see
# http://www.php.net) will typically use:
#
#AddType application/x-httpd-php3 .php3
#AddType application/x-httpd-php3-source .phps
#
# And for PHP 4.x, use:
#
#AddType application/x-httpd-php .php
#AddType application/x-httpd-php-source .phps
```

4. Zu guter Letzt erhält der Server noch die Anweisung, Dateien vom PHP-Type an den PHP-Interpreter zur Auswertung zu schicken:

```
#
# Action lets you define media types that will execute a script whenever
# a matching file is called. This eliminates the need for repeated URL
# pathnames for oft-used CGI file processors.
# Format: Action media/type /cgi-script/location
# Format: Action handler-name /cgi-script/location
#
Action application/x-httpd-php /php/php.exe
```

Speichern Sie die Änderungen, und die Installation ist abgeschlossen.

Haben Sie die Installationsmethode *Standard* gewählt, empfiehlt es sich noch, die Ausgabe von Meldungen ein wenig einzuschränken. Lesen Sie dazu das Kapitel 1.5.

Um die Konfiguration zu überprüfen, lesen Sie in Kapiel 1.6 weiter.

Apache-Server und PHP unter Linux

Die meisten modernen Linux-Distributionen enthalten einen Paket-Manager, über den Sie Apache und PHP komplett installieren können.

Wenn Sie jedoch die neusten Versionen von PHP und Apache installieren wollen, müssen diese Pakete mit dem entsprechenden Paket-Manager zuerst vollständig entfernt werden.

Den aktuellen Apache finden Sie unter *http://httpd.apache.org/dist/httpd/*.

Die letzte PHP-Version können Sie unter *http://www.php.net/download.php* herunterladen.

Eine komplette Installationsanleitung für Apache und PHP unter Linux kann an dieser Stelle nicht gegeben werden, da zu viele unterschiedliche Umstände berücksichtigt werden müssen. Daher können wir Ihnen an dieser Stelle nur einige Links von Installationsanleitungen für Apache und PHP geben.

http://www.baach.de/lamp-tutorial.html (deutsch)

http://httpd.apache.org/docs/misc/tutorials.html (englisch)

1.5 Optimieren der Entwicklungsumgebung

PHP läuft nun, aber um damit vernünftig arbeiten zu können, muss mindestens noch eine Einstellung vorgenommen werden.

Der erste Teil des Kapitels zeigt Ihnen, wie Sie PHP dazu überreden, nicht selbst in den korrektesten Skripten unschöne „Warnungen" zu produzieren. Befolgen Sie die Anleitung dort unbedingt, sonst werden Sie spätestens im Kapitel über Cookies nicht mehr weiterkommen!

PHP installieren und konfigurieren

Im zweiten Teil geht es darum, wie Sie die Möglichkeiten eines Multi-User-Betriebssystems für eine erhöhte Datensicherheit nutzen.

Bearbeiten der Konfigurationsdatei php.ini

Die erste Einstellung betrifft PHP selbst, daher wird sie in der zugehörigen Konfigurationsdatei vorgenommen werden. Diese Datei heißt *php.ini*. Haben Sie sie unter Linux installiert, kennen Sie sie schon.

Der Windows-Installer kopiert sie automatisch in das Verzeichnis, in dem sie auch gesucht wird: ins Windows-Verzeichnis (Windows 9x/ ME/XP: *C:\Windows*; Windows NT/2000/XP: *C:\WinNT*).

PHP gibt bei bestimmten Ereignissen Meldungen aus. Zu diesen Ereignissen gehören Fehler in der Syntax des Skripts (Parse Error), Skript-Fehler, die die weitere Ausführung des Skripts unmöglich machen (Fatal Error), weniger schwere Fehler (z. B. nicht gefundene Dateien oder Funktionen – Warning) und das Anlegen von Variablen (Notice – wird auch als Warning angezeigt).

Das Anlegen von Variablen geschieht bei deren erster Erwähnung im Skript. Die Ausgabe von Meldungen wie *Warning: Undefined variable: variablenname in skriptpfad.php on line zeilennr* zerstört aber nicht nur das schönste Layout, sondern macht auch das Benutzen von Cookies unmöglich. Cookies müssen nämlich vor jeglicher Ausgabe an den Browser gesendet werden – und eine Fehlermeldung ist auch eine Ausgabe.

Also schalten wir die Ausgabe von Warnings aus. Öffnen Sie dazu die Datei *php.ini* mit einem Editor und suchen Sie die folgenden Zeilen:

- ;   - Show all errors, except for notices
- ;
- ;error_reporting=E_ALL & ~E_NOTICE
- ;
- ;   - Show only errors
- ;
- ;error_reporting=E_COMPILE_ERROR|E_ERROR|E_CORE_ERROR
- ;
- ;   - Show all errors except for notices
- ;
- error_reporting= E_ALL; display all errors, warnings and notices

1.5 Optimieren der Entwicklungsumgebung

Entfernen Sie das Semikolon vor der dritten hier gezeigten Zeile (*error_reporting= E_ALL&~E_NOTICE*) und fügen Sie eins am Anfang der letzten Zeile ein. Starten Sie anschließend den Webserver neu.

Der Parameter *error_reporting* ist ein Bitfeld. Die Konstanten *E_NOTICE* etc. stehen für die Werte der einzelnen Flags; *E_ALL* ist die Summe aller Werte. Die Operatoren | (oder) sowie &~ (und nicht) setzen bzw. löschen einzelne Flags.

Bitfelder

INFO

Ein Bitfeld ist eine Reihe von Bits, die in einem gemeinsamen Byte oder Word gespeichert werden. Die einzelnen Bits heißen auch Flags, denn sie zeigen an, ob eine Option gesetzt ist oder nicht.

Jedes Bit hat den Wert einer Zweierpotenz: Bit 0 hat den Wert 1, Bit 1 den Wert 2, Bit 2 den Wert 4, Bit n den Wert 2n. Die Summe der Werte aller gesetzten Bits ergibt den Wert des Bitfelds.

Die Werte der einzelnen Konstanten haben sich beim PHP-Versionswechsel von 3 auf 4 geändert und es ist nicht ausgeschlossen, dass dies wieder geschieht. Daher sollten nach Möglichkeit die Konstantennamen statt ihre Werte benutzt werden.

Hier eine Übersicht über die wichtigsten Konstanten:

Konstantenname	Bit-Nr.	Wert	Bedeutung
E_ERROR	0	1	Fehler in Funktionsaufrufen: falsche Anzahl der Parameter, syntaktisch ungültige Parameter, Aufruf nichtexistierender Funktionen; Skript läuft weiter.
E_WARNING	1	2	Benutzung logisch inkorrekter Daten (z. B. beim Lesen von nicht geöffneten Dateien); wird meist dadurch verursacht, dass die Misserfolgs-Rückmeldung einer Funktion ignoriert wird.
E_PARSE	2	4	Syntax-Fehler: fehlende oder überzählige Trennzeichen; führen zum Abbruch des Skripts – egal ob sie angezeigt werden oder nicht.
E_NOTICE	3	8	Hinweise: erscheinen u. a. beim Anlegen von Variablen.
E_CORE_ERROR	4	16	Fehler in PHP; nur in Alpha- und Beta-Versionen.
E_COMPILE_ERROR	6	64	Fehler in der ZEND-Engine; nur in Alpha- und Beta-Versionen

PHP installieren und konfigurieren

Konstantenname	Bit-Nr.	Wert	Bedeutung
E_USER_ERROR	8	256	Benutzerdefinierte Fehler: Die Funktion *trigger_error* ist dazu vorgesehen, absichtlich Fehler zu generieren; es gibt aber optisch wesentlich bessere Wege, den Misserfolg einer Aktion zu melden.
E_ALL	alle	2047	Summe aller Werte

INFO

Die Funktion error_reporting

Wollen Sie die Ausgabe von Fehlermeldungen in einem Skript ändern, können Sie dazu die Funktion *error_reporting* benutzen. Sie erwartet als einzigen Parameter den neuen Wert des Bitfelds *error_reporting*; die Einstellung gilt bis zum Ende des Skripts oder bis zum nächsten Aufruf der Funktion.

Die oben aufgelisteten Konstanten sind auch in PHP-Skripten definiert und sollten ebenso wie in der *php.ini* benutzt werden.

Rechtevergabe für den Dateizugriff

Bevor PHP auf Dateien zugreifen kann, muss ihm das vom Betriebssystem erlaubt sein. Auf den Windows-Rechnern wird es in den seltensten Fällen nötig sein, hierfür besondere Maßnahmen zu ergreifen.

Benutzt man aber ein System, auf dem Zugriffsrechte ein Thema sind (Windows NT/2000, UNIX/Linux), ist Folgendes zu bedenken: PHP hat genau die Rechte, die der Benutzer hat, als dessen Prozess der Webserver gestartet wurde.

Die einfachste Methode ist es, den Apache und PHP per *chown* dem Root-User zu „schenken".

Auf einem Server, der aus aller Welt zugänglich ist, sollte man von der Methode jedoch Abstand nehmen; ebenso wenn fremde Module benutzt werden. Denn durch Programmierfehler aller Beteiligten, böse Fallen in Fremdprodukten und durch gewiefte Hacker (in der Reihenfolge der Wahrscheinlichkeit) sind alle Daten, auf die PHP Zugriff hat, gefährdet, gestohlen, verändert oder gelöscht zu werden. Diese Gefahr ist zwar relativ gering, dennoch sollte man seine Daten und sein System so weit schützen wie möglich.

1.5 Optimieren der Entwicklungsumgebung

Richten Sie einen Benutzer mit Namen *wwwrun* ein. Dem schenken Sie mit *chown* den Webserver und alles, was dazugehört – mindestens aber das gesamte Apache-Verzeichnis samt Unterverzeichnissen und PHP.

Wenn Sie später Dateien und Verzeichnisse im DocumentRoot anlegen, machen Sie das immer im Namen des Webusers oder schenken sie ihm nach dem Anlegen. Bedenken Sie immer, welche Rechte der Webserver (also der Nutzer *wwwrun*) benötigt und welche nicht, und setzen Sie diese entsprechend:

Damit der Webserver Dateien lesen und PHP-Skripte ausführen kann, muss *wwwrun* Leserechte für die Dateien besitzen. Zum Schreiben von Dateien werden Schreibrechte im Ordner benötigt, zum Überschreiben existierender Dateien zusätzlich Schreibrechte für diese Dateien.

Fein-Tuning der Konfigurationsdatei php.ini

Das Fein-Tuning von PHP geschieht wie beim Apache komplett in der INI-Datei. Wenn Sie PHP unter Linux als Modul in den Apache eingebunden haben, gibt es noch weitere Konfigurationsmöglichkeiten in der Datei *http.conf* und in *.htaccess*-Dateien, die wollen wir aber hier außen vor lassen; für den Einstieg sind die Optionen in der *php.ini* mehr als genügend.

Die wichtigsten Optionen sind hier aufgelistet. Die Bedeutung einiger Einstellungen wird erst während des weiteren Studiums des Buchs deutlich werden. An den entsprechenden Stellen wird noch einmal auf diese Tabelle hingewiesen.

PHP-Handbuch als Windows-Hilfe

LINK Eine vollständige Liste der Optionen finden Sie im PHP-Handbuch, das Sie im Internet unter *http://www.php.net/download-docs.php* herunterladen können. Wenn Sie die CHM-Datei herunterladen, haben Sie ein Ihnen bekanntes Windows-Hilfe-Format.

Allgemeine Einstellungen		
Einstellung	Wert	Bedeutung
allow_url_fopen	on|off	ermöglicht es, Dateien über die Angabe einer URL zu öffnen.
display_errors	on|off	Skriptfehler als Bestandteil der HTML-Ausgabe anzeigen.

PHP installieren und konfigurieren

Allgemeine Einstellungen		
Einstellung	Wert	Bedeutung
error_reporting	bitfield	Jedes gesetzte Bit erlaubt die Ausgabe der entsprechenden Meldungen. Default ist 1+2+4=7 1 = normale Fehler 2 = Warnungen 4 = Parser-Fehler 8 = nicht-kritische Fehler
gpc_order	string	Reihenfolge für die Auswertung von Get-/Post-/Cookie-Variablen. Default: GPC Der Wert GP sorgt z. B. dafür, dass die Werte von Post-Formularen die Get-Parameter aus Links überschreiben und Cookies nicht als globale Variablen zur Verfügung stehen. Ist der Wert C, werden nur die Cookie-Variablen in globale Variablen gelesen, Get- und Post-Variablen sind dann nur noch über die Arrays *$HTTP_GET_VARS* und *$HTTP_POST_VARS* zu erreichen (s. *track_vars*).
ignore_user_abort	on|off	Default *On*. Setzt man dies auf *Off*, dann wird die Ausführung eines Skripts bei dem Versuch einer Ausgabe abgebrochen, wenn der Besucher die Verbindung unterbricht. Dies kann in jedem Skript mit der Funktion *ignore_user_abort()* eingestellt werden.
include_path	string	gibt eine Liste von Verzeichnissen an, in denen PHP bei *require()/require_once(), include()* und *fopen_with_path()* sucht, wenn dort keine Pfadangabe benutzt wird. Die Pfadangaben werden dabei angegeben wie im Betriebssystem üblich. z. B. *include_path=.:/htdocs/php-lib:/htdocs/ini* (Linux), *include_path=„.;C:\www\php-lib;C:\www\ini"* (Windows).
magic_quotes_gpc	on|off	*On* = In allen Werten, die per Get, Post oder Cookies übergeben werden, wird jedem ' (Hochkomma), „ (Gänsefüßchen), \ (Back slash) und Null-Byte ein Backslash vorangestellt. (s. Funktionen *add_slashes, strip_slashes, urlencode(), raw_urlencode()*) s. a. Funktion *set_magic_quotes_runtime()*.
Magic_quotes_runtime	on|off	*On* = Die Rückgabe der meisten Funktionen die Daten aus externen Quellen (Formulare, Dateien, Datenbanken) wird mit Backslashes versehen (s. *magic_quotes_gpc*).
max_execution_time	integer	Default 30; setzt die maximale Zeit, die PHP auf die Ausführung eines Skripts verwendet. Verstreicht diese Zeit, gibt PHP die Fehlermeldung *max_execution_time exceeded* aus und beendet die Ausführung (siehe Funktion *set_time_limit()*).

1.5 Optimieren der Entwicklungsumgebung

Allgemeine Einstellungen

Einstellung	Wert	Bedeutung
register_globals	on|off	Default: *On*. Sorgt dafür, dass externe Variablen im Skript als globale Variablen zur Verfügung stehen. Wird dieser Wert auf *Off* gesetzt, hat *gpc_order* keine Bedeutung und die Parameter sind nur noch über die entsprechenden Arrays zu erreichen (s. *track_vars*). Allerdings wird dann für die Ausführung von Skripten weniger RAM benötigt.
short_open_tag	on|off	ermöglicht die Kurzform <? ?> für PHP-Tags. Muss ausgeschaltet werden, wenn in Kombination mit XML gearbeitet wird.
track_vars	on|off	Default: *On*. Sorgt dafür, dass beim Start eines Skripts fünf verschiedene Arrays mit Parametern gesetzt werden: $HTTP_GET_VARS – Link-Parameter (und damit Werte aus Formularen mit *method="get"*) $HTTP_POST_VARS – Werte aus Formularen mit *method="post"* $HTTP_COOKIE_VARS – Cookies $HTTP_ENV_VARS – Variablen des Betriebssystems $HTTP_SERVER_VARS – Einstellungen des Webservers Stehen sowohl *register_globals* als auch *track_vars* auf *Off*, ist eine Auswertung von Formularen und das Lesen von Cookies nicht mehr möglich!
upload_tmp_dir	string	gibt das temporäre Verzeichnis für Datei-Uploads an

Mail-Konfiguration

Einstellung	Wert	Bedeutung
SMTP	string	Domain-Name oder IP-Adresse des Mailservers, den PHP für die *mail()*-Funktion benutzen soll.
Sendmail_from	string	Absenderaddresse für Mails, die per *mail()* abgeschickt werden. Kann über den dritten Parameter (zusätzliche Header) der Funktion geändert werden.
Sendmail_path	string	(Linux) Pfad zum Sendmail-Programm (normalerweise */usr/sbin/sendmail* oder */usr/lib/sendmail*) oder Sendmail-Wrapper des Mailservers.

Laden von Erweiterungen

Einstellung	Wert	Bedeutung
enable_dl	on|off	Default *On* = ermöglicht das dynamische Laden von Erweiterungen in einem Skript
extension_dir	string	Pfad des Verzeichnisses, in dem die PHP-Erweiterungen liegen

PHP installieren und konfigurieren

Laden von Erweiterungen		
Einstellung	Wert	Bedeutung
extension	string	Angabe des Dateinamens einer Erweiterung; mehrere Aufrufe untereinander möglich

1.6 Start-up – All engines are running!

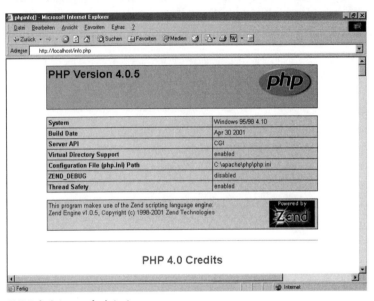

PHP-Info-Seite – es funktioniert

Den obigen Screenshot erhalten Sie mithilfe einer einzigen PHP-Funktion. Erstellen Sie im Dokumentverzeichnis des Servers eine Textdatei *info.php* mit der folgenden Zeile als einzigem Inhalt:

- `<? phpinfo(); ?>`

TIPP

Schneller Zugriff auf das Dokumentenverzeichnis

Das Dokumentenverzeichnis, auch DocumentRoot genannt, ist im Allgemeinen das Unterverzeichnis *htdocs* im Apache-Verzeichnis. Unter Windows können Sie einen schnellen Zugriff auf dieses Verzeichnis erhalten, indem Sie eine Verknüpfung dieses Verzeichnisses anlegen und diese auf den Desktop kopieren.

1.6 Start-up - All engines are running!

Achten Sie darauf, dass der Server läuft, wenn Sie dieses erste PHP-Skript aufrufen, indem Sie „http://localhost/info.php" in die Adresszeile Ihres Browsers eingeben.

Es ist eher die Ausnahme, dass eine einzige PHP-Funktion so viel Text auswirft, und *phpinfo()* ist auch nicht zum Programmieren gedacht, sondern um die Einstellungen des Webservers und von PHP zu überprüfen. Wenn Sie das Kapitel „Fein-Tuning der Konfigurationsdatei php.ini" gelesen haben und sich die einzelnen Zeilen der Tabelle genauer anschauen, werden Sie einige der erwähnten Einstellungen sinngemäß wieder entdecken. Andere werden Ihnen vollkommen unbekannt sein, das hervorragende PHP-Handbuch und die Apache-Dokumentation enthalten aber umfangreiche Informationen über die einzelnen Optionen.

PHP installieren und konfigurieren

2. Grundlegende Arbeitsweisen mit PHP

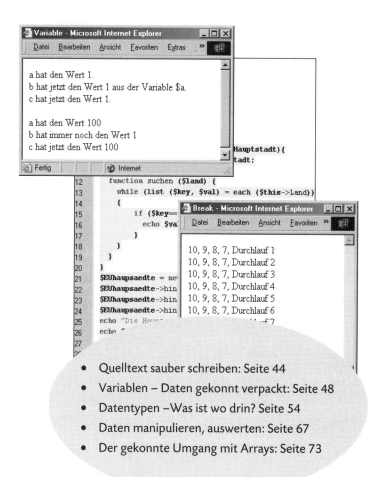

- Quelltext sauber schreiben: Seite 44
- Variablen – Daten gekonnt verpackt: Seite 48
- Datentypen – Was ist wo drin? Seite 54
- Daten manipulieren, auswerten: Seite 67
- Der gekonnte Umgang mit Arrays: Seite 73

Grundlegende Arbeitsweisen mit PHP

In dem nun folgenden Abschnitt werden Sie sich näher mit den Bausteinen der Skriptsprache PHP beschäftigen. Sie werden sehen, wie Variablen definiert und benutzt werden, welche Typen es von Variablen gibt und wie PHP dazu benutzt werden kann, HTML-Code zu erzeugen.

2.1 PHP-Quelltext sauber schreiben

Um die Handhabung von PHP zu verstehen, muss man sich folgenden Satz immer klar vor Augen halten. „PHP ist eine Server-seitige Programmiersprache, soll heißen, sie kann nur auf dem Webserver ausgeführt werden." PHP ist also eine Sprache, die nur vom Webserver verstanden und interpretiert werden kann. Im Gegensatz dazu ist JavaScript eine Sprache, die primär im Browser ausgeführt wird.

PHP in HTML-Dokumente einbinden

Um PHP zu verwenden, muss man dem Server also mitteilen, welchen Teil er von einem bestimmtem Dokument als PHP interpretieren soll. Dazu gibt es Platzhalter (Tags), die dem Server sagen: „Ab hier kommt jetzt PHP und kein HTML mehr." Dies ist notwendig, da der PHP-Code nicht nur allein in einer Datei gespeichert werden, sondern mit HTML kombiniert zusammen stehen kann.

```
1  <html>
2  <head>
3     <title>PHP rules</title>
4  </head>
5  <body>
6  <?
7  Class hauptstaedte {
8     Var $Land;
9     function hinzufuegen($Staat,$Hauptstadt){
10       $this->Land[$Staat]=$Hauptstadt;
11    }
12    function suchen ($land) {
13       while (list ($key, $val) = each ($this->Land))
14       {
15          if ($key==$land){
16             echo $val;
17          }
18       }
19    }
20 }
21 $EUhaupsaedte = new haupsaedte;
22 $EUhaupsaedte->hinzufuegen("BRD","Berlin");
23 $EUhaupsaedte->hinzufuegen("GB","London");
24 $EUhaupsaedte->hinzufuegen("FR","Paris");
25 echo "Die Hauptstadt von GB ist ";
26 echo $EUhaupsaedte->suchen("GB")
27 ?>
28 </body>
29 </html>
```

Skriptdarstellung in einem PHP-Editor

2.1 PHP-Quelltext sauber schreiben

Der komplette Quellcode selbst wird in einer Datei mit der Endung *.php* (für dieses Buch wurde dies als Standard gewählt) gespeichert. Je nach Konfiguration des Webservers können auch z. B. die Endungen *.php3* und *.php4* verwendet werden. Die Ziffern sollten nach der Konvention dabei für die verwendete PHP-Version stehen. Nur Dateien mit diesen definierten Endung werden von dem Webserver ausgewertet und umgewandelt. Durch das Hinzufügen der Endung *.html* in der entsprechenden Zeile der *httpd.conf*, siehe dazu auch Seite 32, ist es auch möglich, Dateien dieser Endung zu parsen, was jedoch zu Lasten der Geschwindigkeit geht.

Weitere PHP-Endungen

INFO Sie haben auch die Möglichkeit, den Webserver anzuweisen, Dateien mit der Endung *.htm* oder *.html* zu parsen. Dies würde funktionieren, aber die Leistung des Servers stark beanspruchen. So sollten Sie auch vermeiden, reinen HTML-Code als eine Seite mit einer gültigen PHP-Endung abzuspeichern, da diese, obwohl kein PHP-Code vorhanden, geparst wird.

Im Folgenden sind einige Möglichkeiten aufgeführt, wie PHP-Tags in HTML-Code eingebettet werden können.

- `<?`
- `PHP-CODE`
- `?>`

Diese Möglichkeit ist nur verfügbar, wenn die Option *short_open_tag* im Konfigurations-File *php.ini* von PHP aktiviert wurde. Weitere Informationen dazu finden Sie in Kapitel 1. Standardmäßig ist diese Option gesetzt und muss von Ihnen nicht explizit eingestellt werden. Im Buch werden wir uns auf diese Schreibweise beschränken.

- `<?php`
- `PHP-CODE`
- `?>`

Diese Schreibweise ist die eigentliche Standardmethode von PHP. Sie sollte verwendet werden, wenn Sie XML in PHP schreiben möchten.

SGML und XML

INFO SGML (Standard Generalized Markup Language) und XML (eXtended Markup Language) sind Standards, die im Wesentlichen dem Informationsaustausch dienen sollen. Beide Sprachen ermöglichen es, Daten nicht nur anzuführen, sondern auch als Datenobjekte zu betrachten.

Grundlegende Arbeitsweisen mit PHP

- `<script language="php">`
- `    echo ("Ein kleiner Test");`
- `</script>`

oder

- `<%`
- `PHP-CODE`
- `%>`

Diese Möglichkeit trifft man nur sehr selten an. Wir möchten sie deswegen nur der Vollständigkeit halber erwähnt haben. Eventuell kennen Sie diese Schreibweise schon von JavaScript.

Ein kleines Programm könnte also so aussehen :

checkitout.php

- `<!DOCTYPE HTML PUBLIC "-//W3C//DTD HTML 4.0 Transtional//EN">`
- `<html>`
- `  <head>`
- `    <title>kleines PHP Programm</title>`
- `  </head>`
- `  <body>`
- `    <?`
- `      echo "PHP rules, check it out now!";`
- `    ?>`
- `  </body>`
- `</html>`

Speichern Sie dieses Skript unter dem Namen *checkitout.php* im Dokumentenverzeichnis des Servers. Rufen Sie es dann in Ihrem Browser mit der folgenden Adresszeile auf:

http://localhost/checkitout.php

Wenn Sie das Programm starten, können Sie in Ihrem Browser-Fenster den Text *PHP rules, check it out now* lesen. Ihr erstes kleines Programm.

Ein kleines PHP-Skript

2.1 PHP-Quelltext sauber schreiben

Schauen Sie sich den Quellcode des Programms in der Quellcodeansicht des Browsers einmal an. Sie werden feststellen, dass die PHP-Tags nicht mehr vorhanden sind.

- `<!DOCTYPE HTML PUBLIC "-//W3C//DTD HIML 4.0 Transitional//EN">`
- `<html>`
- `  <head>`
- `    <title> kleines PHP Programm </title>`
- `  </head>`
- `  <body>`
- `    PHP rules, check it out now!`
- `  </body>`
- `</html>`

Der Grund hierfür liegt auf der Hand, na ja, eher auf dem Server. Der ganze PHP-Programmcode wurde vom Webserver geparst und interpretiert. Dadurch wird kein PHP-Code an den Browser, der diesen nicht verarbeiten kann, zur Ausgabe weitergegeben. Es ist nicht zwingend, aber PHP-Code kann HTML-Code und somit auch eine Ausgabe auf dem Browser erzeugen. Die im PHP-Skript enthaltenen HTML-Blöcke werden unverändert ausgegeben. Diese Arbeit muss der Webserver übernehmen und sendet dann das fertige HTML-Gerüst an den Browser, der die Seite dann anzeigt. Steht aus irgendeinem Grund, z. B. die Endung des Skripts ist nicht definiert, auf dem Webserver PHP nicht zur Verfügung, wird auch der PHP-Code als „normale" Ausgabe an den Browser weitergegeben.

PHP-Quelltexte klar kommentieren

Sehr schnell werden Programme bzw. die Quelltexte sehr unübersichtlich. Oftmals weiß man nicht mehr, welche Funktion was genau macht oder was in mehrfach verschachtelten Schleifen wann passiert. Um sich das Leben zu erleichtern, verwendet man so genannte Remarks (dt. Anmerkungen). Mit Remarks hat man die Möglichkeit, ergänzende Quelltext-Beschreibungen, Kommentare, einem Programm hinzuzufügen oder auch bestimmte Zeilen eines Quelltextes vorübergehend auszudokumentieren. Remarks werden beim Ausführen des Programms nicht ausgewertet. Es gibt zwei Arten von Remarks.

Zeilenweise ausdokumentieren: `//`

Möchte man nur eine Zeile ausdokumentieren bzw. einen einzeiligen Kommentar schreiben, wird das Remark-Zeichen `//` verwendet. Alles in dieser Zeile ab diesem Zeichen wird als Kommentar interpretiert.

- `//Berechnung der Summe aus a und b`
- `$summe = $a + $b;`

Grundlegende Arbeitsweisen mit PHP

oder auch

- &summe $a und $b   // Berechnung der Summe aus a und b

Blockweise ausdokumentieren: /* und */

Um einen ganzen Block auszudokumentieren, würde es sehr viel Arbeit machen, vor jeder Zeile das // zu setzen. Eine bessere Methode ist das Verwenden der Zeichen /* und */.

- /*
- alles, was zwischen diesen Zeichen steht,
- wird von PHP nicht interpretiert werden.
- */

Diese blockweise Auskommentierung kann über mehrere Zeilen gehen, kann aber genauso gut innerhalb einer Zeile erfolgen, d. h., der PHP-Code dahinter wird wieder verarbeitet:

- $a=$b+1; /* ein kleiner Block mit Kommentaren */ echo $a;

2.2 Variablen – Daten gekonnt verpacken

Mithilfe von Variablen können Informationen verarbeitet werden. Man kann sich Variablen als Container vorstellen, in denen Informationen gelegt werden.

Eindeutige Variablennamen vergeben

Die Variable, also der Container, in dem die Daten abgelegt werden, hat einen eindeutigen Namen, über den der Inhalt angesprochen werden kann. In PHP werden Variablen mit dem $-Zeichen, gefolgt mit dem Namen der Variable, angegeben.

Variablennamen sind case-sensitive. Dies bedeutet, dass Groß- und Kleinschreibung unterschieden werden. Variable mit dem Namen *$Ort* und *$ort* sind also zwei unterschiedliche Variablen. Jede von ihnen kann einen eigenen Wert haben. Ein gültiger Variablennamen entspricht also einem Buchstaben von a bis z bzw. A bis Z oder einem ASCII-Zeichen von 127 bis 255. Es dürfen alle Buchstaben und Ziffern verwendet werden. Dabei ist zu beachten, dass eine Zahl nicht als erstes Zeichen nach dem $-Zeichen folgen darf. Der Name darf Unterstriche enthalten, allerdings keine Leerzeichen.

2.2 Variablen – Daten gekonnt verpacken

Gültige Variablennamen:

- <?
- $ort="Frankfurt";
- $telp="069 123456";
- $Vorname_1="Niclas ";
- $Alter=33;
- $Überschift ="Aller Anfang ist schwer";
- ?>

Ungültige Variablennamen:

- <?
- $4free ="nix ok" // ungültig weil eine Zahl am Anfang steht
- $Name und Vorname="Bernhard Bauder" // ungültig weil Leerzeichen
                                                              im Namen
- ?>

TIPP

Vergabe sinnvoller Variablennamen

Man sollte darauf achten, geeignete Namen für die Variablen zu vergeben. Namen, die mit dem eigentlichen Verwendungszweck nichts zu tun haben, machen das spätere Lesen des Quelltextes sehr schwer oder gar unmöglich.

Variablen müssen in PHP nicht typisiert werden, d. h., sie können sofort mit einem Wert belegt werden. Wir werden später in diesem Buch ab Seite 54 noch sehen, welche Datentypen es gibt und mit welchen Werten diese belegt werden können.

Geltungsbereich einer Variablen

Variablen stellen ihre Informationen in der Regel in dem Scope zur Verfügung, in dem sie definiert wurden, also nur für einen ganz bestimmten Bereich in einem Skript.

Um dieses zu verdeutlichen, betrachten Sie folgendes PHP-Skript einmal näher:

- <?
- $a = 1;
- $b = 2;
- function addieren () {
-   $c=$a+$b;
-   echo "Summe aus a und b ist ".$c;
- }
- echo addieren ();// Ausgabe der Summe von $a und $b
- ?>

Grundlegende Arbeitsweisen mit PHP

Ausgabe des Skripts im Browser

Dieses kleine Programm liefert das Ergebnis *Summe aus a und b ist 0*. Die Variablen $a und $b sind innerhalb der Funktion *addieren()* unbekannt, weshalb ihre Werte auch nicht addiert werden können. Der Scope der Variablen $a und $b liegt also außerhalb der Funktion. Durch eine kleine Veränderung im Funktionsteil kann man den Scope der Variablen beeinflussen. Das folgende kleine Programm macht dies deutlich.

- <?
- $a = 1;
- $b = 2;
- function addieren () {
- global $a,$b;
- $c=$a+$b;
- echo "Summe aus a und b ist ".$c;
- }
- echo addieren (); // Ausgabe der Summe von $a und $b
- ?>

Ausgabe des Skripts im Browser

Das Ergebnis dieses kleinen Programms ist nun *Summe aus a und b ist 3*. Durch Hinzufügen des Befehls *global $a, $b;* wurde der Scope der Variablen $a und $b um den Bereich der Funktion *addieren()* erweitert. Die Variablen haben ihre Gültigkeit nun auch innerhalb der Funktion.

INFO

Die Variable $GLOBALS[]

Eine zweite Variante ist die Verwendung des Array *$GLOBALS[]*. PHP speichert in diesem Array alle globalen Variablen. Zu beachten ist, dass das führende $ vor dem Variablennamen weggelassen wird. Dieses Array kann auf folgende Weise verwendet werden, um Variablen in einem bestimmten Scope zur Verfügung zu stellen. Das Ergebnis ist das gleiche wie oben.

2.2 Variablen – Daten gekonnt verpacken

```
<?
$a = 1;
$b = 2;
function addieren () {
   $c=$GLOBALS["a"]+ $GLOBALS["b"];
   echo "Summe aus a und b ist ".$c;
}
echo addieren ();// Ausgabe der Summe von $a und $b
?>
```

Gleiches Ergebnis bei Verwendung der Variable $GLOBALS[]

Call by value und Call by reference

PHP-Variablen sind als ein Zeiger auf einen Speicherplatz im Hauptspeicher zu verstehen. Dies bedeutet, sie sagen dem PHP-Interpreter, an welcher Stelle des Speichers es nach einem Eintrag suchen soll. Speichert man einen Wert in einer Variable und gibt dabei den Wert direkt an, spricht mal von Call by value.

- ... $a = 1; oder $a = $B; ...

Bei Call by reference wird hingegen der Speicherort gewählt, also nicht der Name, sondern die Speicheradresse im Hauptspeicher wird belegt. Das hat zur Folge, dass zwei oder mehr Variablen auf den gleichen Speicherplatz zeigen können.

Vereinfacht gesagt: Die Variable A ändert ihren Wert, wenn der Wert von B geändert wird und umgekehrt. Um eine Variable als Referenz auf eine andere zu definieren, müssen Sie lediglich ein & vor die Variable setzen, also nicht nur den Variablennamen: &$var ist die richtige Syntax.

```
<?
$a = 1;      // Call by value
echo „a hat den Wert $a.";
$b = $a;     // Call by value
echo „b hat jetzt den Wert $b aus der Variable \$a."\n;

$c = &$a;    // Call by reference
echo „c hat jetzt den Wert $c"
```

Grundlegende Arbeitsweisen mit PHP

```
$a = 100    // $a hat jetzt den Wert 100
echo "a hat den Wert $a<br>";
echo "b hat immer noch den Wert $b<br>";
echo "c hat jetzt den Wert $c<br>";
?>
```

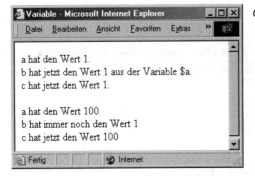

Call by value und reference

Zunächst wird der Variablen *$a* der Wert 1 zugewiesen. Dann erhält die Variable *$b* den Wert von *$a*. Dies ist 1. Die Variable *$c* dagegen erhält nicht den Wert der Variablen *$a*, sondern die Adresse des Speicherplatzes des Inhalts von *$a*. Somit ist die Ausgabe von *$c* auch 1.

Der Wert von *$a* wird jetzt auf 100 geändert. Der Wert von *$b* hat sich nicht geändert, da ja nur der Wert von *$a* (Call by value) einmal am Anfang übergeben wurde. Die Ausgabe von *$c* ist jetzt auch 100, da dieser Variable nicht der Wert von *$a* zugewiesen wurde, sondern nur die Speicheradresse (Call by reference), wo diese ihren Wert ablegt.

Dynamische Variablennamen mit $$

Als letzte Methode soll noch ein sehr einfaches, aber ebenso nützliches Konstrukt gezeigt werden.

Durch Angabe von zwei $$-Zeichen vor einer Variablen, kann man den zugewiesenen Wert der Variablen selbst als Variablennamen verwenden.

```
<?
$a = "Land";
$$a = "Deutschland";
echo ($Land);   // Der Wert der Variablen $a ist jetzt
                // der Name der neuen Variablen
                // Ausgabe Deutschland'
echo ($$a);     // Ausgabe auch hier Deutschland'
?>
```

2.3 Konstanten definieren und prüfen

Die Variable *$a* erhält den Wert *Land*. Durch die Schreibweise *$$a* wird der Wert der Vaiable *$a* selbst als Variablenname benutzt. Daher ist die Ausgabe in dem Beispiel von *$Land* und *$$a* identisch. Auf diese Art können Sie also dynamisch eine Variable benennen und Ihren Ansprüchen anpassen. Dies ist hilfreich, wenn Sie ein Skript schreiben, das mit einer vorher nicht eindeutig definierten Anzahl an Variablen arbeitet und diese zur Laufzeit selbst generiert.

Gleiche Ausgabe der Variablen $Land und $$a

2.3 Konstanten definieren und prüfen

Wie wir im letzten Abschnitt gesehen haben, können Variablen ihren Wert ständig ändern. In manchen Situationen ist dies aber nicht gewünscht. Als Beispiel könnte man hier die Zahl Pi oder die Erdbeschleunigung g nennen. Diese Zahlen sind konstant und sollen in der Regel auch nicht verändert werden. In PHP werden Konstanten durch die Funktion *define* definiert.

- define (Variable, Wert);

Würde man also die Zahl Pi in einer Konstanten speichern wollen, würde das folgendermaßen aussehen.

- define (Pi,3.14);

Die Wert *3.14* ist nun im Programm unter dem Namen Pi ansprechbar. Um den Umfang einen Kreises zu berechnen, könnte man nun folgenden Ausdruck verwenden:

- $U = Pi * $radius * 2;

Konstanten ..

... haben kein führendes $-Zeichen,

... sind überall verfügbar – sie besitzen also keinen eigenen Scope –,

... können nachträglich nicht verändert werden und

... sind eindimensional.

Grundlegende Arbeitsweisen mit PHP

In manchen Fällen ist es wichtig zu wissen, ob eine Konstante bereits definiert wurde. PHP bietet mit der Funktion *defined()* eine Möglichkeit, genau dieses zu prüfen. Das folgende Skript kontrolliert zunächst, ob die Konstante *Pi* bereits existiert. Ist dies der Fall, wird sie ausgegeben. Ist *Pi* noch nicht definiert, wird dies nachgeholt.

- <?
- If (defined("Pi"))
- {
-   echo " Die Zahl PI hat den Wert ".Pi;
- }
- else
- {
-   define(Pi, 3.14);
-   echo „Die Zahl PI hat den Wert "..Pi;
- }
- ?>

2.4 Datentypen – Was ist wo drin?

Nachdem Sie nun einiges über Variablen und Konstanten erfahren haben, ist es nun an der Zeit, sich mit den verschiedenen Datentypen von Variablen zu beschäftigen. Wie bereits in Kapitel 2.2 auf Seite 49 erwähnt, sind Variablen in PHP untypisiert, d. h., Sie müssen sich keine Gedanken über den Datentyp machen, wenn Sie mit Variablen und Konstanten arbeiten. PHP erledigt das für Sie und erkennt automatisch, ob eine einfache Zahl, eine Zeichenkette (z. B. Text) oder andere Werte in einer Variablen abgelegt werden sollen.

PHP bietet folgende Datentypen an:

- Integer (Ganzzahl)
- Double (Fließkomma)
- String (Zeichenketten)
- Array
- Object (Klassen)

Die Datentype: Integer

Die einfachste Datentype ist Integer. Hiermit können vorzeichenbehaftete ganze Zahlen im Bereich von -2 bis +2 Milliarden dargestellt werden. Dieser Umstand führt dazu,

2.4 Datentypen – Was ist wo drin?

dass das UNIX-Zeitalter am 19.01.2038 enden wird, aber Näheres hierzu erfahren Sie in Kapitel 5.4 ab Seite 271. Der zulässige Bereich von Integer ist plattformabhängig. Der genannte Bereich ist jedoch üblich und kann auf jedem System benutzt werden.

- $Zahla = -4711;
- $Zahlb = 1188;

Die Datentype: Double

Mit Fließkommazahlen werden die nicht-ganzen Zahlen dargestellt.

- $Zahlc = 1.5;
- $Zahld = 0.041;
- $Zahle = 5e-5; // Dieses entspricht der Zahl 0.00005
- $Zahlf = 5e5; // Dieses entspricht der Zahl 50000

Dezimalzeichen

INFO Es ist zu beachten, dass als Dezimalzeichen der . (Punkt) und nicht das , (Komma) verwendet wird.

Die Datentype: String

Strings gehören zu den am meisten verwendeten Datentypen. Daher lohnt es sich, dass diesem Datentyp eine größere Aufmerksamkeit geschenkt und er ausführlich betrachtet wird.

Ein String ist eine Folge von beliebigen Zeichen, die im PHP-Code in der Regel in Anführungszeichen ("), Begrenzungszeichen, eingeschlossen werden.

Strings können auf einfache Weise mit dem Punkt-Zeichen (Operator) „addiert" werden.

- <?
- $Vorname ="Niclas";
- $Zusatzname ="Marlon";
- $Nachname ="Bauder";
- echo $Vorname . $Zusatzname . $Nachname;
- ?>

Ausgabe: *NiclasMarlonBauder*

Grundlegende Arbeitsweisen mit PHP

Durch Verwendung des Punkt-Operators werden also alle Teil-String zu einer langen Zeichenkette zusammengefügt.

Eine weitere Möglichkeit ist das Verwenden von Hochkomma-Zeichen ('). In den meisten PHP-Programmen trifft man jedoch die Anführungszeichenvariante an.

Hochkammazeichen

Bei Verwendung des Hochkommazeichens werden Variablen innerhalb eines Strings nicht ausgewertet. Das heißt, dass der Name der Variable und nicht deren Wert ausgegeben wird.

- <?
- $Vorname ="Niclas";
- $Zusatzname ="Marlon";
- $Nachname ='Bauder';
- $String1 = "Meine Vornamen sind $Vorname und $Zusatzname.
            Mein Familienname lautet $Nachname";
- Echo $String1;
- Echo "

";
- $String2 ='Meine Vornamen sind $Vorname und $Zusatzname.
            Mein Familienname lautet $Nachname';
- Echo $String2;
- ?>

Dieses kleine Programm würde folgendes Ergebnis liefern:

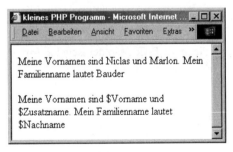

Ungewünschte Effekte mit Hochkommazeichen

Eine Mischung beider Begrenzungszeichen ist erlaubt, jedoch aufgrund erschwerter Fehleranalyse und zunehmender Unübersichtlichkeit nicht zu raten.

2.4 Datentypen – Was ist wo drin?

Anführungszeichen in HTML-Tags

Sehr oft wird durch PHP HTML-Code erzeugt. Sie haben dies bereits im obigem Beispiel gesehen. Sie haben dadurch die Ausgabe des Textes in dem Browser optisch aufbereitet, indem zwei Leerzeilen eingefügt wurden.

- Echo "

";

Diese HTML-Tags sind ohne Probleme mit den Ihnen bekannten Methoden auf dem Browser darstellbar. Was ist aber mit den HTML-Tags, die Anführungszeichen verwenden, wie zum Beispiel der Font-Tag?

- <Font size="2">Hallo, du siehst mich in der Fontgröße 2</Font>

Die Schreibweise

- Echo "<Font size="2">Hallo, du siehst mich in der Fontgröße 2</Font>";

würde einen Syntaxfehler ausgeben.

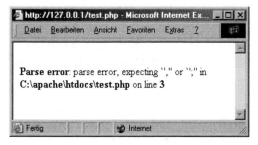

Fehlermeldung bei fehlerhaften Anführungszeichen

Schauen Sie sich diesen String einmal genauer an und lesen Sie ihn, wie ihn PHP verstehen würde:

- Echo "<Font size="
- 2
- ">Hallo, du siehst mich in der Fontgröße 2</Font>";

Es ist sofort ersichtlich, dass es sich hier um zwei Strings handelt. Dieses Problem kann anhand der bereits bekannten Methoden mithilfe von Hochkommazeichen behoben werden.

- Echo '<Font size="2">Hallo, du siehst mich in der Fontgröße 2</Font>';

Grundlegende Arbeitsweisen mit PHP

Escape-Zeichen

Welche Begrenzungszeichen gewählt werden, hängt stark vom Kontext ab, in dem sie verwendet werden. Im obigen Beispiel macht es mit Sicherheit Sinn, Hochkommas zu verwenden. Sobald man aber Variable in String ausgeben möchte, ist von dieser Methode abzuraten, da deren Inhalte nicht ausgegeben werden. Ein Ausweg hierfür wäre, die Variablen in den String über den Punkt-Operator, den Sie von oben kennen, einzufügen. Dies müsste wie folgt aussehen:

- Echo '<Font size="2">Hallo '.$name. ', du siehst mich in der Fontgröße 2</Font>';

Ein weiterer Vorteil von in Anführungszeichen gesetzten Strings sind die so genannten Escape-Zeichen. Escape-Zeichen sind Steuerzeichen, die innerhalb von Zeichenketten verwendet werden.

Für das obige Beispiel könnte man auch folgenden String mithilfe von Escape-Zeichen schreiben.

- Echo "<Font size=\"2\" face\="Arial"\>Hallo, du siehst mich in der Fontgröße 2 in der Schriftart Arial</Font>";

Das hier verwendete Escape-Zeichen \ (Backslash) ignoriert beim Parsen des Strings das folgende Zeichen, in diesem Fall das Anführungszeichen. Diese Schreibweise ist die am häufigsten verwendete.

Ein weiteres, häufig benutztes Escape-Zeichen ist \n. Dieses Zeichen sogt dafür, dass der Quelltext, der dem Browser zur Verfügung gestellt wird, auch Zeilenumbrüche enthält. Sonst würde der erzeugte HTML-Code in einer einzigen Zeile stehen. Dies ist dem Browser zwar egal, erschwert allerdings die Fehleranalyse.

Direkte Auswirkungen auf die Darstellung im Browser haben diese Zeilenumbrüche allerdings nicht, da nur der Quelltext betroffen ist, während HTML dies ignoriert. Dagegen kann in JavaScript durchaus ein Fehler produziert werden.

Darstellung im Editor als PHP-Quelltext:

- <!DOCTYPE HTML PUBLIC "-//W3C//DTD HTML 4.0 Transitional//EN">
-
- <html>
- <head>
- <title>Escape</title>
- </head>
-

2.4 Datentypen – Was ist wo drin?

- `<body>`
-
- `<?`
- `Echo "<b>";`
- `Echo "ich bin FETT";`
- `Echo "</b>";`
- `Echo "\n";`
- `Echo "<i>\n";`
- `Echo "ich bin KURSIV\n";`
- `Echo "</i>\n";`
- `?>`
-
- `</body>`
- `</html>`

Derselbe Quelltext in der HTML-Quelltextansicht des Browsers:

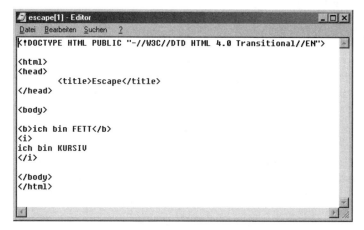

HTML-Quelltextansicht im Editor

Darstellung des Quelltextes als HTML-Seite im Browser:

Eine mit PHP generierte HTML-Seite

59

Grundlegende Arbeitsweisen mit PHP

Weitere Escape-Zeichen:

Escape-Zeichen	Bedeutung
\n	Neue Zeile einfügen (LF, **L**inefeed)
\r	Wagenrücklauf (CR, **C**arriage return)
\t	Horizontaler Tabulator
\\	Backslash
\$	Dollarsymbol
\"	Anführungszeichen

Die Datentype: Array

Arrays stellen die wichtigste Form der Variablentypen dar, da sie ein großes Werkzeug sind, um mit Datensätzen zu arbeiten. Im Prinzip sind Arrays kein Variablentyp, sondern ein Sprachenkonstrukt, das als Objekt für Variablen zu sehen ist. Man unterscheidet bei den Arrays eindimensionale indizierte Arrays, eindimensionale assoziative Arrays und mehrdimensionale Arrays. Die eindimensionalen assoziativen Arrays werden auch als Hashes bezeichnet.

Eindimensionale indizierte Arrays

Dies ist die einfachste Form eines Arrays. Ein einfaches Array kann man sich am besten als eine Liste von Daten vorstellen. Die Daten werden dabei hintereinander in „eine" Variable gespeichert.

Beispiel des Inhalts eines Array:

Name
Niclas
Bernhard
Michaela

Dieses kleine Array würde in PHP folgendermaßen formuliert werden.

- <?
- $Name[0]="Niclas";
- $Name[1]="Bernhard";
- $Name[2]="Michaela";
- ?>

2.4 Datentypen – Was ist wo drin?

Es fällt auf, dass im Gegensatz zu den normalen Variablen nach dem Variablennamen eine eckige Klammer [] folgt. Dies ist die typische Schreibweise für Arrays. Bei dieser Art von Array werden alle Einträge mittels eines Index in der Liste durchnummeriert und referenziert. Die Zahl des Indexes, an dessen Stelle ein Eintrag erfolgen soll, wird in die Klammer geschrieben. Das erste Element wird mit dem Index 0 abgelegt. Im Beispiel oben ist das der Name *Niclas*.

Array Index

INFO Das erste Element in einem indizierten Array hat immer den Index 0 und nicht 1, wie man vermuten könnte. PHP fängt also beim Indizieren von Arrays bei 0 an zu zählen.

Arrays können beliebig erweitert werden. Um einen weiteren Eintrag am Array-Ende hinzuzufügen, reicht es aus, den Array-Name ohne den Index anzugeben.

- `<?`
- `$Name[]="Elisabeth";`
- `?>`

Der Eintrag *Elisabeth* erhält in dem oben erstellten Array jetzt den Index 3 und kann über folgenden Ausdruck dargestellt werden.

- `<?`
- `echo $Name[3];`
- `?>`

Eindimensionale assoziative Arrays

Ein weiterer Array-Typ ist das assoziative Array. Bei diesem Array-Typ wird anstelle eines Indexes ein Klarnamen verwendet, der als Key bezeichnet wird. Der Inhalt des Arrays wird also nicht über einen Index angesprochen, sondern über den Key.

Beispiel für ein assoziatives Array:

Staat (Key)	Hauptstadt (Wert)
Deutschland	Berlin
Frankreich	Paris
England	London

Grundlegende Arbeitsweisen mit PHP

Diese Liste unter Verwendung eines assoziativen Array könnte man in PHP folgendermaßen schreiben.

- <?
- Hauptstadt[„Deutschland"]="Berlin";
- Hauptstadt[„Frankreich"]="Paris";
- Hauptstadt[„England"]="London";
- ?>

Mehrdimensionale Arrays

Mehrdimensionale Arrays sind nichts weiter als Arrays, die ineinander verschachtelt sind. Anstatt einen Wert in ein Array zu schreiben, wird ein Array eingetragen. Diese Methode eignet sich hervorragend für Adressen- und User-Verwaltungen.

Mit einem eindimensionalen Array ist dies nur eingeschränkt möglich. So kann ein assoziatives Array wie folgt aufgebaut sein:

Key	Wert
Name	Bauder
Vorname	Bernhard

Jetzt soll aber noch ein Name eingegeben werden. Dies ist nur möglich, wenn ein neues Array angelegt wird oder unterschiedliche Schlüsselnamen verwendet werden. Wenn nun ganz viele Arrays oder Schlüsselnamen existieren, hat man kaum eine Chance, noch den Überblick zu behalten und einen bestimmten Datensatz schnell zu finden. Dazu nimmt man dann ein mehrdimensionales Array. Dieses baut sich wie folgt auf:

Key	Wert	
0	Key	Wert
	Name	Bauder
	Vorname	Bernhard
1	Key	Wert
	Name	Marquarth
	Vorname	Alexander
2	Key	Wert
	Name	Hochgreve
	Vorname	Titus

2.4 Datentypen – Was ist wo drin?

Es wird also das Array, das die Daten enthält, in ein anderes Array gespeichert. Das dargestellte Array ist ein einfaches, indiziertes Array. Anstatt jetzt einen Wert wie den Vornamen einer Person an die Indexstelle 0 zu speichern, wird ein ganzes Array das alle Daten zu einer Person enthalten kann, dort hingeschrieben. Im PHP-Code stellt sich dies wie folgt dar:

```
<?
$person[Name]="Bauder";
$person[Vorname]="Bernhard";
$datensaetze[0]=$person;
?>
```

Zuerst wird in ein assoziatives Array der Name und Vorname gespeichert. Das komplette Array *$person* wird dann in das indizierte Array *$datensaetze* an die Position *0* geschrieben. Wenn Sie jetzt den Inhalt des Arrays *$datensaetze* an der Position *0* mit

```
echo $datensaetze[0];
```

ausgeben, dann erhalten Sie als Ausgabe lediglich das Wort *Array*. Sie sehen, in dem Array ist ein Array gespeichert.

Weitere Informationen zum Umgang mit Arrays erhalten Sie in Kapitel 2.6 ab Seite 73.

Klassen und Objekte

Durch Klassen und Objekte können zusammengehörige Funktionen und Daten gebündelt und gekapselt werden. PHP ermöglicht eine einfache Form des objektorientierten Programmierens (OOP). Dies hat den Vorteil, dass häufig benutzte Programmstrukturen zusammengefasst werden können und man diese mit nur ein paar Befehlen ansprechen kann, ohne den ganzen Programmcode noch einmal zu schreiben. In der Praxis ist es z. B. sehr nützlich, eine Datenbankklasse zu erschaffen, um die verschiedenen Datenbanktypen und deren Befehle und Funktionen jedem Skript zugänglich zu machen. So könnten Sie ein Skript mit Datenbankfunktionen sowohl für MySQL als auch für Oracle umsetzen, wenn diese Datenbanktypen in der Klasse implementiert sind. Eine Klasse sieht in PHP wie folgt aus:

```
<?
class hauptstaedte {

var $Land;

function hinzufuegen($Staat,$Hauptstadt){
$this->Land[$Staat]=$Hauptstadt;
}
```

Grundlegende Arbeitsweisen mit PHP

```
function suchen ($land) {
  while (list ($key, $val) = each ($this->Land))
  {
    if ($key==$land){
    echo $val;
    }
  }
}
}
```

Mit dem Befehl *class hauptstaedte* wird eine neue Klasse mit dem Namen *hauptstaedte* erzeugt. Über diesen Namen kann man die Klasse später ansprechen. In den geschweiften Klammern folgt dann die Funktionssammlung, die diese Klasse enthalten soll. Dies sind hier die Funktionen *hinzufuegen* und *suchen*, die mit dem Befehl *function* erzeugt werden. Wieder in geschweiften Klammern folgen die Befehle, die in diesen Funktionen zusammengefasst werden. Fertig ist die Klasse. Um jetzt mit dieser Klasse arbeiten zu können, muss man ein Objekt anlegen.

Dies passiert in dem Beispiel mit der Zeile:

```
$EUhauptstaedte = new hauptstaedte;
```

Man kann sich dieses Objekt als eine Kopie der Klasse vorstellen. Diese Kopie wird mit dem Befehl *new* erzeugt. Sie hat die gleichen Eigenschaften wie die Klasse selbst, d. h., als Kopie erbt sie die Funktion, Variablen, Objekte etc. der Klasse.

Um jetzt Hauptstädte hinzuzufügen, muss auf die Funktion *hinzufuegen* des neuen Objekts *$EUhauptstaedte* zugegriffen werden.

Dies passiert in den folgenden Zeilen:

```
$EUhauptstaedte->hinzufuegen("BRD","Berlin");
$EUhauptstaedte->hinzufuegen("GB","London");
$EUhauptstaedte->hinzufuegen("FR","Paris");
```

Was passiert hier? Das Objekt *$EUhaupstaedte* ist eine Kopie der Klasse *hauptstaedte*. Diese Kopie enthält natürlich auch die Funktion *hinzufuegen* aus dem Original. Auf diese Funktion wird zugegriffen, indem erst der Name des Objekts genannt wird, *$Euhaupstaedte*, gefolgt von einem -> und dem Funktionsnamen *hinzufuegen*. In Klammern stehen die Werte, die an diese Funktion übergeben werden.

```
echo "Die Hauptstadt von GB ist ";
echo $EUhauptstaedte->suchen("GB").".";
?>
```

2.4 Datentypen – Was ist wo drin?

Bei dem Zugriff auf die Funktion *suchen* in dem erstellten Objekt *$EUhaupstaedte* wird nach dem gleichen Schema vorgegangen. Der Zugriff auf Funktionen eines Objekts erfolgt also mit -> in Kombination mit dem Namen des Objekts und der benötigten Funktion.

Das fertige Skript sieht wie folgt aus:

```
<?
class hauptstaedte {

var $Land;

function hinzufuegen($Staat,$Hauptstadt){
  $this->Land[$Staat]=$Hauptstadt;
}

function suchen ($land) {
  while (list ($key, $val) = each ($this->Land))
    {
      if ($key==$land){
        echo $val;
      }
    }
}
}

$EUhauptstaedte = new hauptstaedte;

$EUhauptstaedte->hinzufuegen("BRD","Berlin");
$EUhauptstaedte->hinzufuegen("GB","London");
$EUhauptstaedte->hinzufuegen("FR","Paris");

echo "Die Hauptstadt von GB ist ";
echo $EUhauptstaedte->suchen("GB").".";
?>
```

Wird das Skript auf dem Server ausgeführt, erhält man folgendes Ergebnis:

Ausgabe des Zugriffs auf die Funktion eines Objekts

Grundlegende Arbeitsweisen mit PHP

Jonglieren mit Datenypen

In diesem Abschnitt wird gezeigt, wie Variablen, in Abhängigkeit ihrer Verwendung, ihren Datentyp ändern, denn dieser ist nicht statisch, sondern variabel.

Mit den Funktionen *settype()* und *gettype()* kann der augenblickliche Datentyp einer Variable gesetzt bzw. ausgegeben werden. Die folgende Tabelle zeigt alle möglichen Transformationen.

Funktion	Beschreibung	Beispiel
settype (Variable, Datentyp)	Setzen des Datentyps Mögliche Werte "integer" "double" "string" "array" "object"	<? $a = 1; //$a ist vom Typ Integer settype ($a, "double"); //$a ist vom Typ Double ?>
gettype (Variable)	Ausgabe des Datentyps	<? $a[]= 1; echo gettype ($a); //gibt „array" aus ?>

Ein kleines Beispiel dafür, wie Datentypen durch Verändern des Werts ebenfalls verändert werden können.

- <?
- $a="a"; // $a ist String
- echo gettype ($a). " a = $a";
- echo "<BR>";
- $a++; // $a ist immer noch String
- echo gettype ($a). " a = $a";
- echo "<BR>";
- $a="1"; // $a ist ein String
- echo gettype ($a). " a = $a";
- echo "<BR>";
- $a=$a+2; // $a ist jetzt Integer
- echo gettype ($a). " a = $a";
- echo "<BR>";
- $a=1; // $a ist Integer
- echo gettype ($a). " a = $a";
- echo "<BR>";
- $a=$a + 0.5 ; // $a ist Double
- echo gettype ($a). " a = $a";
- ?>

2.5 Daten manipulieren, auswerten und vergleichen

Die Ausgabe gibt jeweils erst den Datentyp der Variable wieder und dann deren Inhalt. Zuerst ist $a ein String. Der Wert wird dann mit dem Operator ++ um eins erhöht. Danach a der Buchstabe b kommt ist $a jetzt b und immer noch ein String. Jetzt wird $a der Wert 1 zugewiesen. Da dieser in Anführungszeichen steht, ist auch jetzt der Datentyp ein String. Zu $a wird jetzt 2 addiert. Durch die Rechenoperation ist aus $a jetzt der Datentyp Integer geworden. $a wird jetzt wieder der Wert 1 zugewiesen. Da dieser diesmal nicht in Anführungszeichen steht, ist $a jetzt Integer. Jetzt wird zu $a noch 0.5 addiert und aus $a wird Double.

Variable Datentypen

Eine weitere Möglichkeit, Typen umzuwandeln, bietet folgende Schreibweise.

- <?
- $a = 10;
- echo gettype ($a);// gibt Integer-Wert aus
- $a = (double) $a;
- echo gettype ($a); // gibt double aus
- ?>

Mit der Zeile *$a=(double) $a;* wird der Variable $a der Datentyp Double zugewiesen, obwohl ihr Wert Integer ist.

2.5 Daten manipulieren, auswerten und vergleichen

Hat man einmal einer Variable einen Wert zugewiesen, soll dieser Wert auch veränderbar sein, da es sonst dem Wesen der Variable widersprechen würde. Für die Veränderung der Werte einer Variable stellt PHP dem Benutzer eine Vielzahl so genannter Operatoren zur Verfügung. Operatoren werden verwendet, um Daten zu manipulieren, zu vergleichen und auszuwerten. Die einfachsten und bekanntesten sind die arithmetischen Operatoren.

Grundlegende Arbeitsweisen mit PHP

Arithmetische Operatoren in PHP

Arithmetische Operatoren begegnen uns bei fast jeder Programmzeile, die wir schreiben. Mal müssen Zahlen addiert, mal müssen sie dividiert werden.

Die Grundrechenarten in PHP

Operator	Beispiel	Ergebnis
+ (Addition)	$a= 5 + 3	8
- (Subtraktion)	$a= 5 - 3	2
* (Multiplikation)	$a= 5 * 3	15
/ (Division)	$a = 5/ 3	1.6667

Ein nicht so bekannter Operator ist der Modulo-Operator

Operator	Beispiel	Ergebnis
% (Modulo)	$a = 5 % 3	2

Modulo gibt den Rest einer Division aus. Gibt es keinen Rest, ist das Ergebnis 0. Folgendes Beispiel soll dies nochmals verdeutlichen.

- <?
- echo 10%5; // Ergebnis ist 0
- echo 11%5; // Ergebnis ist 1
- echo 12%5; // Ergebnis ist 2
- echo 13%5; // Ergebnis ist 3
- echo 14%5; // Ergebnis ist 4
- echo 15%5; // Ergebnis ist 0
- echo 16%5; // Ergebnis ist 1
- ?>

Gerade oder ungerade?

TIPP Die Modulo-Operation eignet sich hervorragend, um eine Entscheidung darüber zu treffen, ob eine Zahl gerade oder ungerade ist. Als einfaches praktisches Beispiel können Sie sich eine Tabelle vorstellen, die abwechselnd verschieden farbige Tabellenreihen haben soll. Anhand eines mitlaufenden Zählers bei der Erzeugung der Tabelle können Sie anhand des Modulo-Werts feststellen, welche Farbe zugewiesen werden muss.

2.5 Daten manipulieren, auswerten und vergleichen

```
<?
$x = 11;
if ($x%2)
 {
  echo "Zahl $x ist ungerade";
 }
else
 {
  echo "Zahl $x ist gerade";
 }
?>
```

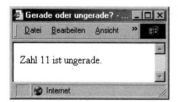

Gerade oder ungerade?

Werte einer Variablen zuweisen

Um einen Wert einer Variable zuzuweisen, wird in PHP das =-Zeichen verwendet. Dieses haben Sie in den vorhergehenden Abschnitten ja schon kennen gelernt. Im folgenden Beispiel wird der Variable $x der Wert 11 zugewiesen und der Variable $a die Summe von $b und $c.

```
<?
$x = 11;
$a = $b+$c;
?>
```

In Verbindung mit dem =-Zeichen findet man häufig die Zeichen „+, -, .".
Hierbei Handelt es sich um Kurzformen für diese Operationen. Sie dienen vor allem dazu, den Programmiercode so kurz wie möglich zu halten.

+ und - addieren bzw. subtrahieren den folgenden Wert. Dahingegen fügt der . den folgenden Wert an die Variable an.

```
<?
$a = 10;
$a += 4;  // Hier wird zu dem Wert der Variable die Zahl 4 addiert
          // ausführlich $a = $a +4
          // $a hat somit den Wert 14
$a -= 4   // Subtraktion um den Wert 4
          // $a hat somit den Wert 6
$a = 10;
```

Grundlegende Arbeitsweisen mit PHP

- $a .= 6   // $a hat den Wert 106
- ?>

Diese Schreibweise funktioniert auch mit den Operatoren *und /.

Werte erhöhen oder vermindern

Inkrementierungs- bzw. Dekrementierungsoperatoren erhöhen (inkrementieren) oder vermindern (dekrementieren) den Wert einer Variable um genau 1. Dabei werden je Operation zwei Arten der Operatoren unterschieden. Dabei ist es wichtig, ob der Operator vor und nach der Variable steht. Am einfachsten lassen sich die Operatoren mit einem einfachen Beispiel erklären.

- <?
- $a=7;
- echo „Mein Wert ist jetzt 8:".++$a;
- //$a wird um 1 vor der Ausgabe erhöht
-
- $a=7;
- echo „Mein Wert sollte jetzt 6 sein :".--$a;
- //$a wird um 1 vor der Ausgabe vermindet
- ?>

++ und -- verändern also einen Wert um 1.

Beachten Sie folgendes Beispiel:

- <?
- $a=7;
- echo „Mein Wert ist jetzt 7: ".$a++."
";
- //$a wird nach der Ausgabe um 1 erhöht
- echo „Mein Wert ist jetzt 8: ".$a."
";
-
- $a=7;
- echo „Mein Wert ist jetzt 7: ".$a--."
";
- //$a wird um 1 nach der Ausgabe vermindert
- echo „Mein Wert ist jetzt 6: ".$a;
- ?>

Ein kleiner, aber gewaltiger Unterschied!

Inkrementierungs- bzw. Dekrementierungsoperatoren

TIPP Operatoren vor Variablen erhöhen bzw. vermindern den Wert und geben den veränderten Wert sofort aus. Operatoren hinter Variablen erhöhen bzw. vermindern den Wert ebenso, geben aber den „alten" Wert aus. Der neue Wert wird beim erneuten Abruf der Variable ausgegeben.

2.5 Daten manipulieren, auswerten und vergleichen

Werte miteinander vergleichen

Die Vergleichsoperatoren dienen dazu, Variablen bzw. deren Werte miteinander zu vergleichen. Als Rückgabewert, oder Aussage über einen Vergleich, liefern die Vergleichsopertoren den Wert *True* (dt. wahr) oder *False* (dt. falsch) zurück. *True* dann, wenn ein Vergleich stimmt, oder *False*, wenn es zu keiner Übereinstimmung des Vergleichs kommt.

Die folgende Tabelle zeigt alle möglichen Vergleichsoperatoren in PHP an:

Operator	Bedeutung	Beispiel	Ergebnis
==	Gleich	$a==$b	Liefert *True*, wenn der Wert von $a gleich dem Wert von $b ist.
!=	Ungleich	$a!=$b	Liefert *True*, wenn der Wert von $a ungleich dem Wert von $b ist.
<	Kleiner als	$a<$b	Liefert *True*, wenn der Wert von $a kleiner dem Wert von $b ist.
>	Größer als	$a>$b	Liefert *True*, wenn der Wert von $a größer dem Wert von $b ist.
<=	Kleiner gleich	$a<=$b	Liefert *True*, wenn der Wert von $a kleiner oder gleich dem Wert von $b ist.
>=	Größer gleich	$a>=$b	Liefert *True*, wenn der Wert von $a größer oder gleich dem Wert von $b ist.

Diese Operationen kennt man noch aus dem Mathematikunterricht. In PHP kennt man noch einen weiteren Vergleichsoperator.

Operator	Bedeutung	Beispiel	Ergebnis
===	Gleich Gleich (Identisch)	$a===$b	Liefert *True*, wenn der Wert von $a gleich dem Wert von $b ist und die Variablen vom selben Datentyp sind.

TIPP

True oder False/wahr oder unwahr

Beim Einsatz der Vergleichsoperatoren sollte man sich genau überlegen, auf welchen Wert, *True* oder *False*, man prüft. Viele Fehler lassen sich auf eine falsche Deutung der Aussage zurückführen.

Grundlegende Arbeitsweisen mit PHP

Stimmt ein Vergleich oder nicht?

Dicht angelegt an die Vergleichsoperatoren sind die logischen Operatoren. Sie verknüpfen Aussagen über *True* und *False* miteinander. Die Vergleichsoperatoren machen, wie eben gesehen, eine Aussage darüber, ob ein Vergleich stimmt (*True*) oder nicht stimmt (*False*). Logische Operatoren verwenden diese Aussage, um weitere Aussagen zu treffen.

Das hört sich recht komplex an, ist aber in der Praxis sehr einfach.

„Wenn Teilaufgabe1 und Teilaufgabe2 gelöst sind, dann ist die Prüfung bestanden."

Diesen Satz würde man in PHP folgendermaßen formulieren:

- <?
- $Teilaufgabe1="geloest";
- $Teilaufgabe2="geloest";
- if ($Teilaufgabe1==geloest and $Teilaufgabe2==geloest)
- {
-   echo "Prüfung bestanden";
- }
- else
- {
-   echo "Prüfung nicht bestanden";
- }
- ?>

Der hier verwendete Operator ist *and* (dt. Und). Erst wenn *$Teilaufgabe1* und *$Teilaufgabe2* gleich dem Wert *geloest* sind, ist die Prüfung bestanden.

Die Tabelle zeigt alle logischen Operatoren in der Reihenfolge ihrer Rangfolge.

Operator	Bedeutung	Beispiel	Ergebnis
!	Nicht	!$a	Liefert *True*, wenn der Wert von $a nicht *True* ist.
&&	Und	$a && $b	Liefert *True*, wenn die Werte von $a und $b *True* sind.
||	oder	$a || $b	Liefert *True*, wenn die Werte von $a oder $b *True* sind.
and	Und	$a and $b	Liefert *True*, wenn die Werte von $a und $b *True* sind.
xor	Entweder oder	$a xor $b	Liefert *True*, wenn die Werte von $a oder $b *True* sind, aber nicht beide
or	Oder	$a or $b	Liefert „*True*", wenn der Wert von $a oder $b *True* sind.

Die Operatoren && und // haben hierbei eine besondere Bedeutung. Sie sind der Funktion nach mit *and* und *or* identisch.

&& und // haben aber eine höhere Rangfolge als *and* und *or*, gehen diesen also vor, wenn mehrere logische Operatoren verknüpft wurden. Dadurch kann teilweise eine Klammerung erspart werden. Vergleichen lässt sich das mit den Operatoren + und *. Der Operator * hat die höhere Rangfolge vor dem + und wird bei einer Anweisung als Erstes ausgeführt.

2.6 Grundlegende Funktionen im Umgang mit Arrays

Einen Überblick über Arrays enthält das Kapitel „Die Datentype: Array" ab Seite 60. In diesem Abschnitt werden nun die wichtigsten Funktionen im Umgang mit Arrays erklärt.

Wie bereits bei den Datentypen gesehen, gibt es zwei Arten von Arrays: assoziative und indizierte. Diese wiederum können ein- oder mehrdimensional sein. Lesen Sie zu den unterschiedlichen Arten der Arrays die Ausführungen in dem Kapitel „Die Datentype: Array" ab Seite 60. Alle hier beschriebenen Funktionen können auf beide Arrayarten und alle Dimensionen angewendet werden.

Erzeugen eines Arrays

Wie bereits in einem vorherigen Kapitel gesehen, können Arrays einfach durch Angabe der Werte erzeugt werden.

- <?
- Hauptstadt[„Deutschland"]="Berlin";
- Hauptstadt[„Frankreich"]="Paris";
- Hauptstadt[„England"]="London";
- ?>

Eine weitere Möglichkeit ist es, das Array-Sprachkonstrukt zu verwenden.

- <?
- $Hauptstadt = array(
- "Deutschland" => "Berlin",
- "Frankreich" => "Paris",
- "England" => "London",

Grundlegende Arbeitsweisen mit PHP

-);
- ?>

$Hauptstadt ist der Name des Arrays. Durch das Zeichen = wird das Array mit Inhalten gefüllt. Dies geschieht durch den Befehl *array()*. In der Klammer werden dann die Key/Werte-Paare angegeben und mit dem => verknüpft. In diesem Beispiel sind die Ländernamen die Keys und die Städtenamen die Werte.

Das Array *$Hauptstadt* ist somit ein eindimensionales assoziatives Array.

Durch Verwendung des Array-Sprachkonstrukts können leicht mehrdimensionale Arrays erzeugt werden. Bei dem folgenden Array handelt es sich um ein zweidimensionales assoziatives Array.

- <?
- $Hauptstadt = array(
- „Europa" => array(
- „Deutschland" => "Berlin",
- "Frankreich" => "Paris",
- "England" => "London"),
- "Amerika" => array(
- "USA" => "Washington",
- "Canda" => "Ottawa",
- "Mexico" => "Mexico City")
-);
- ?>

Zunächst wird das Array *$Hauptstadt* angelegt. Dieses Array wird mit den Arrays *Europa* und *Amerika* befüllt. Diese Arrays enthalten wiederum die Key/Werte-Paare.

Als Tabelle würde man es folgendermaßen schreiben.

	Europa	Amerika
Deutschland	Berlin	
Frankreich	Paris	
England	London	
USA		Washington
Canda		Ottawa
Mexico		Mexico City

2.6 Grundlegende Funktionen im Umgang mit Arrays

Anzahl der Array-Einträge bestimmen

Durch die Funktion *count()* kann die Anzahl der Einträge eines Array bestimmt werden.

```
<?
echo count($Hauptstadt); // ergibt 2 (Europa und Amerika)
?>
```

In diesem Beispiel liefert die *Count*-Funktion die Zahl 2. Die Anzahl bezieht sich hierbei auf die erste Ebene, also auf *Europa* und *Amerika*. Mehr Einträge sind nicht vorhanden. Darüber hinaus können Sie auch die Einträge der zweiten Ebene zählen, allerdings ist dies zwangsläufig auf einen bestimmten Array-Eintrag der ersten Ebene beschränkt:

```
<?
echo count($Hauptstadt[„Deutschland"]); // ergibt 1 (Berlin)
?>
```

Das folgende Array :

```
<?
$Hauptstadt = array(
        „Deutschland" => "Berlin",
        "Frankreich" => "Paris"
);
echo count($Hauptstadt); // ergibt ebenfalls 2
?>
```

liefert ebenfalls die Anzahl 2.

Es ist also von Wichtigkeit, sich genau darüber im Klaren zu sein, welche Werte man durch die Funktion *count*() erhält. Eine falsche Interpretierung dieser Funktion kann eine lange Fehlersuche zur Folge haben.

Werte eines Arrays ausgeben

Wie Einträge in einem Array gespeichert werden, wurde auf den letzten Seiten mehrfach gezeigt. Wie aber kommt man an die Werte eines Array heran? Nun, genau so einfach wie man sie speichert.

```
<?
$Hauptstadt = array(
        "Deutschland" => "Berlin",
        "Frankreich" => "Paris"
);
```

Grundlegende Arbeitsweisen mit PHP

- echo "Die Hauptstadt von Deutschland ist ".$Hauptstadt
    ["Deutschland"];
- ?>

Der Befehl *echo* in Verbindung mit dem Array-Namen *$Hauptstadt* und dem dann folgenden Key [*„Deutschland"*] gibt den dazugehörigen Wert *Berlin* aus:

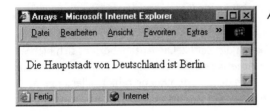

Ausgabe der Werte eines Arrays

Eine weitere Möglichkeit bieten die Funktionen *key()* und *current()*.

- <?
- $Hauptstadt = array(
-           "Deutschland" => "Berlin",
-           "Frankreich" => "Paris"
-);
- $Land = key($Hauptstadt);
- $Stadt = current($Hauptstadt);
-
- echo "die Hauptstadt von $Land ist $Stadt";
- ?>

Dieses Beispiel liefert das gleiche Ergebnis wie das vorherige. Woran liegt das? *Key* und *current* liefern den Wert, auf dem der Zeiger in einem Array aktuell zeigt.

Funktion	Beschreibung
Key	Name des aktuellen Elements
Current	Wert des aktuellen Elements

Dieser Zeiger steht immer am Anfang des Arrays, also bei dem ersten Eintrag.

Wurde der Zeiger nicht verändert, wird das erste Element ausgegeben. Die Funktionen *end()*, *next()*, *prev()* und *reset()* ermöglichen eine Verschiebung des Zeigers.

- <?
- $Hauptstadt = array(
-           "Deutschland" => "Berlin",
-           "Frankreich" => "Paris"
-);

2.6 Grundlegende Funktionen im Umgang mit Arrays

```
$Land = key($Hauptstadt);
$Stadt = current($Hauptstadt);

echo "Die Hauptstadt von $Land ist $Stadt<br>\n";

next($Hauptstadt); // Sprung zum nächsten Eintrag im Array
$Land = key($Hauptstadt);
$Stadt = current($Hauptstadt);

echo "Die Hauptstadt von $Land ist $Stadt\n";

?>
```

Zunächst wird der erste Eintrag des Arrays ausgegeben. Mit der Zeile *next ($Hauptstadt)* wird der Zeiger auf den nächsten Eintrag des Arrays gestellt.

Mehrere Einträge eines Arrays ausgeben

Der Zeiger kann entweder an den Anfang oder das Ende des Arrays gesetzt oder in Einzelschritten innerhalb des Arrays positioniert werden.

Die Funktionen zum Bewegen des Zeigers im Überblick:

Funktion	Beschreibung
end()	Positioniert den Zeiger auf das letzte Element
next()	Positioniert den Zeiger auf das nächste Element
prev()	Positioniert den Zeiger auf das davorige Element
reset()	Positioniert den Zeiger auf das erste Element

Ausgabe eines Array mit der Do-While-Schleife

Das nachfolgende Skript erzeugt zuerst ein mehrdimensionales Array und gibt anschließend dessen Inhalt aus.

Grundlegende Arbeitsweisen mit PHP

```
<?
$Hauptstadt = array(
    "Europa" => array(
        "Deutschland" => "Berlin",
        "Frankreich" => "Paris",
        "England" => "London") ,
    "Amerika" => array(
        "USA" => "Washington",
        "Canda" => "Ottawa",
        "Mexico" => "Mexico City")
);
do {
$Kontinent= key($Hauptstadt);
echo "<B>$Kontinent</b>";
echo "<BR>";
  do {
    $Land = key($Hauptstadt["$Kontinent"]);
    $Stadt = current($Hauptstadt["$Kontinent"]);
    echo "$Land   :   $Stadt <BR>";
  } while (next ($Hauptstadt["$Kontinent"]));
} while (next ($Hauptstadt));
?>
```

Ihnen fällt bestimmt der Abschnitt mit dem Befehl *do* und *while* auf. Diese Befehle tauchen insgesamt jeweils zweimal auf. Es handelt sich hierbei um eine Schleife. Diese Schleifen werden in einem Programm mehrmals durchlaufen. Dies bedeutet, dass die Befehle, die in diesen Schleifen stehen, mehrmals ausgeführt werden, bis ein bestimmter Zustand eintritt. Die Verwendung von Schleifen ist hier notwendig, um alle Einträge des Arrays auszugeben. Da es sich in diesem Fall um ein mehrdimensionales Array mit zwei Dimensionen handelt, sind zwei Schleifen erforderlich. Mehr über Schleifen erfahren Sie in Kapitel 3.1 ab Seite 86.

In diesem Beispiel werden die Befehle in den Schleifen so lange ausgeführt, bis kein Eintrag in den Arrays mehr zu finden ist, also alle Einträge abgearbeitet wurden.

Alle Einträge eines Arrays ausgeben

2.6 Grundlegende Funktionen im Umgang mit Arrays

Ausgabe eines Array mit der While-Schleife

Der ganze Inhalt eines Array kann auch mit einer While-Schleife ausgegeben werden. Der Unterschied zur Do-While-Schleife liegt darin, dass in diesem Fall zuerst geprüft wird, ob ein bestimmter Zustand gegeben ist, und dann die Schleife ausgeführt wird, wohingegen bei der Do-While-Schleife erst der Inhalt der Schleife abgearbeitet wird und dann auf einen bestimmten Zustand geprüft wird. Mehr dazu in Kapitel 3.1 ab Seite 86.

Bei der While-Schleife wird die Funktion *each()* verwendet. *Each()* liefert ein Schlüssel- und Wertepaar. Beim Aufruf wird der aktuelle Zeiger um ein Element im Array verschoben.

Dabei repräsentieren *0* und *Key* den Schlüssel und *1* und *Value* den Wert.

Each() wird in der Regel mit *list()* verwendet, um alle Elemente eines Array auszugeben.

list() wird verwendet, um eine Liste von Variablen innerhalb einer Operation zuzuweisen. Das folgende Beispiel soll das Zusammenwirken der beiden Funktionen *list()* und *each()* zeigen.

```
<?
$Hauptstadt = array(
    "Europa" => array(
        "Deutschland" => "Berlin",
        "Frankreich" => "Paris",
        "England" => "London"),
    "Amerika" => array(
        "USA" => "Washington",
        "Canda" => "Ottawa",
        "Mexico" => "Mexico City")
);

while (list ($Kontinent)= each($Hauptstadt)){
   echo "<B>$Kontinent</b>";
   echo "<BR>";
while (list ($Land,$Stadt)= each($Hauptstadt["$Kontinent"])){
   echo "$Land  :  $Stadt <BR>";
   }
 }
?>
```

Vergleichen Sie dazu den vorangegangenen Quellcode. Der Output ist der gleiche.

Grundlegende Arbeitsweisen mit PHP

Ausgabe eines Array mit der Foreach-Schleife

Eine weitere Art, ein Array auszugeben, ist die Foreach-Schleife. Damit kann man ebenfalls den kompletten Inhalt des Array ausgeben.

```
<?
$Hauptstadt = array(
    "Europa" => array(
        "Deutschland" => "Berlin",
        "Frankreich" => "Paris",
        "England" => "London")
        ,
    "Amerika" => array(
        "USA" => "Washington",
        "Canda" => "Ottawa",
        "Mexico" => "Mexico City")
    );

    foreach ($Hauptstadt as $Kontinent => $value) {
        echo "<B>$Kontinent</b><br>";
            foreach ($Hauptstadt[$Kontinent] as $Land => $Stadt) {
                echo "$Land   :   $Stadt <BR>";
            }
    }
?>
```

Auch dieses Skript erzeugt die gleiche Ausgabe wie die vorhergehenden Skripte.

Inhalte eines Array sortieren

Die Daten werden in ein Array nacheinander eingegeben. Schon jetzt auf die Sortierung zu achten ist sehr mühsam. Spätestens wenn man einen neuen Datensatz zwischendurch einfügen muss, sind alle anfänglichen Sortierversuche vergebens gewesen. Daher stellt PHP einige Funktionen zur effektiven Sortierung der Inhalte zur Verfügung.

Das folgende Array ist unsortiert:

Name
Niclas
Bernhard
Michaela
Elisabeth

2.6 Grundlegende Funktionen im Umgang mit Arrays

Durch die Funktion *sort()* kann die Reihenfolge der Ausgabe angegeben werden.

Dabei besteht die Möglichkeit, die Art der Sortierung mit so genannten sort_flags zu beeinflussen.

Folgende sort_flags stellt PHP bereit:

SORT_REGULAR – Vergleiche Einträge normal
SORT_NUMERIC – Vergleiche Einträge numerisch
SORT_STRING – Vergleiche Einträge als Strings

- sort ($arrayname,SORT_STRING);

Das nachfolgende Skript sortiert nach den Namen. Durch Nicht-Setzen des sort_flags wird das Array alphabetisch sortiert.

- <?
- $vornamen = array ("Niclas",
-            "Bernhard",
-            "Michaela",
-            "Elisabeth"
-);
- sort ($vornamen);
- while (list ($key,$vname)= each($vornamen)) {
-    echo "Eintrag Nr. $key entspricht jetzt $vname\n";
-    echo "
\n";
- }
- ?>

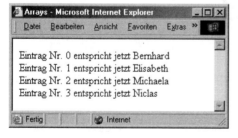

Das sortierte Array

Die Funktion *sort()* hat den Index verändert! Diese Erkenntnis ist sehr wichtig und hat weit reichende Folgen für assoziative Arrays wie das folgende. Zunächst einmal die Darstellung des Array als Tabelle:

Grundlegende Arbeitsweisen mit PHP

Spitzname	Name
Nic	Niclas
Berni	Bernhard
Michi	Michaela
Lis	Elisabeth

In PHP sieht dieses Array wie folgt aus:

```
<?
$vornamen = array ("Nic" => "Niclas",
        "Berni" => "Bernhard",
        "Michi" => "Michaela",
        "Lis" => "Elisabeth"
);

while (list ($key,$vname)= each($vornamen)) {
  echo "Eintrag <b>$key</b> entspricht jetzt <b>$vname</b>\n";
  echo "<BR>\n";
}
?>
```

Dieses Skript gibt den Inhalt des Array unsortiert aus. Der Index ist in diesem Fall der Spitzname.

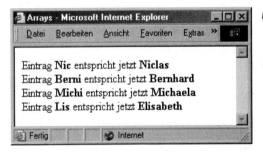

Unsortiertes, assoziatives Array

Durch Hinzufügen der *sort*-Funktion in das Skript wird der „alte" Index „Spitzname" durch einen neuen sequenziellen Index ersetzt. Der Spitzname wird dabei gelöscht!

```
<?
$vornamen = array ("nic" => "Niclas",
        "Berni" => "Bernhard",
        "Michi" => "Michaela",
        „Lis" => "Elisabeth"
          );
sort($vornamen);
```

2.6 Grundlegende Funktionen im Umgang mit Arrays

- while (list ($key,$vname)= each($vornamen)) {
- echo "Eintrag $key entspricht jetzt $vname\n";
- echo "
\n";
- }
- ?>

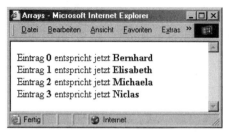

Das sortierte, jetzt nicht mehr assoziative Array

In PHP existieren noch weitere Sortierfunktionen für Arrays.

Die Funktion *asort()* sortiert ein Array nach den Werten, wobei die Funktion *arsort()* dies in umgekehrter Reihenfolge macht. Die Indexzuordnungen werden bei beiden Funktionen beibehalten. Diese Funktionen sind wichtig, um assoziative Arrays zu sortieren, da die Indexzuordnung nicht beeinflusst wird.

- <?
- $vornamen = array ("a" => "Niclas",
- "c" => "Bernhard",
- "b" => "Michaela",
- "d" => "Elisabeth"
-);
- arsort($vornamen);
- while (list ($key,$vname)= each($vornamen)) {
- echo "Eintrag $key entspricht jetzt $vname\n";
- echo "
\n";
- }
- ?>

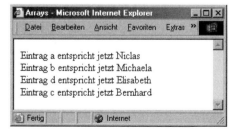

Rückwärts nach Werten sortiertes, assoziatives Array

83

Grundlegende Arbeitsweisen mit PHP

Was für die Werte eines Array gilt, gilt auch für die Schlüssel. Diese lassen sich mit der Funktion *ksort()* nach ihrer Reihenfolge sortieren, wobei *krsort()* dies in umgekehrter Reihenfolge macht.

```
<?
$vornamen = array ("a" => "Niclas",
         "c" => "Bernhard",
         "b" => "Michaela",
         "d" => "Elisabeth"
         );
ksort($vornamen);
while (list ($key,$vname)= each($vornamen)) {
    echo "Eintrag $key entspricht jetzt $vname\n";
    echo "<BR>\n";
}
?>
```

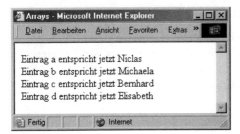

Nach Schlüssel sortiertes Array

3. Einsatz spezieller Strukturelemente

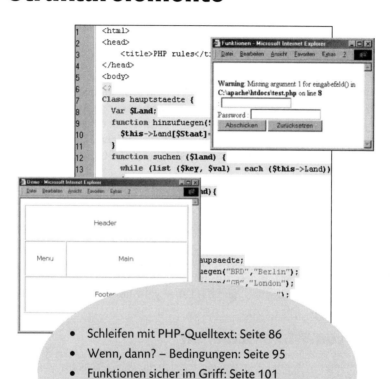

- Schleifen mit PHP-Quelltext: Seite 86
- Wenn, dann? – Bedingungen: Seite 95
- Funktionen sicher im Griff: Seite 101
- Umfangreiche Skripte zerlegen: Seite 109

Einsatz spezieller Strukturelemente

B In PHP ist es wie in jeder anderen Programmiersprache. Man kann Zeile für Zeile das Skript herunterschreiben, ohne diesem jegliche Struktur zu geben. Ordnung ist jedoch das halbe Leben und ohne geht es in PHP auch nicht. Daher hat man in PHP spezielle Strukturelemente zur Verfügung, ähnlich wie in anderen Programmiersprachen, die einem das Leben wesentlich erleichtern und zu einer kompakten und leserlichen Form des PHP-Skripts führen.

3.1 Schleifen im PHP-Quelltext

Eines des wichtigsten Strukturelemente von PHP und Programmiersprachen im Allgemeinen sind Schleifen. Schleifen wiederholen eine bestimmte Anzahl von Anweisungen so lange, bis eine bestimmte Bedingung erfüllt ist. Die Bedingung könnte z. B. das Ende einer Datei oder das Ende eines Array oder auch der letzte Eintrag des Ergebnisses (Resultset) durch das Selektieren von Daten aus einer SQL-Datenbank sein.

In PHP gibt es drei Arten von Schleifen, die While-, die Do-While- und die For-Schleife.

Alle drei Schleifen haben die Gemeinsamkeit, dass sie eine bestimmte Anzahl von Anweisungen (den Skriptblock) x-mal durchlaufen, bevor sie mit dem Rest des Skripts fortfahren. Man kann sich dies so ähnlich vorstellen wie in dem Film „Und täglich grüßt das Murmeltier". Auch hier befindet sich die Hauptperson auf einmal in einer (Zeit-)Schleife, die nach einer bestimmten Anzahl von Durchläufen nach Erreichen eines bestimmten Ereignisses beendet wird und das Leben ganz normal weiterlaufen lässt.

Einfügen von While-Schleifen

Wie bereits im letzten Kapitel gesehen, eignen sich die While-Scheifen vorzüglich für das Durchlaufen von Arrays. Dieses ist aber nicht die einzigste Verwendung von While-Schleifen. Man kann mit ihr auch bis zu einem bestimmten Punkt zählen.

Das folgende Skript gibt die Zahlen von 0 bis 9 aus.

```
<?
    $i = 0;
    while ($i < 10)
    {
        echo "$i ";
        $i++;
    }
?>
```

3.1 Schleifen im PHP-Quelltext

Dieses Beispiel durchläuft den Skriptblock zwischen *{* und *}* genau so lange, während die Zählervariable kleiner 10 (*$i < 10*) ist. Vor der Schleife wird die Zählvariable auf 0 gesetzt. Bei jedem Durchlauf der Schleife wird diese Zählervariable ausgegeben und um 1 (*$i++*) erhöht. Die Schleife wird so oft durchlaufen, solange *$i* kleiner als 10 ist. Ist dies nicht mehr das Fall, bricht die Schleife ab.

 *Ausgabe der Zahlen von 0 bis 9*

Zwischen den geschweiften Klammern kann jedes beliebige Skript stehen. Die Schleifen können ineinander verschachtelt werden, sodass komplexe Ausgaben und Berechnungen möglich sind.

Das folgende Skript gibt fünfmal die Ziffern 0–4 in einer HTML-Tabelle aus.

- `<table border="1" >`
- `<?`
- `    $AnzahlZeilen    = 5; // Setzt die Anzahl der auszugebenden Zeilen fest`
- `    $AnzahlSpalten   = 5; // Setzt die Anzahl der auszugebenden Spalten fest`
- `    $i = 0; // Zähler für die erste Schleife wird auf 0 gesetzt`
- `    while ($i < $AnzahlZeilen)`
- `    {`
- `        echo "<tr>";`
- `        $j=0; // Zähler für die zweite Schleife wird auf 0 gesetzt`
- `        while ($j < $AnzahlSpalten)`
- `        {`
- `            echo "<td width=\"20%\">$j</td>\n";`
- `            $j++;`
- `        }`
- `        echo "</tr>";`
- `        $i++;`
- `    }`
- `?>`
- `</table>`

Einsatz spezieller Strukturelemente

Ausgabe einer verschachtelten While-Schleife

 Abweisende Schleife

INFO Die While-Schleife nennt man auch eine abweisende Schleife. Abweisend, weil sie nicht unbedingt durchlaufen werden muss, wenn die definierte Bedingung nicht zutrifft. Eine andere Schleife, die Do-While-Schleife, verhält sich ein wenig anders. Diese Schleife wird mindestens einmal durchlaufen, bevor die Bedingung geprüft wird.

Einfügen von Do-While-Schleifen

Die Do-While-Schleife durchläuft einen Skriptblock so lange, bis eine bestimmte Bedingung erfüllt ist. Da im Gegensatz zur While-Schleife die Bedingung erst am Ende der Schleife geprüft wird, werden die Anweisungen in der Schleife mindestens einmal ausgeführt.

```
<?
    $i = 0;
    do
    {
        echo "\$i ist $i";
        $i++;
    } while ($i < 0)
?>
```

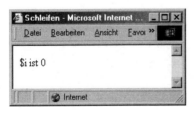

Der Text wird ausgegeben, obwohl die Bedingung nicht erfüllt ist!

3.1 Schleifen im PHP-Quelltext

Der Skriptblock wird durchlaufen, obwohl die Bedingung *while ($i < 0)* nicht erfüllt ist. Dieses ist die eigentliche Besonderheit der Do-While-Schleife.

Vorsicht mit Do-While-Schleifen
TIPP
Häufige werden Fehler beim Verwenden der Do-While-Schleife gemacht, weil vorher nicht genau genug überlegt wird, was die Schleife macht und welche Bedingung wann geprüft wird. Wenn man diese Art von Schleife in seinem Skript verwenden möchte, sollte man sich zweimal überlegen, was denn das Resultat sein soll.

Einfügen von For-Schleifen

Dieser Schleifentyp eignet sich vor allem für Aufzählungen. Hinter dem *for* werden in Klammern die zu beachtenden Parameter angegeben, die durch ein Semikolon getrennt werden.

Der erste Teil in der Klammer setzt die Zählvariable auf einen bestimmten Wert. Der zweite Teil definiert die Bedingung. Erst wenn diese Bedingung erfüllt ist, wird die Schleife beendet. Der dritte Teil verändert den Zähler, was notwendig ist, damit die Bedingung erreicht werden kann.

```
<?
for ($i=0;$i<10;$i++)
{
  echo "$i ";
}
?>
```

Einfaches Aufzählen mithilfe der For-Schleife

In diesem Beispiel wird die Variable *$i* auf 0 gesetzt. Die Schleife soll so lange laufen, während *$i* kleiner als 10 ist. Nach jedem Schleifendurchlauf wird die Variable *$i* um 1 erhöht.

Einsatz spezieller Strukturelemente

Die eben erläuterte Syntax ist die häufigste, aber nicht zwingend, d. h., eine For-Schleife kann auch ohne die Zählvariable auskommen, solange die Erfüllung der Bedingung anders geregelt ist. So ist folgende For-Schleife ebenfalls korrekt:

- <?
- for ($a=$mein_array; list($key,$val)=each($a)) {   // Anweisung }
- ?>

Diese Art kennen Sie bereits von den While-Schleifen. Aber zurück zum Normalfall.

Was passiert, wenn man die Parameter nicht angibt?

- <?
-     $a=0;
-     for (;;)
-     {
-         if (++$a > 10)
-         break;
-         echo "[$a] ";
-     }
- ?>

 *Die Schleife läuft nur zehnmal durch*

Die drei Parameter sind nicht angegeben worden. Die Bedingung kann somit nicht erreicht werden. Die For-Schleife durchläuft den Skriptblock somit unendliche Male. Es ist eine Endlosschleife entstanden.

TIPP

Endlosschleifen

Durch ungünstige Auswahl von Bedingungen in einer Schleife kann es zu einer Endlosschleife kommen. In diesem Fall kann die Bedingung, die die Schleife eigentlich beenden soll, nie eintreten. Solche Endlosschleifen führen dazu, dass die Seite im Browser nicht angezeigt wird und der Server bis zum Timeout das Skript fortführt, was die Performance belastet, je nachdem, was in der Schleife ausgeführt wird. Ein kleines Beispiel:

- <?
- $i=0;
- while ($i<10)
- {

3.1 Schleifen im PHP-Quelltext

- echo „Hallo";
- }
- ?>

Die Bedingung, dass *$i* nicht mehr kleiner als 10 ist, kann hier nie erreicht werden, da *$i* immer 0 bleibt, weil der Wert bei dem Schleifendurchlauf nicht erhöht wird.

Dennoch wird diese Schleife nach zehn Durchläufen beendet. Dafür ist die im Skript befindliche If-Anweisung verantwortlich.

Sie übernimmt gleich zwei Aufgaben. Beim Prüfen der Variable auf größer 10 (*++$a > 10*) wird die Variable gleichzeitig um 1 erhöht. Ergibt die If-Abfrage, dass *$a* größer als 10 ist, wird der darauf folgende Skriptblock der If-Abfrage ausgeführt. In diesem Beispiel der *break*-Befehl. Dies hat zur Folge, dass die For-Schleife beendet wird. Liefert die If-Abfrage als Ergebnis, dass *$a* nicht größer als 10 ist, wird die Variable im Browser ausgegeben. Das Prinzip der If-Abfragen lässt sich mit zwei Sätzen erklären:

Wenn das so ist, dann mach dieses. Wenn dies nicht so ist, dann mach jenes.

Mehr zu If-Abfragen und Bedingungen finden Sie in Kapitel 3.2 ab Seite 95.

Genauso, wenn nicht einfacher, ist es möglich, Tabellenzellen auszugeben. Vergleicht man den folgenden Quellcode mit dem Quellcode der While-Schleife auf Seite 87, fällt sofort der kürzere und übersichtlichere Quellcode der For-Schleife auf.

- <table border="1">
- <?
- $AnzahlZeilen = 5;
- $AnzahlSpalten = 5;
- for ($i=0;$i < $AnzahlZeilen;$i++)
- {
-   echo "<tr>";
-   for ($j=0;$j < $AnzahlSpalten;$j++)
-   {
-     echo "<td width=\"20%\">$j</td>\n";
-   }
-   echo "</tr>";
- }
- ?>
- </table>

Einsatz spezieller Strukturelemente

Das gleiche Ergebnis wie mit der While-Schleife

Ein weiterer Vorteil von For-Schleifen ist die Geschwindigkeit und die eigenständige Erhöhung des Zählers, d. h., Sie müssen darauf nicht mehr achten.

Schleifen und deren Bedingungen

In allen Schleifen werden Bedingungen verwendet, da ohne diese eine Schleife nicht wissen kann, wann sie beendet ist. Schauen wir uns diese Bedingungen noch einmal genauer an.

$i < AnzahlZeilen: Diese Bedingung wurde in den While-Schleifen verwendet. Bei der For-Schleife war es so ähnlich ($i < $AnzahlZeilen).

Die Schleifen werden so lange durchlaufen, solange die Bedingung *FALSE* ergibt. Dies ist dann der Fall, wenn die Aussage der Bedingung nicht korrekt ist. Liefert die Bedingung *TRUE* zurück, stimmt die Aussage und die Schleife wird beendet.

Als Bedingung könnte genauso gut eine Funktion stehen. Der Aufbau von Funktionen wird in Kapitel 3.3 ab Seite 101 erläutert.

TIPP

Bedingungen der Schleifen

Die Bedingungen reduzieren sich nicht nur auf < > oder sonstige Vergleichsoperatoren. Der Aufruf bzw. der Rückgabewert einer Funktion kann dieses genauso gut erfüllen. Aber Achtung! Die Bedingungen werden bei jedem Durchgang erneut geprüft. Bei komplexen Abfragen kann dieses zu Performance-Problemen führen, da schnell hintereinander viele Programmzeilen ausgeführt werden müssen.

3.1 Schleifen im PHP-Quelltext

Schleifen vorzeitig beenden

Eine Schleife lässt sich nicht nur durch das Erreichen einer in ihr vorgegebenen Bedingung beenden. Auch die Schlüsselwörter *break* und *exit* beenden den Durchlauf einer Schleife vorzeitig. *Exit* hält dabei das komplette Skript an, wobei *break* nur die aktuelle Schleife beendet. Damit ist der Einsatzbereich von *break* und *exit* auch schon genau aufgezeigt. Wollen Sie in einer bestimmten Situation das ganze Programm beenden, dann verwenden Sie *exit*. Soll das Programm dagegen weiterlaufen und nur die Schleife beendet werden, dann verwenden Sie *break*.

```
<?
    for ($a=0;$a<10;$a++)
    {
        echo "$a ";
        break;
        echo "in der Schleife<BR>";
    }
    echo "ausserhalb der Schleife<BR>";
?>
```

Die Schleife wurde beendet, nicht aber das Skript selbst!

Durch Angabe eines optionalen Parameters, kann man die Anzahl der Schleife angeben, die durch *break* beendet werden sollen. Dies ist sinnvoll, wenn Sie Schleifen verschachtelt einsetzen. So können Sie festlegen, ob nur die innere Schleife oder gleich auch die äußere Schleife beendet werden sollen.

Das folgende Skript würde ohne die *break*-Anweisung zehnmal von 10 auf 0 herunterzählen. Durch die *break*-Anweisung, die ausgeführt wird, wenn auf 7 heruntergezählt wurde, wird die Schleife jedoch unterbrochen. Da aber nur die innere Schleife beendet wird, wird zehnmal bis auf 7 heruntergezählt.

```
<?
$a = 1;
while ($a<11) {
    $b = 10;
    while ($b>0) {
        echo "$b, ";
        $b--;
        if ($b<7)
```

93

Einsatz spezieller Strukturelemente

```
        {
          break;
        }
    }
    echo "Durchlauf $a<br>";
    $a++;
}
?>
```

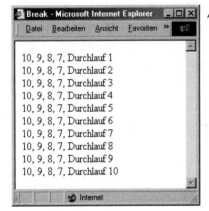

Abbruch der inneren Schleife

Durch eine kleine Änderung des Skripts werden im nächsten Beispiel beide Schleifen abgebrochen. Der *break*-Anweisung wird der Parameter *2* hinzugefügt.

```
<?
$a = 1;
while ($a<11) {
    $b = 10;
    while ($b>0) {
        echo "$b, ";
        $b--;
        if ($b<7)
        {
            break 2;
        }
    }
    echo "Durchlauf $a<br>";
    $a++;
}
?>
```

3.2 Wenn, dann? – Bedingungen

Abbruch der inneren und äußeren Schleife

3.2 Wenn, dann? – Bedingungen

Das Herzstück eines jeden Skripts sind die Bedingungen. Sie teilen dem Skript mit, was passieren soll, wenn bestimmte Voraussetzungen erfüllt sind oder nicht. Bedingungen steuern damit entscheidend den Fortlauf eines Skripts.

Anwenden der If-Anweisung

Umgangssprachlich könnte man If-Anweisungen als „Wenn-dann"-Anweisung bezeichnen oder in zwei Sätzen ausgedrückt:

„Wenn das so ist, dann mach dieses. Wenn dies nicht so ist, dann mach jenes."

Bedingungen prüfen, ob eine Anweisung richtig oder falsch ist. Man spricht bei diesen Ergebnissen von *true* und *false*.

In dem vorangegangenen Kapitel wurde bereits die If-Anweisung verwendet.

- <?
- $a=0;
- for (;;)
- {
- if (++$a > 10)
- break;
- echo "[$a] ";
- }
- ?>

Einsatz spezieller Strukturelemente

Diese Abfrage nach der Größe der Variablen $a ist eine der einfachsten Abfragen, die PHP kennt. Häufig werden die Bedingungen mithilfe der Vergleichsoperatoren (<, >, = ...) sowie den logischen Operatoren (or, and ...) verwendet. Eine Kombination aus beiden Operatoren ist ebenso möglich.

- <?
- <?
- $a = 100;
- $b = 5;
-
- If (($a > 10) and ($b==5))
-    echo "Beide Bedingungen sind erfüllt";
-
- if ($a > $b)
-    echo "$a ist größer $b";
-
- ?>

Wie bereits am Anfang dieses Kapitels gesagt, wird die If-Abfrage auch als „Wenn-dann"-Anweisung bezeichnet. Im Folgenden wird die Abfrage um den „Sonst"-Teil (eng. else) erweitert.

Anwenden der If-Else-Abfrage

Die If-Abfrage regelt die Situation „wenn-dann". Die If-Else-Abfrage dagegen hat das Szenario „wenn-dann, sonst ..." zum Inhalt.

- if (expr)
-     Anweisung1
- else
-     Anweisung2

Der Else-Teil der If-Abfrage führt eine Alternative aus:

- <?
- $a = 100;
- $b=5;
-
- If (($a > 10) and ($b==6))
-    echo "Beide Bedingungen sind erfüllt";
- else
-    echo "Einer der beiden Vergleiche stimmt nicht bzw. ist false";
-
- ?>

3.2 Wenn, dann? – Bedingungen

Werden mehrere Anweisungen benötigt, verwendet man die geschweiften Klammern. Im letzten Beispiel wurden keine Klammern verwendet. Dies Bedeutet, dass der nächste Befehl nach der If-Abfrage als Anweisung der If-Abfrage interpretiert wird. Das Gleiche gilt für den Else-Teil.

INFO **include mit If-Abfrage**

Sollte als Anweisung der Befehl *include* (siehe Seite 109) folgen, muss dieser in einem Anweisungsblock, also mit den geschweiften Klammern, stehen. Da der *include*-Befehl ein besonderes Sprachkonstrukt ist, würde ansonsten ein Fehler verursacht werden.

Werden mehrere Anweisungen ohne Klammern verwendet, erhält man einen Parser-Error (PHP-Fehler).

Eine weitere Art, Abfragen durchzuführen, ist die Elseif-Abfrage.

Anwenden der Elseif-Abfrage

Die Elseif-Abfrage setzt den Bedingungen sozusagen die Krone auf. Sie verfeinert die Abfrage noch einmal. Sie regelt den folgenden Fall:

Wenn – dann, sonst wenn – dann, sonst:

- if (expr1)
-     Anweisung1
- elseif (expr2)
-     Anweisung2
- else
-     Anweisung3

Bei dieser Variante können weitere Abfragen angegeben werden. Wichtig bei der Elseif-Abfrage ist die Reihenfolge der Abfragen. Sobald ein Ausdruck *True* ergibt, werden die weiteren Abfragen ignoriert.

- <?
- $a = 100;
-
- If ($a < 10)
-   echo " a ist < 10";
- elseif ($a > 50)
-   echo " a ist > 50";
- else

Einsatz spezieller Strukturelemente

- echo "hmmm mal sehen was da raus kommt";
-
- ?>

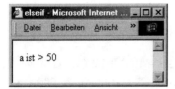

Ausgabe des Skripts im Browser

Es besteht keine Limitierung in der Anzahl der Elseif-Anweisungen.

- if (expr 1)
-     Anweisung 1
- elseif (expr-2)
-     Anweisung 2
- ...
- elseif (expr n)
-     Anweisung n
- else
-     Anweisung (n+1)

Haben die Abfragen wie im obigen Beispiel einen engen Zusammenhang bzw. beziehen sich auf verschiedene Zustände von einem Objekt, können Sie auch einen anderen Weg gehen. PHP bietet noch eine weitere Möglichkeit, logische Verzweigungen zu definieren.

Anwenden der Switch-Anweisung

Die Switch-Anweisung prüft eine Variable/Funktion auf ihren Inhalt hin.

- $a=1;
-
- switch ($a) {
-     case 0:
-         echo "Die Variable ist gleich 0";
-         break;
-     case 1:
-         echo " Die Variable ist gleich 1";
-         break;
-     case 2:
-         echo " Die Variable ist gleich 2";
-         break;
-     Default:

3.2 Wenn, dann? – Bedingungen

- echo "kein Wert trifft zu";
- }

Eine Switch-Anweisung verhält sich so wie eine Elseif-Abfrage. Sie eignet sich vor allem dann, wenn eine Variable auf mehrere Werte hin geprüft werden soll. Die Anzahl der Case-Anweisungen im Switch-Block sind unbegrenzt.

Im obigen Beispiel finden sich noch zwei weitere optionale Schlüsselwörter, *break* und *default*. *default* definiert, wie sich die Switch-Anweisung verhalten soll, wenn es zu keiner Übereinstimmung der Case-Abfragen gekommen ist.

Folgende Tabelle verdeutlicht das Verhalten der Switch-Anweisung in Abhängigkeit des Werts der Variable *$a*.

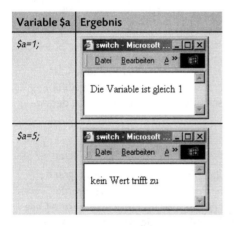

Variable $a	Ergebnis
$a=1;	Die Variable ist gleich 1
$a=5;	kein Wert trifft zu

Verzichtet man auf die optionalen Schlüsselwörter *break* und *default*, zeigt die Switch-Anweisung ein komplett anderes Verhalten.

```
$a=1;

switch ($a) {
    case 0:
        echo "Die Variable ist gleich 0 <BR>";
    case 1:
        echo " Die Variable ist gleich 1 <BR>";
    case 2:
        echo " Die Variable ist gleich 2 <BR>";
    default:
            echo "kein Wert trifft zu <BR>";
}
```

Einsatz spezieller Strukturelemente

Variable $a	Ergebnis
$a=1;	 Die Variable ist gleich 1 Die Variable ist gleich 2 kein Wert trifft zu
$a=5;	kein Wert trifft zu

Sobald einmal eine Case-Abfrage *TRUE* ergeben hat, werden alle folgenden Case-Anweisungen, inklusive der Default-Anweisung, ausgeführt! Es ist dabei unabhängig, welchen Wert die Case-Abfrage überprüft, entscheidend ist die Reihenfolge der Abfragen.

TIPP

Switch-Abfragen optimieren

Achten Sie immer darauf, dass keine überflüssigen Case-Anweisungen definiert werden. Dies hält den Code übersichtlich und kurz, Fehler werden vermieden und die Geschwindigkeit wird erhöht. Wenn nun z. B. mehrere Case-Anweisungen für unterschiedliche Case-Abfragen die gleichen sind, können Sie diese zusammenfassen. Dasselbe trifft auch auf die Default-Anweisung zu:

```
switch ($a) {
    case 0:
    case 1:
    case 2:
        echo " Die Variable hat einen Wert<BR>";
        break;
    default:
        echo "kein Wert trifft zu <BR>";
}
```

Alternative Schreibweisen für Abfragen

Auch für die Abfragen bietet PHP alternative Schreibweisen an. Diese Schreibweisen helfen oft, den Quellcode lesbarer zu machen. Dies kann vor allem bei sehr tief verschachtelten If-Abfragen hilfreich sein.

- `<? if ($a == 1):`
-     `echo "A hat den Wert 1";`
- `endif;`
- `?>`

Der Doppelpunkt leitet auch hier wieder den Skriptblock ein. Die Schlüsselwörter *endif*, *else* und *elseif* kennzeichnen das Ende des Skriptblocks. Beachten Sie, dass die einzelnen Anweisungen bzw. -blöcke der If-Abfragen nicht abgeschlossen werden (vorher immer mit Klammer abgeschlossen) und erst am Ende das *endif* folgt.

- `<?`
- `if ($land =="Deutschland"):`
-     `echo "Sie befinden sich in $Land <BR>";`
-     `echo " Die Hauptadt ist Berlin";`
- `elseif ($land =="Frankreich"):`
-     `echo "Sie befinden sich in $Land <BR>";`
-     `echo " Die Hauptadt ist Paris";`
- `else:`
-     `echo "Die Hauptstadt zu diesem Land kenne ich nicht";`
- `endif;`
- `?>`

3.3 PHP-Funktionen sicher im Griff

Funktionen definieren einen meist in sich abgeschlossenen Skriptblock. In dem letzten Kapitel wurden bereits oft Skriptblöcke verwendet. Dieses beschränkte sich nur auf die einmalige Verwendung der Skriptblöcke, z. B. zwischen den if- und endif-Schlüsselwörter, als Anweisungen in den Case-Blöcken. Es lassen sich viele weitere Beispiele finden, bei denen Skriptblöcke definiert werden.

Alle habe jedoch eines gemeinsam: Sie sind nur für den einmaligen Gebrauch im Skript gedacht. Wird ein und derselbe Skriptblock in einer weiteren If-Abfrage gebraucht, muss er nochmals als Skript dort aufgeführt werden.

Daraus können viele Nachteile und Fehlerquellen entstehen, z. B. kann die Fehlersuche sehr aufwendig werden. Kleine Änderungen am Skriptblock verursachen große Ände-

Einsatz spezieller Strukturelemente

rungen am Skript selbst, da dieselbe Änderung mehrfach an unterschiedlichen Stellen durchgeführt werden muss. Abhilfe schaffen da die Funktionen.

Funktionen bieten dem Entwickler eine Reihe von Vorteilen. Zum einem kann Skriptcode, genauer die Funktion, x-mal in einem Programm wiederverwendet werden und zum anderen kann der Skriptcode parametrisiert werden, was die Wiederverwendbarkeit enorm erhöht, und Funktionen können ein Ergebnis zurückliefern.

PHP bietet bereits die verschiedensten Standardfunktionen an.

- **String-Funktionen**
  Diese Funktionen erleichtern den Umgang und die Manipulation von Strings. Einige der Funktionen erlauben es, bestimmte Teile eines String auf einfache Art und Weise zu verändern, andere suchen nach dem Vorkommen bestimmter Zeichen in einem String.

- **Array-Funktionen**
  Einige davon wurden im Kapitel über Arrays gezeigt. Array-Funktionen sind z. B. *prev()*, *each()* und *List()* und erleichtern den Umgang mit Arrays.

- **Datenbank-Funktionen**
  Diese Funktionen sind speziell für den Einsatz einer Datenbank entwickelt worden. Sie übernehmen z. B. das Verbinden zu einer Datenbank oder das Lesen von Informationen aus dieser.

PHP bietet zu fast allen denkbaren Bereichen des Webdeveloping vordefinierte Funktionen. Alle hier vorzustellen würde den Rahmen des Buchs bei weitem sprengen.

In diesem Kapitel soll Ihnen der Umgang mit selbst definierten Funktionen näher erläutert werden.

Funktionen selbst definieren

Bei der Verwendung von Funktionen ist man nicht auf vorgefertigte und vorhandene Funktionen beschränkt. Man kann Funktionen auch selbst definieren. Jede Funktion besteht aus einem Funktionskopf und einem Funktionsrumpf.

Der Funktionskopf definiert den Namen der Funktion sowie eventuell benötigte Parameter. Alle Parameter werden durch eine kommaseparierte Liste angegeben.

Im Funktionsrumpf werden alle Anweisungen geschrieben, die für die Funktionalität der Funktion benötigt werden. Der Funktionsrumpf wird wie die Anweisungsblöcke

3.3 PHP-Funktionen sicher im Griff

bei If-Abfragen durch die geschweiften Klammern *{,}* umschlossen. Innerhalb der Klammern können weitere Funktionen definiert werden.

- `function eingabefeld ()`
- `{`
- `    echo "Username : <input type=\"text\" name=\"username\"`
-                      `size=\"20\">";`
- `    echo "<BR>";`
- `}`

Diese einfache Funktion *eingabefeld* erzeugt ein Eingabefeld mit dem Titel *Username*. Der Funktionskopf sieht wie folgt aus

- `function eingabefeld ()`

Wie Sie leicht erkennen können, werden keine Parameter übergeben. Die Klammern *(,)* sind leer, die Funktion wird lediglich durch den Namen *eingabefeld* definiert.

Ein wenig komplexer dagegen ist der Funktionsrumpf.

- `{`
- `    echo "Username : <input type=\"text\" name=\"username\"`
-                      `size=\"20\">";`
- `    echo "<BR>";`
- `}`

Wie bereits erwähnt, werden alle Anweisungen zwischen den *{,}*-Klammern angegeben. In diesem Beispiel sind es die zwei *echo*-Befehle.

Ein einfacher Verwendungszweck wäre folgendes Beispiel. Hierbei wird die Funktion *eingabefeld* verwendet, um in einem Formular ein Eingabefeld zu definieren.

- `<!DOCTYPE HTML PUBLIC "-//W3C//DTD HTML 4.0 Transitional//EN">`
- `<html>`
- `<head>`
- `    <title>php-functions</title>`
- `</head>`
- `<body>`
- `<?`
-
- `function eingabefeld () {`
- `echo "Username : <input type=\"text\" name=\"username\"`
-                  `size=\"20\">";`
- `echo "<BR>";`
- `};`
- `?>`
-

Einsatz spezieller Strukturelemente

- `<form method="POST" action="functions.php">`
- `<? eingabefeld(); ?>`
- `<input type="submit" value="Abschicken" name="send">`
- `<input type="reset" value="Zurücksetzen" name="reset">`
-
- `</form>`
- `</body>`
- `</html>`

Einfaches Formular

Leider ist die Funktion zur einmaligen Verwendung bestimmt. Ein erneutes Aufrufen der Funktion im Formular würde einen logischen Fehler verursachen. Dieser Fehler kann weder durch den Browser noch durch PHP selbst erkannt werden. Möchte man mehrere Eingabefelder in einem Formular einbauen, müssen sich diese durch ihren Namen unterscheiden. Gut wäre es also, den Namen des Eingabefelds der Funktion übergeben zu können. Wie Sie dies umsetzen, werden Sie im Folgenden sehen.

Funktionen und deren Parameter

Durch eine kleine Änderung des Funktionskopfes sowie des Funktionsrumpfes wird die Funktion wiederverwendbarer.

- `function eingabefeld ($Eingabename)`
- `{`
- `  echo "$Eingabename : <input type=\"text\" name=\"$Eingabename`
    `\" size=\"20\">";`
- `  echo "<BR>";`
- `}`

Der Parameter *$Eingabename* hat für die Funktion gleich zwei Verwendungszwecke. Zum einem dient er als Name für das Eingabefeld, zum andern als Titel.

- `<?`
- `function eingabefeld ($Eingabename) {`
- `echo "$Eingabename : <input type=\"text\" name=\"$Eingabename\"`
    `size=\"20\">";`
- `echo "<BR>";`
- `};`

3.3 PHP-Funktionen sicher im Griff

```
?>

<form method="POST" action="functions.php">
<?
   eingabefeld("Login");
   eingabefeld("Password");
?>
   <input type="submit" value="Abschicken" name="send">
   <input type="reset" value="Zurücksetzen" name="reset">

</form>
```

Mit dem Aufruf der Funktion *eingabefeld($Eingabename)* können jetzt die Namen der Eingabefelder mit übergeben werden.

Erweiterte Funktionen

Würde man die Funktion ohne einen Parameter aufrufen, würde man eine PHP-Fehlermeldung erhalten. Dabei handelt es sich allerdings um eine Warnung, dass ein oder mehrere erwartete Parameter für die Funktion fehlen. Sie können PHP auch so konfigurieren, dass diese Warnungen unterdrückt werden. In manchen Fällen sind dies nämlich keine Fehler, d. h., wenn die Funktion trotzdem eine Funktion erfüllt bzw. erfüllen kann. In diesem Beispiel ist dies aber nicht der Fall. Bei dem ersten Formularfeld wurde bei der nächsten Abbildung der Parameter weggelassen.

Fehlermeldung bei einem Funktionsaufruf ohne Parameter

105

Einsatz spezieller Strukturelemente

Durch Angabe eines weiteren optionalen Parameter *Feldlaenge* können Sie die Funktion um eine zusätzliche Eigenschaft erweitern.

Optionale und vordefinierte Parameter

In Ihrer bisherigen Funktion ist das Eingabefeld auf die Länge 20 fest definiert. Durch Angabe eines weiteren Parameters wollen Sie dieses nun erweitern.

```
<?
function eingabefeld ($Eingabename, $laenge=20) {
echo "$Eingabename : <input type=\"text\" name=\"$Eingabename\"
                      size=\"20\">";
echo "<BR>";
};
?>
```

Im Funktionskopf wurde der Parameter *$laenge=20* definiert. Der Parameter wurde gleichzeitig mit einem Standardwert von 20 belegt. Durch diese Art der Parameterdefinition kann man den Parameter beim Funktionsaufruf weglassen. Der Parameter wird dann standardmäßig auf den definierten Wert gesetzt.

Dieses Vorgehen eignet sich vor allem dann, wenn man nur selten einen Funktionsparameter verändern möchte oder einfach nur einen Standardwert sicherstellen will.

```
<?
function eingabefeld ($Eingabename,$laenge=20) {
   echo "$Eingabename : <input type=\"text\" name=\"$Eingabename\"
         size=\"$laenge\">";
   echo "<BR>";
};
?>

<form method="POST" action="functions.php">
<?
   eingabefeld("Login",40);
   eingabefeld("Password");
?>
   <input type="submit" value="Abschicken" name="send">
   <input type="reset" value="Zurücksetzen" name="reset">

</form>
```

3.3 PHP-Funktionen sicher im Griff

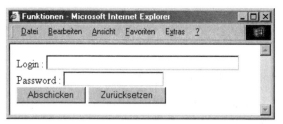

Ausgabe des Skripts im Browser

Parameterübergabe mit by reference

In den vorangegangenen Beispielen wurden alle Parameter by value übergeben. Eine weitere Möglichkeit, Parameter zu übergeben, bietet das &-Zeichen. Dieses Zeichen führt eine by reference-Parameterübergabe durch. Es wird also nicht mehr der Wert übergeben, vielmehr die Referenz auf eine Variable. Dasselbe haben Sie schon im Kapitel über Variablen auf Seite 51 kennen gelernt und hier verhält es sich genauso.

Die folgenden Beispiele sollen dieses verdeutlichen.

Parameterübergabe mit by value

```
<?
$a=10;
function verdoppeln ($a) {
    $a+=$a;
    echo "Der Wert a wurde in der Funktion verändert und ist jetzt $a";
    echo "<br>";
}
echo "a ist $a <br>";
verdoppeln ($a);
echo "a ist ausserhalb der Funktion $a";
?>
```

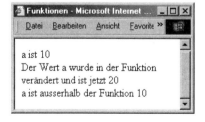

$a wurde außerhalb der Funktion nicht verändert!

Einsatz spezieller Strukturelemente

Parameterübergabe mit by reference

- `<?`
- `$a=10;`
- `function verdoppeln (&$a) {`
-     `$a+=$a;`
-     `echo "Der Wert a wurde in der Funktion verändert und ist jetzt $a";`
- `echo "<br>";`
- `};`
- `echo "a ist $a <br>";`
- `verdoppeln ($a);`
- `echo "a ist ausserhalb der Funktion $a";`
- `?>`

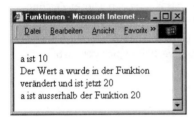

$a wurde außerhalb der Funktion verändert!

Arbeiten mit rekursiven Funktionen

Erfolgt innerhalb einer Funktion der Aufruf derselben Funktion (also sich selbst), spricht man von Rekursion. Rekursive Funktionen eignen sich z. B., um einen komplexen Menübaum (Tree) komplett zu durchlaufen oder andere verschachtelte Datenstrukturen zu verfolgen.

Folgendes Beispiel zeigt anhand der mathematischen Funktion der Fakultät die Verwendung der rekursiven Programmierung in PHP.

Wie sicherlich noch aus dem Schulunterricht bekannt, wird die Fakultät, also n!, einer Zahl n folgendermaßen berechnet.

6! = 1 * 2 * 3 * 4 * 5 * 6 = 720

Die Fakultät der Zahl 6 ist also 720.

Durch Verwendung einer rekursiven Funktion wird das Problem folgendermaßen gelöst.

- `<?`
- `function fact($n)`
- `{`

3.4 Umfangreiche Skripte zerlegen

- if ($n > 0)
- return $n * fact($n-1);
- else
- return 1;
- }
-
- $zahl=6;
- echo "Die Fakultaet der Zahl $zahl ist ".fact($zahl);
- ?>

Die Funktion fact ruft sich so lange selbst auf, bis die definierte Bedingung if ($n > 0) false wird

Unendliche Rekursion

INFO Wird innerhalb der rekursiven Funktion keine Abbruchbedingung definiert, wird die Funktion unendlich-mal aufgerufen. Dieses kann unter Umständen zum komplettem Absturz eines Computers führen bzw. die Netzlast des Servers stark belasten.

3.4 Umfangreiche Skripte zerlegen

Oft werden Skripte so groß, dass selbst die beste Dokumentation nicht mehr hilft, um den Quellcode vernünftig zu lesen. Abhilfe schaffen die Befehle *include* und *require*. Mithilfe dieser Befehle kann man jeden großen und natürlich kleinen Quellcode in seine logischen Bestandteile zerlegen und getrennt auf dem Webserver speichern.

include und *require* binden die Dateien als HTML-Code ein. Wenn PHP-Code eingebunden werden soll, muss der darin enthaltene Code mit den bekannten Start- und End-Tags *<?* und *?>* eingebunden werden. Der Code wird so ausgeführt, als würde er selbst an dieser Stelle im Skript stehen.

Include()

Mit dem folgenden Befehl werden Dateien eingebunden:

- include ('Filename');

Einsatz spezieller Strukturelemente

Kommt der PHP-Parser an die Stelle im Skript, an der eine Include-Anweisung steht, wird die dort angegebene Datei eingebunden und ausgewertet. Sie wird dabei so ausgeführt, als ob sie ein eigenständiges Skript wäre.

Das folgende Skript ist ein vollwertiges Include-File.

- `<?`
- `Echo „Hier könnte das Menü stehen";`
- `Echo „Oder jeder andere Quelltext";`
- `?>`

Werden Include-Dateien innerhalb von If-Abfragen verwendet, muss die Include-Anweisung in den geschweiften Klammern angegeben werden.

- `<?`
- `if ($menu =='de') {`
- `    include ("de.menu.php");`
- `}`
- `elseif ($menu =='en'){`
- `    include ("en.menu.php");`
- `}`
- `else`
- `    include ("de.menu.php");`

Alternative Lösung:

- `switch ($menu)`
- `{`
- `    'de' : include ("de.menu.php");break;`
- `    'en' : include ("en.menu.php");break;`
- `    default: include ("de.menu.php");`
- `}`
- `?>`

Alternativ besteht die Möglichkeit, den Namen der zu inkludieren Datei in einer Variable zu speichern.

- `$includeme="de.menu.php";`
- `include ($includeme);`

Das obige Beispiel mit der If-Anweisung könnte demnach auch folgendermaßen aussehen.

- `include ("$menu.menu.php"); // $menu MUSS einen Wert besitzen.[en] oder [de]`

3.4 Umfangreiche Skripte zerlegen

Der Entwickler muss jetzt einzig und allein sicherstellen, dass der Wert der Variable *$menu* auch einen brauchbaren Wert beinhaltet!

Eine weitere Möglichkeit ist das inkludieren von URLs.

- `Include ("http://www.php-resource.de/freescript/scripts.php");`

Dieses ermöglicht das Einfügen von fremden Content bzw. Funktionalität. Um diese Art des Inkludierens nutzen zu können, muss die PHP-Konfigurationsoption *URL fopen wrappers* auf *enabled* (ist der standardmäßige eingestellte Wert) stehen.

Sollte es erwünscht sein, liefert *include* einen Rückgabewert, der durch den Befehl *return* definiert wurde, zurück.

Inhalt der Datei *includeme.php*:

- `<?`
- `echo "einfach nur echo<BR>";`
- `return "Alles klar";`
- `?>`

Inhalt der Datei *demoinc.php*:

- `<?`
- `$checkback = include ("includeme.php");`
- `echo $checkback;`
- `?>`

Der Rückgabewert „Alles klar" wurde der Variable *$checkback* zugeordnet

Dateien mit require() einbinden

Der *require()*-Befehl verhält sich, mit einigen Abweichungen, genauso wie der *include*-Befehl. Aus diesem Grund möchten wir nur auf die elementaren Unterschiede hinweisen.

Einsatz spezieller Strukturelemente

- *require* liefert keinen Wert zurück.

- Die mit *require()* angegebene Datei wird immer eingelesen, dabei ist es egal, ob die Skriptlogik überhaupt an die Stelle mit dem *require*-Befehl kommt. Der Quelltext wird also an der entsprechenden Stelle eingefügt und erst dann wird das Skript abgearbeitet.

Organisation der Dateien

Wie bereits eingangs erwähnt, ist es von hoher Wichtigkeit, aussagefähige Variablen- und Funktionsnamen zu vergeben. Dieses hilft, den Programmcode auch nach längerer Zeit noch zu verstehen.

Neben den eigentlichen PHP-Dateien befinden sich in der Regel noch weitere Informationen auf dem Webserver. Dieses können z. B. Bilder, JavaScripte und natürlich auch eine Vielzahl von Include-Dateien sein. Um Dateien möglichst schnell wiederzufinden, sollte man sich frühzeitig eine geeignete Dateistruktur überlegen.

Die folgende Struktur könnte für kleine und mittlere Homepages ausreichend sein.

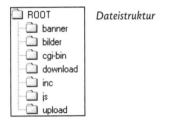 *Dateistruktur*

Im *ROOT*-Verzeichnis befinden sich alle Haupt-PHP-Dateien (z. B. *index.php*, *news.php* ...). Alle Bilder, die zur Homepage gehören, werden im Verzeichnis *bilder* abgelegt. Banner in *banner* und JavaScripte in *js*.

Was ist, wenn sich die Dateistrukturen ändern?

Dieses kann z. B. der Fall sein, wenn Sie Ihre Homepage auf einem anderen Server bzw. Provider laufen lassen möchten.

Wie bereits in diesem Kapitel gesehen, können Sie Dateinamen in einer Variable speichern und die Datei mittels dem *include*-Befehls einlesen.

- `Include ($Filename);`

3.4 Umfangreiche Skripte zerlegen

Erzeugt man eine Datei mit allen Pfaden zu den jeweiligen Verzeichnissen, kann man schnell und effektiv die Struktur seiner Homepage ändern.

Die folgende Datei *konst.inc.php* enthält alle Pfadangaben als Konstanten.

```
<?
define("Path_root", "/");
define("Path_banner", "banner/");
define("Path_inc", "inc/");
define("Path_bilder", "bilder/");
define("Path_download", "download/");
define("Path_upload", "upload/");
define("Path_js", "js/");
?>
```

Inkludiert man diese Datei in jedem Hauptskript, kann man alle Includes folgendermaßen definieren:

```
include (Path_root.Path_inc.$Filename);
```

Oder auch:

```
include (Path_root.Path_inc." demoinc.php");
```

Hier werden der Root-Pfad und der Include-Pfad kombiniert.

Folgende Seite soll zeigen, wie man eine HTML-Seite logisch strukturieren könnte.

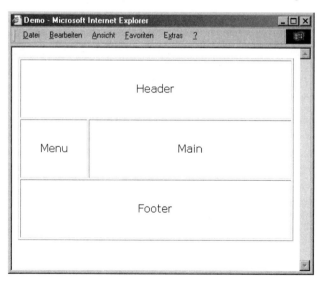

113

Einsatz spezieller Strukturelemente

Baustein	INC-Name	Beschreibung
Header	header.inc.php	Im Header soll z. B. ein Banner-Exchange eingebaut werden.
Leftside	leftside.inc.php	Hier soll das Menü erscheinen.
Main	main.inc.php	Dieses ist der eigentliche Content-Bereich.
footer	footer.inc.php	Hier stehen Angaben zu Copyright und Impressum.

Die *index.php*-Seite hat folgenden Aufbau:

- `<html>`
- `<head>`
- `<title>Demo</title>`
- `</head>`
- `<body>`
- `<table border="1" width="100%"  height="90%">`
- `<tr>`
-     `<td width="100%" colspan="2">`
- `<? include (Path_root.Path_inc."header.inc.php");?>`
-     `</td>`
- `</tr>`
- `<tr>`
-     `<td width="25%" >`
- `<? include (Path_root.Path_inc."menu.inc.php");?>`
-     `</td>`
-     `<td width="75%" >`
- `<? include (Path_root.Path_inc."main.inc.php");?>`
-     `</td>`
- `</tr>`
- `<tr>`
-     `<td width="100%" colspan="2">`
- `<? include (Path_root.Path_inc."footer.inc.php");?>`
-     `</td>`
- `</tr>`
- `</table>`
- `</body>`
- `</html>`

Als Pfad ist eine Kombination aus dem Root-Pfad und dem Include-Pfad angegeben. Der Root-Pfad ist das Stammverzeichnis des Servers. Im Verzeichnis des Include-Pfads sind die einzubindenden Dateien gespeichert.

4. Arbeiten mit Dateien und Verzeichnissen

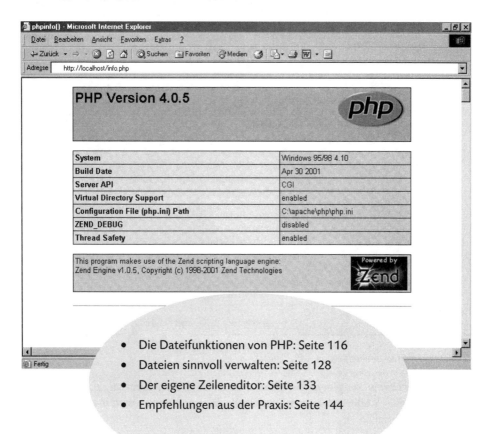

- Die Dateifunktionen von PHP: Seite 116
- Dateien sinnvoll verwalten: Seite 128
- Der eigene Zeileneditor: Seite 133
- Empfehlungen aus der Praxis: Seite 144

Arbeiten mit Dateien und Verzeichnissen

PHP eignet sich hervorragend dazu, mit Dateien und Verzeichnissen zu arbeiten. Dieses Kapitel wird Ihnen den richtigen Umgang mit diesem Thema vermitteln. Des Weiteren werden alle Vorarbeiten beschrieben, die für erfolgreiche Zugriffe auf das jeweilige Dateisystem nötig sind.

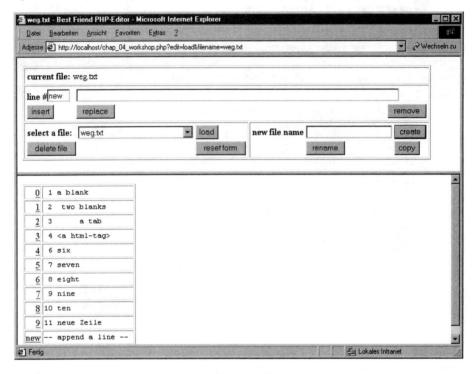

Textdateien im Browser manipulieren – PHP macht's möglich

Für PHP-Programmierer gibt es prinzipiell zwei Arten, Daten dauerhaft zu speichern: in einer Datenbank oder in Dateien. Die Arbeit mit Datenbanken wird in Kapitel 7 ab Seite 317 beschrieben.

4.1 Die Dateifunktionen von PHP

Um die Dateifunktionen von PHP zu erläutern, bedarf es einer Testdatei, die etwas Text enthält.

4.1 Die Dateifunktionen von PHP

Erstellen Sie eine Textdatei *test.txt* mit folgendem Inhalt:

```
1    a blank
2    two blanks
3     a tab
4   <a html-tag>
5   (line  5)
6   six
7   seven
8   eight
9   nine
10  ten
```

Achten Sie auf die Leerzeichen!

Kopieren Sie diese Datei in das Dokumentenverzeichnis Ihres Webservers.

Dateien öffnen und schließen

Um an den Inhalt einer Datei zu kommen, muss sie in der Regel erst einmal geöffnet werden. Die Funktion *fopen()* öffnet eine Datei und gibt einen Zeiger auf ein so genanntes Datei-Handle zurück, der bei jedem Zugriff auf die Datei mit anzugeben ist.

Zeiger

Ein Zeiger ist ein Verweis auf eine größere Datenmenge, so wie ein Eintrag in einem Verzeichnis auf eine Datei verweist. Im Allgemeinen enthält ein Zeiger die Speicheradresse, an der Daten gespeichert sind.

Das Gegenstück zu *fopen()* ist *fclose()*. Diese Funktion schließt die Datei und gibt das dazugehörige Handle wieder frei.

Handles

Jeder dauerhafte Zugriff auf ein anderes Programm (z. B. ein Datenbank-Managementsystem oder FTP) oder ein Gerät (Drucker, Festplatte) erfordert die Speicherung von Daten, um den Zugriff verwalten zu können. Diese Daten werden in so genannten Handles gespeichert.

Arbeiten mit Dateien und Verzeichnissen

Geben Sie das folgende kleine Beispielskript ein, speichern Sie es als PHP-Datei im Dokumentenverzeichnis Ihres Webservers und rufen Sie es im Browser auf.

beispiel.php

```
<?
$file = fopen ('test.txt', 'r');
fclose ($fp);
?>
```

Die Funktion *fopen()* wird hier mit zwei Parametern aufgerufen. Der erste ist der Dateiname der zu öffnenden Datei, der zweite Parameter gibt den Modus an, in dem die Datei geöffnet werden soll. Das hier angegebene *'r'* steht für *read = lesen*. Weitere Modi werden später in diesem Kapitel eingeführt.

Offensichtlich passiert noch nichts, denn es wird nichts ausgegeben. Hinter den Kulissen aber passiert nach dem Parsen des Skripts einiges:

Der PHP-Interpreter sucht im aktuellen Verzeichnis nach der Datei *test.txt*, stellt fest, dass diese existiert, öffnet sie zum Lesen und speichert einen Zeiger auf das so entstandene Datei-Handle in der Variablen *$fp*. Die Funktion *fclose()* schließt die Datei wieder und gibt das Handle frei.

Inhalte von Dateien lesen

Wir erweitern das Skript ein wenig, um uns den Inhalt der Datei ausgeben zu lassen:

chap_04_01.php

```
<pre>
<?
$file = fopen ('test.txt', 'r');
while (!feof ($file))
{
  $line = fgets ($file, 4096); // Zeile aus Datei lesen,
             max. 4095 Zeichen
  echo htmlentities($line);
}
fclose ($file);
?>
</pre>
```

Nun erscheint im Browser-Fenster der Inhalt der Datei. Das HTML-Tag <pre> sorgt dafür, dass die Datei inklusive aller Leerzeichen und Tabulatoren genauso im Browser

4.1 Die Dateifunktionen von PHP

erscheint, wie sie auch im Editor aussieht; die Funktion *htmlentities()* ersetzt HTML-Sonderzeichen durch entsprechende Zeichennamen (z. B. die spitzen Klammer durch &*lt;* = less than = kleiner als bzw. &*gt;* = greater than = größer als).

Ausgabe einer Textdatei

Der Name der Funktion *feof()* ist ein Kürzel für end of file, also Dateiende. Das *f* am Anfang weist noch gesondert darauf hin, dass es sich hierbei um eine Dateifunktion handelt. Sie liefert *false* zurück, solange PHP beim Lesen noch nicht am Ende der Datei angekommen ist. Solange es also noch etwas zu lesen gibt, läuft die Schleife weiter; es wird eine Zeile aus der Datei gelesen und ins Browser-Fenster geschrieben.

Die wichtigsten Funktionen zum Lesen aus geöffneten Dateien:

fgets ($fp, $length)	liest *$length-1* Zeichen, maximal aber bis zum Zeilen- oder Dateiende. Ein Zeilenende ist im Rückgabewert enthalten, wenn es gelesen wurde.
	Bei einem Fehler wird *false* zurückgegeben..
fgetc ($fp)	liest ein Zeichen aus der Datei und gibt es zurück. Am Dateiende *false*
fread ($fp, $length)	wie *fgets*, überliest aber Zeilenenden
fpassthru ($fp)	gibt den verbleibenden Inhalt der Datei aus und schließt sie.

In der Einleitung haben Sie gelesen, dass Dateien in der Regel geöffnet werden müssen, bevor der Zugriff auf die darin enthaltenen Daten möglich ist. Von dieser Regel gibt es eine Ausnahme, die hier noch vorgestellt werden soll:

Mit der Funktion *file()* kann unter Angabe des Dateinamens der gesamte Inhalt einer Datei zeilenweise in ein Array eingelesen werden. Das folgende Beispiel gibt exakt das Gleiche aus wie das vorherige:

Arbeiten mit Dateien und Verzeichnissen

```
<pre><?
$array = file ('test.txt'); // Datei in ein Array einlesen
for ($i=0; $i<count($file); $i++) // jede Zeile ...
   echo $array[$i]; // ... ausgeben
?></pre>
```

count(array $array) gibt die Anzahl der Elemente eines Arrays zurück. Mehr dazu finden Sie im Kapitel „Anzahl der Array-Einträge bestimmen" ab Seite 75.

Die schnelle Ausgabe

TIPP Diese ganze Ausgabe lässt sich – mithilfe einer Array-Funktion – aber auch in einer Zeile verpacken:
<pre><? echo implode('', file('test.txt')); ?></pre>

Nun können Sie also beliebige Inhalte aus Textdateien auf den Bildschirm bringen.

Sollen aber wirklich dynamische Webseiten erstellt werden, besteht die erste Aufgabe aber darin, die Daten vom Layout zu trennen. Das heißt, alles, was auf der Website veränderlich sein soll, wird in Dateien gespeichert und unabhängig davon wird eine HTML-Seite gebaut, in die die Daten später eingefügt werden sollen.

Will man dann den Inhalt der Website ändern, editiert man einfach die Dateien, die den Inhalt enthalten, und spielt die geänderten Dateien hoch. Will man das Layout ändern, werden dementsprechend die Layout-Dateien geändert.

Nun ist das alles sehr unkomfortabel und wir wollen ohne viel Aufwand die Daten täglich ändern können. Daher wird eine Methode benötigt, die Informationen auch per PHP zu ändern. Und dazu fehlt bisher das Wissen, wie man Dateien schreibt.

In eine Datei schreiben

Wir steigen gleich ein mit einem kleinen Beispiel, in dem wir unsere Testdatei aus dem vorigen Abschnitt kopieren:

```
<?
$source = fopen ('test.txt', 'r'); // Öffnen der Quelldatei
$target = fopen ('test.bak', 'w'); // Öffnen der Zieldatei
while (($char = fgetc ($source))!==false) // Kopieren der Inhalte
   fputs ($target, $char);
fclose ($source); // Dateien schließen
fclose ($target);
?>
```

4.1 Die Dateifunktionen von PHP

Hier haben wir das Gegenstück zum Befehl *fgets()* aus dem ersten Beispiel: *fputs()* schreibt einen String in eine Datei, die mit *fopen()* *('test.bak', 'w')*; geöffnet wurde. Weitere Informationen zum *'w'* gibt es in der folgenden Tabelle:

Modi für *fopen*:

Modus	Bedeutung
r	lesen, Dateizeiger an Anfang der Datei setzen. Existiert die Datei nicht, liefert *fopen()* *false* zurück.
w	schreiben, Dateizeiger an Anfang. Existiert die Datei nicht, wird versucht, sie anzulegen; existiert sie, wird ihr Inhalt gelöscht.
a	anhängen: zum Schreiben öffnen und Dateizeiger ans Ende setzen. Existiert die Datei nicht, wird versucht sie anzulegen.
+	Dies Zeichen wird dem eigentlichen Modus angehängt, um die Datei zum Lesen und Schreiben zu öffnen.
b	Kann eingefügt werden, um (unter Windows) eine Datei ausdrücklich im binären Modus zu öffnen. Vorerst werden wir nur mit Textdateien arbeiten. Im Kapitel über Datei-Uploads ab Seite 125 werden wir dies Flag aber benötigen.

Das ist zugegebenermaßen eine recht aufwendige Methode, um Dateien zu kopieren, doch stellt sie eine gute Einführung in dies Kapitel dar. Für die ganz Eiligen dennoch die einfachste Variante:

- fcopy ('test.txt', 'test.bak);

Inhalte einer Datei entfernen

Es sollte allgemein bekannt sein, dass Zerstören einfacher ist als Aufbauen. Das ist auch in PHP so, aber gezielt zu zerstören ist schon ein wenig komplizierter.

Legen wir also los und zerstören gezielt einige Zeilen unserer Textdatei. Das folgende Skript erwartet als Parameter n die Nummer der zu löschenden Zeile (beginnend mit 0):

chap_04_02.php
- <?
- $array = file ('test.txt');
- if (isset($n)) // wenn Parameter $n gesetzt
- $array[$n] = ''; // entsprechende Zeile löschen
- $file = fopen ('test.txt', 'w');
- for ($i=0; $i<count($array); $i++)
- fputs ($file, farray[$i]);

Arbeiten mit Dateien und Verzeichnissen

```
include 'chap_04_01.php';
?>
```

Wir lesen unsere Datei in ein Array, löschen die gewünschte Zeile und schreiben die verbleibenden zurück. Die Funktion *isset()* verhindert dabei, dass eine Zeile gelöscht wird, wenn das Skript versehentlich ohne Parameter aufgerufen wird. Abschließend rufen wir noch das Ausgabeskript auf, um die Änderungen gleich anzuzeigen.

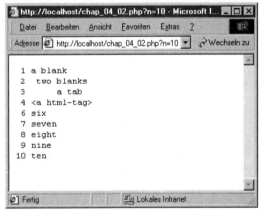

Aufruf mit n = 4: Zeile 5 wird gelöscht

Aufruf mit n = 10: Es gibt keine elfte Zeile, daher wird auch nichts gelöscht

Wollen Sie eine Zeile anhängen, geht das mit dem in der Tabelle erwähnten Modus 'a'. Das folgende Skript erwartet als Parameter *line* den Inhalt der anzuhängenden Zeile:

chap_04_03.php

```
<?
if (isset($line))
```

4.1 Die Dateifunktionen von PHP

```
{
$line = rawurldecode($line); // URL-Sonderzeichen beseitigen
$file = fopen ('test.txt', 'a'); // Datei zum Anhängen öffnen
fputs ($file, $line); // neue Zeile schreiben
fputs ($file, „\n"); // einen Zeilenumbruch dazu
fclose ($file); // und die Datei wieder schließen
}
include 'chap_04_01.php';
?>
```

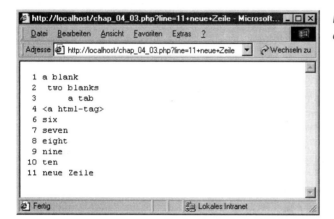

Eine neue Zeile wurde angehängt

Ganz wichtig ist es dabei, an der neuen Zeile einen Zeilenumbruch anzufügen, da ohne diesen die nächste angehängte Zeile keine eigene Zeile ist, sondern direkt an die zuletzt angehängte „geklebt" wird.

INFO

Sonderzeichen in URL-Parametern

Achtung: Manche Browser haben mit Leerzeichen in Parametern Probleme. Ein weiteres Zeichen, das besondere Aufmerksamkeit verdient, ist das Ampersand &. Es trennt verschiedene Parameter voneinander. Wie man diese beiden (und einige weitere) Zeichen dennoch in Links unterbringen kann, wird im Kapitel über Strings ab Seite 227 erklärt.

Existenz einer Datei überprüfen

Sie wissen nun, wie Sie Text aus vorhandenen Dateien lesen und darin schreiben. Was passiert aber, wenn die Datei, aus der gelesen werden soll, gar nicht existiert? Benennen Sie die Datei *test.txt* um in *weg.txt* und rufen Sie noch einmal *chap_04_01.php* auf.

Arbeiten mit Dateien und Verzeichnissen

Ärgerlich ... statt den erwarteten Inhalt auszugeben, erscheint nach einigen Sekunden nur die Meldung *Fatal error: Maximum execution time of 30 seconds exceeded in [...] chap_04_01.php on line 5*. Denn: *$file* hat nach dem erfolglosen *fopen()* den Wert *false*. Damit ist *feof($f)* ebenfalls immer *false* und das Resultat ist eine Endlosschleife.

PHP gibt dem Programmierer aber mehrere Möglichkeiten, die Existenz einer Datei zu überprüfen.

Eine davon ist bereits erwähnt worden: Existiert die Datei nicht, aus der gelesen werden soll, liefert *fopen()* *false* zurück. Ein Universalheilmittel gegen Fehlermeldungen ist, dem Funktionsaufruf, der möglicherweise einen Fehler verursacht, den Klammeraffen @ voranzustellen. Damit wird die Ausgabe von Fehlermeldungen für diesen einen Aufruf unterdrückt.

Natürlich kann man auch am Anfang des Skripts *error_reporting(0);* (siehe Seite 35) aufrufen, dann erscheinen überhaupt keine Meldungen von PHP mehr. Das hat aber auch seine Nachteile: So sieht man beispielsweise nur eine leere Seite, wenn irgendwo im Skript ein Syntax-Fehler versteckt ist – wie z. B. ein fehlendes Semikolon. Welcher Fehler an welcher Stelle versteckt ist, muss dann geraten werden.

Ändern wir also die *fopen*-Aufrufe aus den bisherigen Skripten ein wenig ab, erscheint nie wieder eine Fehlermeldung, wenn sie nicht soll. Am Beispiel des Kopierskripts weiter oben:

- ```
- <?
- if ($source = @fopen ('test.txt', 'r'))
- {
-   if ($target = @fopen ('test.bak', 'w'))
-   {
-     while (($char = fgetc ($source))!==false)
-     fputs ($target, $char);
-     fclose ($target);
-   }
-   fclose ($source);
- }
- else
-   echo 'Datei test.txt nicht gefunden.';
- ?>
```

Statt der unschönen Fehlermeldung des PHP-Interpreters haben wir nun eine, die nach Belieben layoutet werden kann. Und: Existiert *test.txt* nicht, wird auch *test.bak* nicht angelegt.
```

4.1 Die Dateifunktionen von PHP

Eine weitere Methode, die Existenz einer Datei zu überprüfen, zeigt die folgende kleine Funktion, die ein Bild anzeigen soll, aber auf den ebenfalls übergebenen Alt-Text zurückgreift, falls die Bilddatei nicht existiert:

```
function show_image ($src, $alt)
{
   if (file_exists($src))
       echo '<img src="', $src, '" alt="', $alt, '">';
   else
       echo $alt;
}
```

PHP verfügt noch über viele weitere Funktionen, die Informationen über Dateien liefern. Die am häufigsten benötigten darunter sind neben *file_exists()* wohl *filemtime()* und *filesize()* sowie *is_writable()* und *is_dir()*:

file_exists ($filename)	*true* wenn die angegebene Datei existiert, *false* sonst.
filemtime ($filename)	Zeitpunkt der letzten Änderung: liefert eine UNIX-Timestamp zurück. Mehr dazu im Kapitel über Datums- und Zeitfunktionen. *false* bei Fehler.
is_writable ($filename)	liefert *true* zurück, wenn die Datei – oder das Verzeichnis – existiert und Schreibzugriff darauf möglich ist.
is_dir ($filename)	liefert *true*, wenn sich hinter dem Namen ein Verzeichnis verbirgt.
is_file ($filename)	liefert *true*, wenn es sich bei $filename um den Namen einer normalen Datei handelt.

Datei-Upload auf den Server

Formulare bieten die Möglichkeit, Dateien auf den Server hochzuladen. Der Upload wird von PHP verarbeitet und in der *php.ini* existiert auch ein Abschnitt darüber:

```
;;;;;;;;;;;;;;;;;
; File Uploads ;
;;;;;;;;;;;;;;;;;

; Whether to allow HTTP file uploads.
file_uploads=On

; Temporary directory for HTTP uploaded files (will use system
            default if not
; specified).
;upload_tmp_dir=
```

Arbeiten mit Dateien und Verzeichnissen

```
; Maximum allowed size for uploaded files.
upload_max_filesize=2M
```

Hier können Sie festlegen, ob Datei-Uploads zulässig sein sollen (*file_uploads=On* bzw. *Off*), ein eigenes Verzeichnis bestimmen, in dem die temporären Dateien gespeichert werden (*upload_tmp_dir*), und die maximale Größe für Uploads (*upload_max_filesize=* ...) bestimmen. Den Wert der letzten Einstellung können Sie in Byte, Kilobyte (K) oder MByte (s. o.: M) angeben.

HTML-Text

Ein Formular zum Upload könnte in etwa so aussehen:

```
<form method="post" action="upload.php" enctype="multipart/form-
          data">
   <input type="hidden" name="MAX_FILE_SIZE" value="102400">
   Send this file: <input type="file" name="upload">
   <input type="submit" value="Send file">
</form>
```

Mit dem versteckten Feld *MAX_FILE_SIZE* kann die Dateigröße eingeschränkt werden, aber nicht über den in der *php.ini* angegebenen Wert hinaus. In diesem Fall sind es 100 KByte.

Über weitere Optionen informieren Sie sich bitte im Kapitel über Formulare ab Seite 154.

Verarbeiten der hochgeladenen Datei

Im oben angegebenen Skript *upload.php* wird nun die temporäre Datei verarbeitet. Sie kann nicht nur in ein anderes Verzeichnis verschoben, sondern auch in eine Datenbank geschrieben oder direkt ausgegeben werden. Letzteres wird aber bei den meisten Dateitypen Zeichensalat zur Folge haben.

Durch das Hochladen werden vier Variablen angelegt, deren Namen durch den Namen des Formular-Elements bestimmt werden. Ändert sich der Name des Formularfelds, ändern sich auch die Namen der Variablen.

In diesem Falle enthält *$upload* den Pfad und Namen, den die hochgeladene Datei von PHP erhalten hat. *$upload_name* bezeichnet den ursprünglichen Dateipfad und -namen. *$upload_size* enthält die Größe der Datei und *$upload_type* den MIME-Typ.

4.1 Die Dateifunktionen von PHP

MIME-Typ

INFO

MIME steht für Multipurpose Internet Mail Extension und stellt in erster Linie ein Format für die Übertragung von strukturierten bzw. mehrteiligen Nachrichten dar, unabhängig davon, ob eine Nachricht einen Anhang enthält oder nicht.

Ist der Upload aus irgendeinem Grund fehlgeschlagen – zum Beispiel weil keine Datei ausgewählt wurde –, hat $upload den Wert 'none', $upload_name ist leer. Die einfachste Methode, das zu überprüfen ist, *file_exist ($upload)*.

Um die temporäre Datei unter ihrem ursprünglichen Namen dauerhaft zu speichern, wird sie einfach in ein bekanntes Verzeichnis verschoben: *rename ($upload, „uploads/".basename($file_name));*

Das Verzeichnis *uploads* sollte natürlich existieren und für PHP nutzbar sein.

Mehrere Dateien auf einmal hochladen

Seit Version 4 kann man per PHP auch mehrere Dateien auf einmal hochladen. Dazu muss der Name der Datei-Felder im Formular so aufgebaut sein, als sollte ein Array erzeugt werden:

```
<form action="upload.php" method="post" enctype="multipart/
            form-data">
    Send these files:<br>
    <input name="upload[]" type="file"><br>
    <input name="upload[]" type="file"><br>
    <input type="submit" value="Send files">
</form>
```

Im dazugehörigen Upload-Skript sind die vier erzeugten Variablen jetzt auch Arrays. Dabei werden nur Array-Elemente für die Dateien erzeugt, die erfolgreich übertragen wurden.

```
for ($i=0; $i<count($upload); $i++)
    if (file_exists($upload[$i]))
    {
        echo 'moving uploaded File ', basename($upload_name[$i]),
        ' (mime-type=', $upload_type[$i], ', ', $upload_size[$i], '
                    bytes)<br>';
        rename ($upload[$i], 'uploads/'.basename($upload_name[$i]));
    }
```

4.2 Dateien sinnvoll verwalten

Es genügt nicht allein, alle Daten in entsprechende Dateien zu schreiben. Werden es viele Dateien, die dazu noch unterschiedlichen Zwecken und Seiten dienen, ist es ratsam, die Dateiflut in verschiedene Verzeichnisse zu ordnen.

Anlegen mehrerer Verzeichnisse

Wächst ein Projekt über einen bestimmten Rahmen hinaus, ist es sinnvoll, es in verschiedene Verzeichnisse (unter Windows-Benutzern auch als Ordner bekannt) zu gliedern. Das macht die Sache überschaubarer, wenn man sich bei der Gliederung genug Gedanken macht, wie das Projekt am sinnvollsten aufzugliedern ist.

So legt man Grafiken verschiedener Kategorien unter Umständen in verschiedene Ordner. Liegen die administrierbaren Daten der Website in einem anderen Verzeichnis als die Skripte, erleichtert das unter anderem die Rechtevergabe – der Webserver benötigt schließlich keinen Schreibzugriff auf Skripte! Und spätestens hier werden die Verzeichnisfunktionen von PHP benötigt.

Weiterhin ist es bei umfangreichen Projekten äußerst sinnvoll, Skripte, die nur in einzelnen Bereichen benötigt werden, in verschiedenen Ordnern zu sammeln. Include-Dateien sowie in mehreren Bereichen benötigte Skripte passen in zwei weitere Verzeichnisse, z. B. *ini* und *shared*.

Windows-Verzeichnisnamen
Wichtig auf Windows-Servern: Hier müssen die Verzeichnisnamen in jeder Pfadangabe in PHP durch ein doppeltes Backslash \\ getrennt werden statt durch Schrägstriche. Ein Backslash, da in Windows Verzeichnisnamen eben mit dem Backslash von einander getrennt sind, ein weiteres, um das Zeichen \ statt eines Sonderzeichens darzustellen.

Verzeichnisse in PHP bearbeiten

Verzeichnisse werden in PHP mit der Funktion

- mkdir ($path, $mode);

erstellt.

4.2 Dateien sinnvoll verwalten

Diese Funktion versucht, das angegebene Verzeichnis zu erstellen, und liefert bei Erfolg *true* zurück. Ein Fehler (z. B. das Verzeichnis existiert schon, der Webuser hat keine Schreibrechte im übergeordneten Verzeichnis etc.) liefert den Rückgabewert *false*.

Der Parameter *$mode* hat keine Bedeutung, wenn Ihr Betriebssystem keine Zugriffsrechte kennt – wie Windows 95 oder 98.

- `$mode = 0777;        // für die folgenden vier Beispiele: Jeder hat alle Rechte`

Verzeichnis *test* wird angelegt:

- `$ok = mkdir ('test', $mode);`

Im Verzeichnis *test* wird ein Verzeichnis *untertest* angelegt:

- `$ok = mkdir ('test/untertest', $mode);`

Fehler: kein gültiger Verzeichnisname:

- `$ok = mkdir ('..', $mode);`

Fehler: Name schon vergeben:

- `$ok = mkdir ('test.txt', $mode);`

Nur der Besitzer (also PHP) besitzt Zugriffsrechte, alle anderen können nur den Verzeichnisnamen sehen:

- `$ok = mkdir ('test1', 0007);`

PHP hat alle Rechte, Mitglieder der Besitzergruppe können in das Verzeichnis wechseln und Dateien daraus lesen; alle anderen dürfen nur in das Verzeichnis wechseln (s. Funktion *chdir* weiter unten):

- `$ok = mkdir ('test2', 0157);`

Wie oben, aber Gruppenmitglieder dürfen auch Dateien anlegen und (wenn die Datei die entsprechenden Rechte hat) schreiben:

- `$ok = mkdir ('test3', 0567);`

Nur der Root-User hat Zugriff:

- `$ok = mkdir ('test4', 0);`

Arbeiten mit Dateien und Verzeichnissen

Der Modus bezieht sich auf die Zugriffsrechte, die das neue Verzeichnis haben soll. Das neunstellige Bitfeld sollte als Oktalzahl angegeben werden und setzt sich wie folgt zusammen:

Bitnummer	Wert (dezimal)	Wert (oktal)	Bedeutung
			Rechte für alle
0	1	01	ausführen (ermöglicht *chdir* in das Verzeichnis)
1	2	02	schreiben
2	4	04	lesen
			Rechte für die Gruppe
3	8	010	ausführen
4	16	020	schreiben
5	32	040	lesen
			Rechte für den Besitzer
6	64	0010	ausführen
7	128	0020	schreiben
8	256	0040	lesen

Falls Sie sich über die Bedeutung von Zugriffsrechten nicht im Klaren sind, schlagen Sie im entsprechenden Abschnitt des Kapitels über Konfiguration ab Seite 36 nach.

Verzeichnisse werden in PHP mit der Funktion

- `rmdir ($path);`

gelöscht. Diese Funktion liefert *true* bei Erfolg und *false*, wenn ein Fehler auftritt, zurück.

Wenn Sie sich in einem bestimmten Verzeichnis befinden und das Verzeichnis wechseln wollen, dann können Sie dies mit

- `chdir ($path);`

machen. *$path* gibt dabei den Pfad an, in den Sie wechseln wollen.

4.2 Dateien sinnvoll verwalten

Inhalte von Verzeichnissen lesen

Manchmal ist es notwendig, die Inhalte von Verzeichnissen zu lesen. Sei es, um die Anzahl der in dem Verzeichnis befindlichen Dateien zu ermitteln oder um nach einem bestimmten Dateityp in dem Verzeichnis zu suchen. Im Nachfolgenden sehen Sie eine Übersicht über Funktionen, die diese Aufgabe übernehmen:

- *opendir ($path);*

Liefert bei Erfolg einen Zeiger auf ein Directory-Handle zurück, der in den folgenden drei Funktionen als Parameter angegeben werden muss. Bei Misserfolg wird *false* zurückgegeben.

- *readdir ($dir);*

Liefert den nächsten Verzeichniseintrag. Die Einträge sind unsortiert, nur '.' (der Verweis auf das Verzeichnis selbst) und '..' (der Verweis auf das übergeordnete Verzeichnis) stehen ganz oben. Ist kein weiterer Eintrag vorhanden, wird *false* zurückgegeben.

- *rewinddir ($dir);*

Setzt das Verzeichnis zurück, d. h., beim nächsten *readdir* wird von vorn begonnen.

- *closedir ($dir);*

Gibt den durch *opendir* reservierten Speicher wieder frei.

Folgender Einzeiler zeigt Ihnen den Inhalt des aktuellen Arbeitsverzeichnisses an:

```
$dir = opendir('.'); while ($entry = readdir($dir) echo $entry, '<br>'; closedir($dir);
```

Dieses kurze Skript zeigt erst die Verzeichnisse und dann die Dateien:

chap_04_06.php

```
<?
$dir = opendir('.');
for ($i=0; $i<2; $i++)
{
  echo '<b>', ($i ? 'Dateien' : 'Verzeichnisse'), '</b><br>';
  while ($entry = readdir($dir))
    if ($i xor is_dir($entry))
      echo $entry, '<br>';
  rewinddir($dir);
```

Arbeiten mit Dateien und Verzeichnissen

- }
- closedir($dir);
- ?>

Hier ist neben dem Befehl *rewinddir()* am Ende der Zählschleife auch eine kleine Spielerei mit boolescher Logik enthalten: *if ($i xor is_dir($entry))*.

Im ersten Durchlauf durch die Zählschleife ist *$i=0*, das entspricht dem booleschen Wert *false*. Ist dann die zweite Bedingung *(is_dir($entry))* true, ist das Ergebnis der *xor*-Verknüpfung der beiden *true* und der Eintrag wird ausgegeben. Ist die zweite Bedingung ebenfalls *false*, ist auch das Ergebnis des *xor false* und es erfolgt keine Ausgabe.

Im zweiten Durchlauf ist die erste Bedingung *($i)* immer wahr – das boolesche Äquivalent zu jedem Wert außer 0 und einem leeren String – und das Ergebnis der *xor*-Verknüpfung wird umgedreht: Der Eintrag wird nur ausgegeben, wenn *is_dir($entry) false* ist, es sich dabei also nicht um ein Verzeichnis handelt.

Das folgende Beispiel ist schon um einiges umfangreicher: Es liest die Einträge je nach Typ (Verzeichnis oder nicht) in zwei Arrays, sortiert diese alphabetisch und gibt sie nacheinander aus. Zusätzlich wird zu jeder Datei noch die Größe ausgegeben. Damit das Ganze schön formatiert ist, wird eine Tabelle um die Ausgabe erzeugt:

chap_04_07.php

- `<html><head><title>dir /ond</title></head><body><table border="0">`
- `<?`
- `function showdir ($path)`
- `{`
- `  echo "<tr><th colspan=3 align=left>Inhalt von Verzeichnis ", $path, "</th></tr>", „\n";`
- `  // einlesen`
- `  $dirs = $files = array();`
- `  $dir = opendir ($path);`
- `  while ($entry =  readdir($dir))`
- `  if (is_dir($entry))`
- `    $dirs []= $entry;`
- `  else`
- `    $files []= $entry;`
- `  fclose ($dir);`
- `  // anzeigen`
- `  sort ($dirs);`
- `  for ($i=0; $i<count($dirs); $i++)`
- `    echo "<tr><td>", $dirs[$i], "</td><td>&lt;DIR&gt;</td></tr>", „\n";`
- `  sort ($files);`
- `  for ($i=0; $i<count($files); $i++)`

- ```        echo "<tr><td>", $files[$i], "</td><td align=right>",
            filesize ($files[$i]), "</td></tr>", „\n";```
- ```}```
- ```showdir ('.');```
- ```?>```
- ```</table></body></html>```

4.3 Entstehung eines Zeileneditors

Alle Funktionen, die Sie gerade kennen gelernt haben, bringen allein nicht viel. Mächtig werden sie erst, wenn sie geschickt miteinander kombiniert werden. Auf den folgenden Seiten wird Ihnen ein Zeileneditor vorgestellt: Sie können Textdateien betrachten, löschen und neue Dateien anlegen sowie einzelne Zeilen einfügen, ändern und löschen.

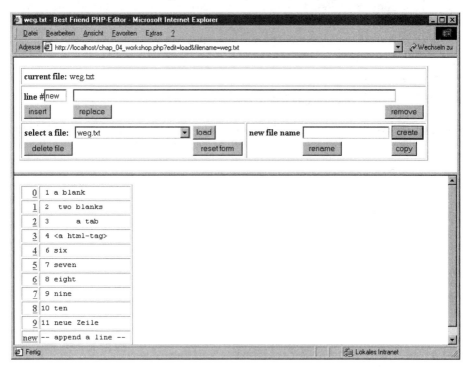

Der fertige Zeileneditor mit geöffneter Datei

Die drei Skripte mit zusammen 7 KByte Text finden Sie auch zum Download bei *http://www.databecker.de*. Zum Vergleich: Der Editor NotePad von Windows 98 belegt 56 KByte. Zugegeben, das Navigieren im Text fällt in NotePad leichter, aber eine

Arbeiten mit Dateien und Verzeichnissen

Suchfunktion hat unser Editor auch – nämlich die des Browsers – und in NotePad gibt es keine Zeilenangaben – und die sind wichtig, um Fehler in Skripten aufzuspüren. Und der größte Vorteil: Im Gegensatz zu NotePad kann dieser Editor Dateien direkt auf dem Server bearbeiten.

Das Skript, das Sie aufrufen, um den Editor zu starten (*chap_04_workshop.php*), besteht nur aus einem Frameset – was den HTML-Teil angeht. Davor steht jedoch die gesamte PHP-Maschinerie für Änderungen an den Dateien.

Der untere Frame (*chap_04_workshop_show.php*) enthält die Anzeige des Inhalts der Datei samt Zeilennummern und – bei schreibbaren Dateien – zu jeder Zeile einen Link auf die Zeilennummer, der die Zeile zum Bearbeiten auswählt.

Der obere Frame (*chap_04_workshop_edit.php*) enthält Formulare zur Auswahl von Dateien und zum Bearbeiten der ausgewählten Zeile. Von hier aus werden Befehle per Parameter an das Hauptskript gesendet. Zum vollständigen Verständnis der Formulare werden Sie erst im entsprechenden Kapitel gelangen; hier wird nur beschrieben, was beim Benutzen der einzelnen Buttons geschieht.

Ausgabe der gewählten Datei

Fangen wir mit dem kürzesten Skript an und arbeiten uns dann langsam vor. Speichern Sie den folgenden Quellcode unter dem Namen *chap_04_workshop_show.php* ab. Das Skript wird von Erläuterungen unterbrochen. Schreiben Sie den gesamten Code nacheinander in eine Datei:

```
<html>
<head>
  <base target="edit">
</head><body bgcolor="white"><?
// Wenn keine Datei vorhanden ist, kann nichts editiert werden
if ($filename && is_file($filename) && is_readable($filename))
```

Die Datei kann nur angezeigt werden, wenn sie tatsächlich eine Datei und darüber hinaus lesbar ist.

```
{
  function drawline ($line, $linenr)
  {
    global $filename, $writeable;
    echo '<tr><th align="right">';
    if ($writeable)
      echo '<a href="chap_04_workshop_edit.php?filename=',
            awurlencode($filename), '&linenr=', $linenr, '">',
```

4.3 Entstehung eines Zeileneditors

- ```
           $linenr, '</a>';
  ```
- ```
     else
  ```
- ```
       echo $linenr;
  ```
- ```
     echo '</th><td nowrap><pre>', htmlentities($line),
          '</td></tr>';
  ```
- ```
  }
  ```

Die Funktion *drawline* schreibt eine Zeile in die HTML-Tabelle, die weiter unten geöffnet wird – Zeilennummer in der linken Spalte, Inhalt der Zeile in die rechte.

In der rechten Spalte werden zwei kleine HTML-Tricks angewandt, um die Anzeige vernünftig zu gestalten: Der Parameter *nowrap* im <td>-Tag verhindert Zeilenumbrüche in der Tabellen-Zelle. Das <pre> kennen Sie schon aus den ersten Beispielen. Der neue Trick ist der, dass das schließende </pre>-Tag fehlt! Lässt man es nämlich nicht weg, gibt es wieder einen Zeilenumbruch, der die Tabelle unschön und unnötig aufbläht.

Die Funktion *htmlentities* sorgt dafür, dass eventuelle HTML-Tags im Text nicht interpretiert, sondern ausgegeben werden. Rufen Sie das Skript einmal mit seinem eigenen Namen als Parameter auf und dann probieren Sie es noch einmal, nachdem Sie statt *htmlentities($line)* nur *$line* ausgeben lassen.

Ist Schreibzugriff auf die Datei vorhanden (unter Windows: die Datei ist nicht schreibgeschützt), gibt es zusätzlich einen Link auf die Zeilennummer. Das Tag <base target="edit"> im Header der Seite sorgt dafür, dass der Link auf den richtigen Frame zieht: den Frame *edit*, das für die Formular-Seite reserviert ist.

Die Variablen *$filename* und *$writeable* werden aus dem globalen Kontext genommen, wobei *$writeable* das Ergebnis der Funktion *is_writeable* enthält. Es wurde hier zwischengespeichert, um die Funktion nicht für jede Zeile aufs Neue aufrufen zu müssen.

- ```
  $writeable = is_writeable($filename);
  ```
-
- ```
    echo '<table border="1">';
  ```
- ```
    // Zeilen aus der Datei lesen
  ```
- ```
    $lines = file($filename);
  ```
- ```
  // Alle Zeilen ausgeben
  ```
- ```
    for ($i=0; $i<count($lines); $i++)
  ```
- ```
    {
  ```
- ```
      $line = rtrim($lines[$i]);//Zeilenumbrüche am Zeilenende
                                entfernen
  ```
- ```
      drawline ($line, $i);
  ```
- ```
    }
  ```
- ```
    // Leere Zeile einfügen
  ```
- ```
    if ($writeable)
  ```
  ```

Arbeiten mit Dateien und Verzeichnissen

-       `drawline ("-- append a line --", "new");`
- `}`
- `else`
-   `echo "<h2>no file selected</h2>";`
- `?></body></html>`

Hier ist das Skript zu Ende.

Den Rest des Skripts kennen Sie auch schon vom Anfang des Kapitels. Lediglich die Ausgabe der Zeilen sieht hier etwas anders aus als in den einleitenden Beispielen:

Diesmal wird der Zeilenumbruch am Ende der Zeile entfernt – das ist der Zweck der Funktion *rtrim*, die in einem späteren Kapitel noch genauer beschrieben wird. Und zur Ausgabe wird nicht *echo* benutzt, sondern die Funktion *drawline*.

Außerdem wird bei editierbaren Dateien noch eine zusätzliche leere Zeile mit Zeilennummer *new* ausgegeben. Die ermöglicht das Anhängen einer neuen Zeile mit den Kommandos *insert* bzw. *edit*.

Krieg der Button: Der Formular-Frame

Hier werden die Parameter wie Dateiname und neuer Zeileninhalt erzeugt, die das Hauptskript zur Ausführung der Befehle benötigt. Das Formular zur Bearbeitung von Dateien erscheint aber nur, wenn eine Datei ausgewählt ist; das zur Bearbeitung einer Zeile nur, wenn Schreibrechte gegeben sind.

Dieses Skript ist um einiges länger als die Anzeige, aber der Editor hat ja auch einige Funktionen und die bedingte Anzeige der Formulare benötigt auch ein paar Zeilen. Schreiben Sie auch hier den gesamten Code in eine Datei und speichern Sie diese unter dem Namen *chap_04_workshop_edit.php* ab. Auch diese Datei gibt es als Download zum Buch auf der Seite von DATA BECKER: *http://www.databecker.de*.

- `<?`
-   `if ($filename && !is_file($filename) ||`
-            `!is_readable($filename))`
-     `$filename = '';`

Die Abfrage kennen Sie schon aus dem Anzeige-Skript. Hier wird allerdings einfach der Dateiname gelöscht, wenn keine lesbare Datei angegeben ist. Denn die Bedingung schließt hier nur Teile der Seite aus und nicht den gesamten Inhalt.

- `?><html>`
- `<head>`

4.3 Entstehung eines Zeileneditors

```
<base target="_top">
```

<base target="top"> sorgt wieder dafür, dass sämtliche Formulare auf den Frameset gerichtet sind, das Ziel ersetzt also den Frameset. Wollen Sie also wissen, was Ihr letzter Bearbeitungsschritt war, brauchen Sie nur in die Adresszeile Ihres Browsers zu schauen. Dort stehen die Parameter, die das Hauptskript zuletzt verarbeitet hat.

```
</head><body bgcolor="white">

<table border="1"><tr><td colspan="2">
```

Eine Tabelle, in der die einzelnen Formulare angeordnet werden: Jedes Formular besitzt wiederum eine eigene Tabelle, deren Rahmen nicht angezeigt wird – eine gebräuchliche Methode, um Elemente einigermaßen zu positionieren, ohne Layer zu benutzen.

Die erste innere Tabelle zeigt lediglich den Namen der aktuellen Datei an.

```
<table border="0">
<tr align="left">
  <th>current file:</th>
  <td><? echo ($filename ? $filename:'<b>--none--</b>'); ?></td>
</tr></table>
```

Darunter erscheint das Formular zum Bearbeiten der ausgewählten Zeile – natürlich nur, wenn's sich schreiben lässt.

```
</td></tr>

<?
if ($filename && is_writeable($filename)) {
    if (isset($linenr) && 'new'!=$linenr)
    {
        $lines = file($filename);
        $content = $lines[$linenr];
    }
    else
        $content='';
?>
```

Ist eine Zeile ausgewählt, wird deren Zeilennummer und ihr Inhalt angezeigt; ansonsten bietet sich die Möglichkeit, eine neue Zeile an die Datei anzuhängen.

```
<tr><td colspan="2">
```

137

Arbeiten mit Dateien und Verzeichnissen

```
- <table border="0" width="100%">
- <form method="get" action="chap_04_workshop.php">
             <!-- edit file -->
- <input type="hidden" name="edit" value="replace">
- <input type="hidden" name="filename" value="<? echo $filename;
                                                ?>">
```

Jedes Formular enthält ein Element namens *edit*, in dem das Kommando für das Hauptskript gespeichert ist; der Wert wird beim Klick auf einen Button gesetzt.

Außerdem muss das Hauptskript natürlich auch den Dateinamen kennen – dafür das Element mit *name="filename"*.

```
- <tr align="left">
-    <th>line #<input type="text" name="linenr" value="<? echo
     (isset($linenr) ? $linenr:'new'); ?>" readonly size="4"></th>

- <td colspan="2"><input type="text" name="content" value="<?
             echo htmlentities($content); ?>" size="80"></td>
- </tr><tr>
-    <td><input type="submit" value="insert"
                 onClick="this.form.edit.value='insert';"></td>
-    <td><input type="submit" value="replace"
                 onClick="this.form.edit.value='replace';"></td>
-    <td align="right"><input type="submit" value="remove"
                 onClick="this.form.edit.value='remove';"></td>
- </tr></form>
- </table>
- <? } ?>
- </td></tr><tr><td>
```

<input type="submit" ...> kennzeichnet die Button. Ihr Parameter *onClick* setzt vor Absenden des Formulars per JavaScript das Kommando für das Hauptskript.

Das zweite Formular bietet alle lesbaren Dateien im aktuellen Verzeichnis zur Auswahl an. Die ausgewählte Datei kann gelöscht oder zum Editieren geladen werden.

```
- <table border="0">
- <form method="get" action="chap_04_workshop.php"><!-- load and
                 delete files -->
- <input type="hidden" name="edit" value="load">
- <tr align="left">
-    <th>select a file:</th>
-    <td><select name="filename"><?
     // Dateinamen des aktuellen Verzeichnisses lesen
     $files = array();
     $dir = opendir ('.');
```

4.3 Entstehung eines Zeileneditors

```
while ($fn = readdir($dir))
   if (is_file($fn) && is_readable($fn))   //Nur lesbare
                                             Dateien raussuchen
      $files[] = $fn;
      //Nach Dateinamen sortieren
      sort ($files);
      for ($i=0; $i<count($files); $i++) echo '
<option ', ($files[$i]==$filename?'selected ':''), 'value="',
             $files[$i], '">', $files[$i], '</option>';
?>
</select></td>
```

Die Dateinamen werden sortiert und in ein Dropdown geschrieben. Der ausgewählte Name wird als *$filename* ans Hauptskript übergeben und von dort aus an die anderen Skripte weitergereicht.

```
<td><input type="submit" value="load"></td>
</tr><tr>
<script language="JavaScript">
function del_confirm (filename)
{
   var s = 'Are you sure you want to delete "'+filename+'" ?';
   return confirm (s);
}
</script>
<td><input type="submit" value="delete file"
   onClick="if(ok=del_confirm(this.form.filename.options
             [this.form.filename.selectedIndex].value))
             this.form.edit.value='delete';return ok;"></td>
></td>
```

Hier sorgt eine Sicherheitsabfrage in JavaScript dafür, dass keine Datei aus Versehen gelöscht wird – hilfreich, wenn man seine Website nicht komplett zerschießen will.

```
<td></td>
<td><input type="reset" value="reset form"></td>
</tr></form>
</tr></table>

</td><td>
```

Der letzte Button sorgt dafür, dass mit einem Klick wieder die aktuelle Datei im Dropdown ausgewählt ist.

Das dritte und letzte Formular bietet die Möglichkeit, eine neue leere Datei anzulegen sowie die aktuelle zu kopieren oder umzubenennen.

Arbeiten mit Dateien und Verzeichnissen

- ```
  <table border="0">
  ```
- ```
  <form method="get" action="chap_04_workshop.php"><!-- create/
              copy/rename file -->
  ```
- ```
  <input type="hidden" name="filename" value="<? echo $filename
              ?>">
  ```
- ```
  <input type="hidden" name="edit" value="">
  ```
- ```
  <tr align="left">
  ```
- ```
  <th>new file name</th>
  ```
- ```
  <td><input type="text" name="newfile"></td>
  ```
- ```
  <td><input type="submit" value="create" onClick=
              "this.form.edit.value='create';"></td>
  ```
- ```
  </tr><?
  ```

Das Kopieren funktioniert natürlich nur, wenn eine Datei ausgewählt ist; das Umbenennen erfordert zusätzlich Schreibrechte:

- ```
     if ($filename) {
  ```
- ```
  ?><tr>
  ```
- ```
     <td></td>
  ```
- ```
     <td><? if (is_writeable($filename)) { ?><input type="submit"
              value="rename" onClick="this.form.edit.value='rename';">
              <? } ?></td>
  ```
- ```
     <td><input type="submit" value="copy" onClick="this.form.edit.
              value='copy';"></td>
  ```
- ```
  </tr><?
  ```
- ```
  }
  ```
- ```
  ?></form>
  ```
- ```
  </table>
  ```
-
- ```
  </td></tr></table>
  ```
-
- ```
  </body></html>
  ```

Das Skript ist hier jetzt zu Ende. Fahren Sie mit dem folgenden Abschnitt fort.

Die Technik im Hintergrund

Das Schwierigste ist geschafft (bzw. geschaffen): eine Benutzerschnittstelle für den Editor. Was jetzt noch fehlt, ist die Technik darunter, und die lässt sich im Baukastensystem aus den bisherigen Listings zusammensetzen. Dann noch die richtigen Steuerelemente drumherum und fertig ist die Laube.

Speichern Sie die Datei unter dem Namen *chap_04_workshop_edit.php* ab. Schreiben Sie auch diesmal den gesammten PHP-Code in eine Datei.

4.3 Entstehung eines Zeileneditors

Am Anfang des Skripts werden zwei Ersetzungen vorgenommen: Ein Ersetzen der nicht-existierenden neuen Zeile kommt einem Einfügen am Ende gleich. Und die überflüssigen Backslashes werden aus dem Zeileninhalt entfernt.

```
<?
if ('replace'==$edit && 'new'==$linenr)
    $edit = 'insert';
    $content = stripslashes($content);

switch ($edit)
{
```

Zum Laden einer Datei muss nichts weiter getan werden. *$filename* wird ohnehin durchgereicht und ist schon korrekt gesetzt.

```
case 'load': // nothing to do here
    break;
```

Datei löschen: In den Formularen werden durch Ausblenden der unsinnigen Felder von vornherein fast alle möglichen Fehler vermieden, und dieses Skript vertraut darauf, dass niemand Kommandos türkt. Doch im Dropdown ist nicht vermerkt, ob eine Datei sich löschen lässt oder nicht. Darum muss dies hier überprüft werden.

```
case 'delete':
    if (@unlink ($filename))
        $filename = '';
break;
```

Die nächsten drei Befehle sind trivial: Das Anlegen, Kopieren oder Umbenennen einer Datei ist mit einem Befehl erledigt, anschließend muss nur der neue Dateiname weitergereicht werden.

```
case 'create':
    touch($newfile);
    $filename=$newfile;
    break;
case 'copy':
    fcopy ($filename, $newfile);
    $filename = $newfile;
    break;
case 'rename':
    rename ($filename, $newfile);
    $filename = $newfile;
```

Hier wird es wieder interessant: Wird eine Zeile am Ende der Datei eingefügt, wird sie einfach mit dem Modus 'a' hineingeschrieben.

Arbeiten mit Dateien und Verzeichnissen

```
case 'insert':
  if ('new'==$linenr)
  {
      $f = fopen($filename, 'a');
      fputs($f, "\n$content");
      fclose($f);
      break;
  }
```

Der Rest ist bei den Aktionen „Zeile löschen" und „Zeile ändern" fast identisch mit dem Einfügen, darum wird hier die Fallthrough-Eigenschaft der Switch-Anweisung ausgenutzt: Trifft der Interpreter nicht auf ein *break*, fährt er beim nächsten Fall fort.

Eine nicht-existierende Zeile kann nicht gelöscht werden, darum ist in dem Fall hier Ende. Da das *'new'* zum Einfügen oben schon abgearbeitet wurde, gibt es damit auch keine Probleme.

```
case 'remove':
  if ('new'==$linenr)
    break;
case 'replace':
```

Zunächst wird der Inhalt der Datei gelesen und bis zur ausgewählten Zeile gleich wieder hineingeschrieben.

```
$lines = file($filename);
$f = fopen($filename, 'w');
for ($i=0; $i<$linenr; $i++)
  fputs($f, $lines[$i]);
```

Dann unterscheiden sich die drei Kommandos ein wenig:
- Beim *'insert'* wird eine Zeile eingefügt.
- Beim *'remove'* wird die ausgewählte Zeile ausgelassen.
- Bei *'replace'* geschieht beides.

Zum Auslassen der ausgewählten Zeile wird einfach der Zeilen-Zähler i um eins erhöht, sodass im weiteren Verlauf bei der *($linenr+1)*-ten Zeile weitergeschrieben wird.

Wurde die letzte Zeile gelöscht, wird außerdem noch die Zeilennummer um 1 verringert – eine Kleinigkeit, die aber sehr komfortabel sein kann.

```
switch ($edit)
{
    case 'insert':
        fputs($f, "$content\n");
        break;
```

4.3 Entstehung eines Zeileneditors

```
        case 'remove':
            $i++;
            if (count($lines)==$linenr+1)
                $linenr--;
            break;
        case 'replace':
            fputs($f, "$content\n");
            $i++;
            break;
    }
```

Jetzt noch die restlichen Zeilen zurück in die Datei schreiben, die Datei schließen und der technische Teil hat ein Ende.

Beachten Sie den fehlenden Initialisierungsteil der For-Anweisung!

```
for (; $i<count($lines); $i++)
    fputs($f, $lines[$i]);
fclose($f);
break;
}
```

Hier wird ein Parameter-String zusammengesetzt, der an die beiden anderen Skripte weitergereicht wird. Die Anzeige benötigt zwar die Nummer der ausgewählten Zeile nicht, stören tut die Angabe aber auch nicht.

```
if ($filename)
{
    $title = "$filename".(is_writeable($filename)
                    ?'':'[readonly]').' - ';
    $params = '?filename='. rawurlencode($filename);
    if (isset($linenr))
        $params .= '&linenr='.$linenr;
}
?>
<html><head>
    <title><? echo $title; ?>Best Friend PHP-Editor</title>
</head>
<frameset rows="200,*">
    <frame name="edit" src="chap_04_workshop_edit.php
                    <? echo $params; ?>">
    <frame name="show" src="chap_04_workshop_show.php
                    <? echo $params; ?>">
</frameset>
</html>
```

Arbeiten mit Dateien und Verzeichnissen

Nebenbei: Der zweite Frame braucht eigentlich keinen Namen, denn er wird nirgends über diesen angesprochen. Der Inhalt der Datei ändert sich nur, wenn das Hauptskript durchlaufen wird; und das benötigt keinen Namen um den Anzeige-Frame anzusprechen.

Das Listing ist hier zu Ende und damit ist der Editor fertig. Starten Sie diesen, indem Sie im Browser die Datei *edit.php* aufrufen.

4.4 Empfehlungen aus der PHP-Praxis

Alles fängt mal klein an, selbst so große Websites wie Yahoo oder Amazon haben ihre Zeit gebraucht, um zu ihrem jetzigen Umfang anzuwachsen. Auch wenn Sie sich nicht vorstellen können, dass ein kleine Website, die nur aus drei Skripten besteht, mit der Zeit auf mehrere MByte Quelltext anwachsen kann: Sorgen Sie von Anfang an vor für den Fall, dass es doch passiert.

Hier finden Sie einige Empfehlungen, die aus der Praxis im professionellen Webdevolepment entstanden sind.

Vergabe einheitlicher Namen

Alle Tipps an dieser Stelle werden am Beispiel von Grafiken demonstriert, lassen sich aber auf jeden anderen Dateityp übertragen, teilweise auch auf Datenbank-Tabellen. Der Grundgedanke ist dieser: Schreiben Sie dran, was drin steckt.

Kategorisieren Sie Grafiken nach ihrem Verwendungszweck (Button, Titel, Tabellenrahmen, Hintergrund etc.) und benennen Sie sie entsprechend. So sollte der Name einer Grafik für einen Button immer mit *button_* oder *btn_* beginnen, ein Hintergrundbild mit *background_* oder *bg_* usw.

Arbeiten Sie mit JavaScript-Rollovers, benennen Sie das Bild für das *onMouseOver* genauso wie das ursprüngliche und ergänzen den Namen um *_over*, für das Ereignis *onClick* bietet sich *_down* an, für momentan nicht verfügbare Links oder Aktionen *_disabled* oder *_inactive*.

Sollten Sie in einem Projekt in verschiedenen Bereichen unterschiedliche Grafiken für den gleichen Verwendungszweck benutzen wollen, benennen Sie diese gleich und legen sie in Unterverzeichnissen im Grafik-Verzeichnis ab. Das heißt, eine Grafik für einen Button, auf dem „absenden" steht, sollte immer *button_absenden* heißen, egal wie sie aussieht, und im Verzeichnis *images*, *img*, *gfx* o. Ä. im Unterverzeichnis *bereichs-*

4.4 Empfehlungen aus der PHP-Praxis

name liegen. Wollen Sie Ihre Website in verschiedenen Farben anbieten, empfiehlt sich die Unterteilung in mehrere Ordner *img_blau*, *img_rot* etc.

Verzeichnisstruktur flach halten

Je flacher die Ordner-Struktur, umso übersichtlicher ist das gesamte Projekt. Wenn Ihre Website auf 100 verschiedene Skripte oder mehr anwächst, werden Sie dankbar sein, dass Sie auf der Suche nach einer bestimmten Datei nicht erst durch etliche Verzeichnisse klicken oder „chdiren" müssen.

Hat ein Bereich mehrere Unterbereiche, legen Sie diese besser in Nachbarverzeichnisse und zeigen durch den Namen an, dass es sich um Unterbereiche handelt.

Beispiel: Der Bereich A hat zwei Unterbereiche a und b. Statt im Verzeichnis *A* zwei Unterverzeichnisse *a* und *b* anzulegen, werden im Hauptverzeichnis zwei weitere Verzeichnisse *A_a* und *A_b* angelegt.

Dadurch wird unter anderem Problemen bei *include* und *fopen()* vorgebeugt. Besonders sichtbar werden diese Probleme, wenn eine „includete" Datei selbst eine andere Datei benötigt:

| /A/a/index.php | include '../../ini/init.php'; |
| /ini/ini.php | include '../ini/lib_textfiles.php'; |

Fehlermeldung: *required file '../ini/lib_textfiles.php' not found in www.meinpro jekt.de/ini/lib.php*

Was ist hier passiert? *index.php* bindet die Datei *init.php* ein, das Arbeitsverzeichnis von PHP bleibt aber */A/a*; und das Verzeichnis *A/ini* existiert nicht – wenn Sie den bisherigen Empfehlungen gefolgt sind. Wenn doch, gibt es dort keine *lib_textfiles.php*. Sollte es sie doch geben, erscheint zwar obige Fehlermeldung nicht, man kann sich aber niemals sicher sein, dass die *lib_textfiles.php* im Verzeichnis */A/ini* die gleiche Funktionalität beinhaltet wie die im Verzeichnis */ini*.

Man kann diesen Fehler zwar umgehen, indem man das *include* in der *index.php* mit *chdir*-Aufrufen einrahmt, doch die Übersicht bleibt dabei mit der Zeit auf der Strecke. Haben Sie längere Verzeichnisnamen oder gehen Sie in die vierte oder fünfte Ebene, dann müssen Sie bei jeder Pfadangabe die Schrägstriche im Pfad des Skripts zählen, um sicherzugehen, dass Sie in der richtigen Ebene landen.

Arbeiten mit Dateien und Verzeichnissen

Es stellt sich noch die Frage: Warum nicht einfach alle Funktionen in eine Datei schreiben? Die Antwort lautet: wegen der Modularität. Wollen Sie zum Beispiel Ihre Daten nicht mehr in Dateien speichern, sondern in einer Datenbank, brauchen Sie bei sauberer modularer Entwicklungsweise nur den Aufruf der *lib_textfiles.php* durch den einer *lib_mysql.php* zu ersetzen, die die gleichen Funktionen enthält und mit Tabellen in einer Datenbank arbeitet statt mit Dateien in einem Verzeichnis.

Tiefe Verzeichnisstrukturen spiegeln zwar die Struktur der Website genauer wieder als flache, die Benutzung gemeinsamer Bibliotheken wird durch sie jedoch erheblich erschwert.

5. Mit PHP zur dynamischen Website

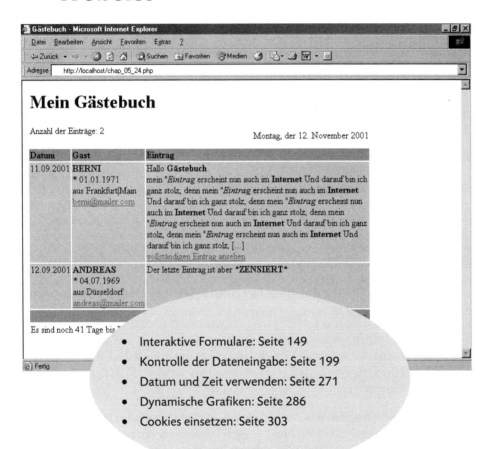

- Interaktive Formulare: Seite 149
- Kontrolle der Dateneingabe: Seite 199
- Datum und Zeit verwenden: Seite 271
- Dynamische Grafiken: Seite 286
- Cookies einsetzen: Seite 303

Mit PHP zur dynamischen Website

Bei ständig wachsendem Angebot im Internet erwartet der Besucher einer Webseite heutzutage meist eine interessante und aktuelle Seite. Bleibt die Webseite statisch, erscheint sie dem Besucher schnell als langweilig. Hier eröffnet sich mittels dynamisch erzeugten HTML-Seiten ein weites Feld an Möglichkeiten. PHP ist wohl der einfachste und schnellste Weg dorthin.

Dynamik im Zusammenhang mit PHP versteht sich nicht als Effekthascherei auf Webseiten wie tanzende Bilder, Newsticker oder Ähnliches. Dies ist Bestandteil von dynamischem HTML (D-HTML) und hat mit der Dynamik von PHP, dem dynamischen Erzeugen von HTML-Seiten, nichts gemein.

D-HTML

INFO D-HTML ist das Erzeugen von dynamischen Effekten auf einer Webseite durch das Zusammenspiel von HTML, JavaScript und Cascading Style Sheet (CSS). Dabei spielt besonders die Möglichkeit der Positionierung und der nachträglichen Beeinflussung von HTML-Elementen über CSS mittels JavaScript eine Rolle. D-HTML läuft Client-seitig ab und durchbricht somit den „starren" Charakter von HTML-Seiten.

Ein Vorteil von dynamischen Webseiten besteht darin, den Besucher für die eigene Webseite zu gewinnen und zu interessieren, indem neue Themen, Texte oder sogar Design/Bilder dynamisch erzeugt werden. So lassen sich bei jedem Zugriff des Besuchers auf die Webseite zufällig ausgewählte Nachrichten erzeugen oder unterschiedliche Bilder anzeigen. Auch eine Personalisierung der Webseite ist denkbar.

Darüber hinaus ist Dynamik unverzichtbar für Webseiten, die auf eine Interaktion mit dem Besucher reagieren müssen, wie zum Beispiel bei einem Forum oder einem Gästebuch. Hier müssen eingegebene Daten des Besuchers verarbeitet, interpretiert und darauf reagiert werden.

Webseiten mit dynamischen Inhalten beziehen häufig ihre Inhalte aus Datenbanken oder Files. Dies ist einerseits wichtig, um z. B. nach Inhalten suchen zu können, andererseits kann so die Pflegbarkeit gewährleistet werden. Hier eröffnet PHP mit seinen integrierten Datenbankfunktionen (siehe Kapitel über MySQL und PHP ab Seite 317) eine hervorragende Möglichkeit und bildet einen weiteren Grundstein für dynamische Webseiten.

In diesem Kapitel soll auf die wichtigsten Grundlagen und Instrumente von dynamischen Webseiten eingegangen und an diese Beispielen erläutert werden.

5.1 Entwicklung interaktiver Formulare

Ein wichtiges Instrument zur Interaktion ist das Formular, das die Dateneingabe ermöglicht und anschließend PHP zur Verfügung stellt. Hier unterscheidet man prinzipiell zwischen den Methoden GET und POST, die beide Bestandteil des Hypertext Transfer Protocols (HTTP) sind. Der wesentliche Unterschied der beiden Methoden besteht darin, wie die Daten verschickt werden, d. h., bei der GET-Methode werden die Daten direkt an die URL angehängt, während bei der POST-Methode dies im Body geschieht.

Interaktive Seiten – mit Formularen und PHP zu schnellen Ergebnissen

INFO

HTTP

Das Hypertext Transfer Protocol oder kurz HTTP dient zur Kommunikation zwischen Client (Browser) und Webservern. Der Prozess wird entweder mit Erfolg oder einer Fehlermeldung beendet. Prinzipiell lässt sich ein HTTP-Kommando in einen Header und einen Body unterteilen. Im Header können verschiedene Parameter spezifiziert werden, anschließend folgen die restlichen, angehängten Daten (HTML, Formulardaten etc.).

Mit PHP zur dynamischen Website

Verwenden der GET-Methode

Die GET-Methode kann entweder über einen HTTP-Befehl oder über ein Formular Daten an PHP übergeben. In beiden Fällen werden die Daten in Form von Parametern an die Ziel-URL angehängt, wodurch sie in der Browser-Adressleiste sichtbar sind. Der Aufbau ist einfach und kann direkt benutzt werden, um Daten an ein PHP-Skript zu übergeben.

URL

INFO URL ist die Abkürzung für Uniform Resource Locator. Sie definiert mittels einer vereinheitlichten Form die Angabe des Dienstprotokolls (z. B. HTTP, FTP), des Domain-Namens und des Verzeichnispfads einschließlich des Dateinamens. Daraus ergibt sich die Ihnen wohl bekannte URL-Form, die wie folgendes Beispiel aussehen kann: *http://www.databecker.com/whatsnew.htm*. Werden an die URL noch Daten in Form von Parametern angehängt, spricht man von der URI, die die komplette Zieladresse bzw. -anforderung darstellt.

Eingeleitet werden die Parameter durch ein *?* im Anschluss an die eigentliche URL (es kann sich auch um relative Pfade handeln, wenn das Ziel auf demselben Webserver liegt). Alle folgenden Parameter werden durch ein & angehängt. Ein Parameter wird durch die Definition des Variablennamens und dessen Wert aufgebaut, wie im folgenden Beispiel verdeutlicht wird:

- <A HREF="chap_05_01.php?action=contact&type=short" TARGET="_SELF">Kontaktformular</A>

Der Link in der Adresszeile des Browsers

Klickt der Besucher auf diesen Link, wird die URL ausgeführt und auf der Folgeseite *chap_05_01.php* kann PHP direkt die definierten Variablen nutzen:

$action hat den Wert *contact* und $type den Wert *short*.

5.1 Entwicklung interaktiver Formulare

Ausgabe der Folgeseite
chap_05_01.php

Um diese Funktionsweise zu überprüfen, könnte die Folgeseite *chap_05_01.php* lediglich dafür sorgen, dass beide Parameter ausgegeben werden und so aussehen:

- <HTML>
- <HEAD>
-     <TITLE>Mailer</TITLE>
- </HEAD>
- <BODY>
- Aktion: <? echo $action; ?>
- Typ: <? echo $type; ?>
- </BODY>
- </HTML>

Bei dieser Art der Übergabe von Parametern ist zu beachten, dass Sonderzeichen (nicht-alphanumerische Zeichen mit Ausnahme von - und _) einen Fehler verursachen können. Folgendes Beispiel soll dies verdeutlichen:

- <A HREF="chap_05_01.php?action=contact & message&type=short" TARGET="_SELF">Kontaktformular</A>

Die GET-Parameter können nicht richtig übertragen werden, da & als Trennzeichen für die Parameter definiert ist. Des Weiteren wurden Leerzeichen verwendet, die bei manchen Browsern zu Problemen führen. Als Beispiel sei hier Netscape 4.7 angeführt, der durch die Unterbrechung des Parameter-Strings durcheinander kommt.

Die Fehlermeldung in Netscape bei einer falschen Zusammensetzung der GET-Parameter

151

Mit PHP zur dynamischen Website

Im täglichen Gebrauch allerdings machen sich solche Fehler nur durch fehlende oder unvollständige Parameter bemerkbar. Um diese Probleme einfach zu umgehen, können Sie die PHP-Funktion *urlencode()* benutzen, die nicht-zulässige Zeichen in einen Hexadezimalcode konvertiert.

- `<A HREF="chap_05_01.php?action=<? echo urlencode("contact & message"); ?>&type=short" TARGET="_SELF">Kontaktformular</A>`

Hexadezimal

INFO
Das hexadezimale System ist ein Zahlensystem, das mit der Basis 16 arbeitet. Analog zum Dezimalsystem werden die Zahlen 0–9 benutzt, allerdings stehen für die Werte 10–15 die Buchstaben A–F, d. h. A = 10 bis F = 15. Hintergrund hierfür ist die enge Verbundenheit mit dem Dualsystem: Aus vier Ziffern einer Dualzahl kann eine Hexadezimalzahl abgeleitet werden bzw. im Umkehrschluss können mit zwei Hexadezimalziffern jeweils acht Dualziffern dargestellt werden, was einem Byte entspricht (3F = 0011 1111).

Der Link würde nun folgendermaßen aussehen:

- `<A HREF="chap_05_01.php?action=contact+%26+message&type=short" TARGET="_SELF">Kontaktformular</A>`

Oder in der Browser-Adressleiste so auftauchen:

Der mit urlencode() übersetzte Link

Die Leerzeichen wurden durch + und das & durch %26 ersetzt.

Das gleiche Beispiel lässt sich auch durch ein Formular mit der Methode GET realisieren:

- `<html>`
- `<head>`
-    `<title>Mailer</title>`
- `</head>`
- `<body>`

5.1 Entwicklung interaktiver Formulare

```
<form action="chap_05_01.php" method="get" target="_self">
    <input type="hidden" name="action" value="contact & message">
    <input type="hidden" name="type" value="short">
    <input type="submit" name="senden" value="Kontaktformular">
</form>
</body>
</html>
```

Vorteil hiervon ist, dass bei einem Formular automatisch die Werte konvertiert werden, also an dieser Stelle kein Bedarf für *urlencode()* besteht. Beim Absenden des Formulars werden wie eben die Daten an die URL angefügt.

Verwenden der POST-Methode

Als geeignete Methode erweist sich in der Praxis die POST-Methode. Dafür lassen sich zwei Gründe nennen: Erstens lassen sich beliebige Datenmengen (maximale Länge der URL liegt bei ca. 2 KByte) an PHP senden und zweitens ist die Datenübergabe vor einfacher Manipulation geschützt.

Dieser Unterschied zur GET-Methode, die die Parameter an die URL anhängt, basiert darauf, dass die Daten bei der POST-Methode im Body gesendet werden.

BODY
INFO Der Begriff „Body" steht hier nicht für den HTML-Body, der durch den Tag <body> repräsentiert wird. Hier ist der Bezug zum HTTP als Datenteil eines HTTP-Kommandos (Header und Body) gemeint. Während im Header verschiedene Parameter übertragen werden, folgt der „Rest" als Body, z. B. der HTML-Body oder auch Formulardaten (siehe hierzu auch den Info-Kasten auf Seite 149).

Einfaches Formular mit der POST-Methode

Folgendes Beispiel soll die POST-Methode verdeutlichen:

Mit PHP zur dynamischen Website

- <html>
- <head>
-     <title>Mailer</title>
- </head>
- <body>
- <form action="chap_05_01.php" method="post" target="_self">
-     <input type="hidden" name="action" value="contact & message">
-     <input type="hidden" name="type" value="short">
-     <input type="submit" name="senden" value="Kontaktformular">
- </form>
- </body>
- </html>

Übergabe der Daten durch die POST-Methode

Auf den ersten Blick lässt sich hier kein Unterschied zum vorherigen Listing ausmachen. Bei näherer Betrachtung fällt aber auf, dass lediglich der <form>-Tag nun als Attribut *method* den Wert *"post"* hat. Dies genügt, um den Browser zu veranlassen, die Daten nicht an die URL anzuhängen, sondern über den Body an den Server zu schicken. Wie Sie in der obigen Abbildung sehen können, sind die Daten verfügbar, obwohl sie in der URL in der Browser-Adressleiste nicht zu sehen sind.

HTML-Elemente für die Formularerstellung

Folgende Formularelemente stellt Ihnen HTML (basierend auf der aktuellen Version) für die Erstellung von Formularen zur Verfügung:

Syntax des Elements	Kurzbeschreibung	Attribute (optional)
<textarea></textarea>	Mehrzeiliges Texteingabefeld ohne Eingabebegrenzung. Größe des Eingabefelds wird über *cols* und *rows* gesteuert.	*cols, rows, name*
<select></select>	Auswahlliste in Form eines Dropdown-Menüs. Einzelne Einträge werden über den Tag <option> bereitgestellt.	*name, size, selected, multiple*

5.1 Entwicklung interaktiver Formulare

Syntax des Elements	Kurzbeschreibung	Attribute (optional)
`<input type="text">`	Einzeiliges Textfeld mit begrenzter Eingabe (auch manuell festzulegen)	*name, value, size, maxlength, readonly*
`<input type="password">`	Einzeiliges Textfeld mit Eingabeverschlüsselung durch *	*name, value, size, maxlength, readonly*
`<input type="checkbox">`	Kontrollkästchen	*name, value, checked*
`<input type="radio">`	Radiobutton	*name, value, checked*
`<input type="hidden">`	Verstecktes Feld	*name, value*
`<input type="image">`	Bild als Schaltfläche (fungiert als *submit*)	*name, value, src, alt, usemap*
`<input type="button">`	Schaltfläche, Funktion wird über *onclick* definiert	*name, value*
`<input type="submit">`	Sende-Schaltfläche	*name, value*
`<input type="reset">`	Schaltfläche zum Zurücksetzen des Formulars	*name, value*
`<input type="file">`	Textfeld mit Schaltfläche zum Durchsuchen des lokalen Rechners/Netzwerks	*name, size, accept*

Die Attribute zu den Formularelementen sind optional, also nicht zwingend. Allerdings ist eine Auswertung der Daten ohne ihren Gebrauch sehr umständlich. Wofür stehen diese Attribute? Eine kurze Tabelle soll dies zeigen:

Attribut	Kurzbeschreibung
name	Gibt dem Element einen eindeutigen Namen, über den eine Identifizierung leicht fällt. Dieser Name steht in dem ausgeführten PHP-Skript als Variable zur Verfügung.
value	Dient zur Vorgabe von Werten. Ausnahme: Bei Schaltflächen wird die Beschriftung darüber gesteuert.
size	Gibt die Länge eines Formularfelds an, *cols* und *rows* steuern die Größe des Felds beim Typ textarea.
checked	Aktiviert ein Element, *selected* trifft eine Vorauswahl eines Eintrags.
maxlength	Beschränkt die Anzahl der einzugebenden Zeichen.
readonly	Verhindert die Eingabe.
src	Beinhaltet den Pfad eines Bilds.

Mit PHP zur dynamischen Website

Ein komplettes Formular erstellen

Im Folgenden werden Sie ein Beispiel für ein Formular kennen lernen, das mehrere Möglichkeiten der Eingabe eröffnet und die Daten zur Weiterverarbeitung an ein Folgeskript sendet. Wie stellt sich dieses Formular im fertigen Zustand dar?

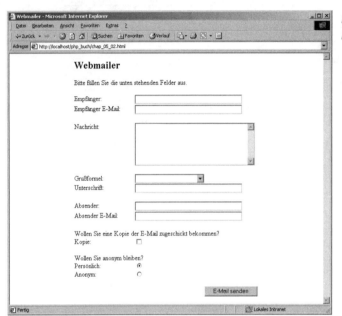

Das fertige Webmailer-Formular

Langes Formular

INFO Sie werden bei einer Bildschirmauflösung von 800 x 600 Pixel das komplette Formular wie abgebildet nicht sehen können, d. h., Sie müssen die vertikale Bildlaufleiste Ihres Browsers benutzen.

chap_05_02.html
- `<html>`
- `<head>`
-     `<title>Webmailer</title>`
- `</head>`
- `<body>`
- `<form action="chap_05_03.php" method="post">`

Mit diesem HTML-Tag leiten Sie das Formular ein. Hier werden wichtige Eigenschaften des Formulars definiert. Über das Attribut *action* geben Sie das Ziel beim Senden des

5.1 Entwicklung interaktiver Formulare

Formulars an. In diesem Fall ist dies das PHP-Skript, das die eingegebenen Daten verarbeiten soll.

```
<center>
<table cellspacing="0" cellpadding="0" border="0">
    <tr>
        <td colspan="2">
        <h2>Webmailer</h2>
        Bitte füllen Sie die unten stehenden Felder
        aus.<br><br></td>
    </tr>
    <tr>
        <td width="150" valign="top">Empfänger: </td>
        <td width="300">
        <input type="text" name="empfaenger_name" value=""
                size="40">
        </td>
    </tr>
```

Empfänger: [   ]

Texteingabefeld vom Typ <input type="text"> im Browser

Der HTML-Tag <input type="text"> erzeugt im Browser ein Eingabefeld.

Aber wie verhält sich dieses Feld bei der Datenübergabe an PHP?

Textfelder erzeugen zumindest einen Leer-String oder enthalten den eingegebenen Wert, d. h., die Variablennamen sind in jedem Fall verfügbar.

```
    <tr>
        <td valign="top">Empfänger E-Mail: </td>
        <td>
        <input type="text" name="empfaenger_mail" value=""
                size="40">
        <br><br></td>
    </tr>
    <tr>
        <td valign="top">Nachricht: </td>
        <td>
        <textarea name="nachricht" cols="34" rows="6"></textarea>
        <br><br></td>
    </tr>
```

Mit PHP zur dynamischen Website

Ausgabe eines Texteingabefelds vom Typ <textarea> im Browser

Mittels dieses HTML-Tags (<textarea>) wird ein Eingabefeld mit einer Breite von 34 Zeichen und einer Höhe von 6 Zeilen im Browser erzeugt. Im Gegensatz zu den <input>-Formularelementen lässt sich dieses Element eher als ein Container beschreiben, der die eingegebenen Daten enthält und an das PHP-Skript übergibt. In Bezug auf die Datenübergabe an PHP verhält sich <textarea> wie <input type="text">.

```
<tr>
    <td valign="top">Grußformel: </td>
    <td>
    <select name="grussformel" size="1">
    <option>
    <option value="">keine
    <option>Mit freundlichen Grüssen
    <option>Hochachtungsvoll
    <option>Bis dann
    <option>Ciao
    <option>Tschüs
    </select>
    </td>
</tr>
```

Grußformel:

Browser-Darstellung einer Auswahlliste

Durch diesen HTML-Tag (<select>) wird eine Auswahlliste in Form eines Dropdown-Menüs mit mehreren Einträgen erzeugt. Ähnlich der Textarea ist auch die Auswahlliste ein Container, der allerdings in PHP nach der Datenübergabe immer als Variablenname existiert, auch wenn kein Eintrag selektiert wurde.

```
<tr>
    <td valign="top">Unterschrift: </td>
    <td>
    <input type="text" name="unterschrift"
            value="" size="40">
    <br><br></td>
</tr>
<tr>
    <td valign="top">Absender: </td>
```

5.1 Entwicklung interaktiver Formulare

```
            <td>
            <input type="text" name="absender"
                        value="" size="40"></td>
    </tr>
    <tr>
            <td valign="top">Absender E-Mail: </td>
            <td>
            <input type="text" name="absender_mail"
                        value="" size="40">
            <br><br></td>
    </tr>
    <tr>
            <td colspan="2">Wollen Sie eine Kopie der E-Mail
                        zugeschickt bekommen?</td>
    </tr>
    <tr>
            <td valign="top">Kopie: </td>
            <td>
            <input type="checkbox" name="kopie" value="ja">
            <br><br></td>
    </tr>
```

Kopie:	☐

Ausgabe eines Kontrollkästchens auf dem Browser

<input type="checkbox"> repräsentiert ein Kontrollkästchen, das anklickbar ist. Dieses Formularelement kann nur zwei Zustände annehmen (aktiv und inaktiv). Beim Versenden des Formulars werden Checkboxen nur übertragen, wenn sie aktiviert wurden. Ansonsten gibt es weder einen Variablennamen noch einen Wert.

```
    <tr>
            <td colspan="2">Wollen Sie anonym bleiben?</td>
    </tr>
    <tr>
            <td valign="top">Persönlich: </td>
            <td>
            <input type="radio" name="anonym" value="nein" checked>
            </td>
    </tr>
```

Persönlich:	⊙

Darstellung eines Radiobutton auf einem Browser

Mit PHP zur dynamischen Website

Ähnlich der Checkbox erzeugt dieser HTML-Tag (<input type="radio">) ein Optionsfeld (auch Radiobutton genannt), das anklickbar ist. Im Unterschied zur Checkbox kann ein Radiobutton nach Aktivierung nicht durch erneutes Anklicken deaktiviert werden. Dafür ist eine Gruppenbildung möglich, d. h., Radiobuttons mit dem gleichen Namen (über *name*) bilden eine Gruppe, bei der nur eine Option angeklickt sein kann. Auch in Bezug auf den PHP-Zustand sind Radiobuttons den Checkboxen ähnlich. Nur wenn sie aktiviert wurden, wird der Name und der Wert übertragen, ansonsten sind sie nicht existent. Eine Übertragung kann auch (wie im Beispiel) durch das Attribut *checked* erzwungen werden.

Hinweis: Netscape 6 überträgt immer einen Wert, da zumindest der erste Radiobutton automatisch aktiviert ist.

```
<tr>
    <td valign="top">Anonym: </td>
    <td>
    <input type="radio" name="anonym" value="ja">
    </td>
</tr>
<tr>
    <td colspan="2" align="right"><br>
    <input type="submit" value="E-Mail senden">
    </td>
</tr>
```

| E-Mail senden | *Eine Schaltfläche in der Browser-Ausgabe*

Eine Schaltfläche oder ein Absende-Button mit der Aufschrift *E-Mail senden* wird durch diesen HTML-Tag (<input type="submit">) generiert. Bei einem Klick wird das Formular automatisch abgeschickt. Alternativ hierzu sind <input type="button"> und <input type="image"> zu gebrauchen, hier ändert sich im Prinzip nur die Darstellung.

Eine erweiterte Möglichkeit bietet Netscape: Hier haben Sie die Möglichkeit, über die Attribute *width* und *height* die Größe der Schaltfläche zu steuern. Bei der Datenübergabe an PHP werden Absende-Button ohne *name*-Attribut nicht übertragen.

```
</table>
</center>
<input type="hidden" name="type" value="short">
</form>
</body>
</html>
```

5.1 Entwicklung interaktiver Formulare

Als letztes Formularelement des Beispiels wird durch den HTML-Tag <input type="hidden"> ein Feld erzeugt, das dem Benutzer verschlossen bleibt, da der Browser es nicht darstellt. Das Verhalten gegenüber PHP ist dem von Textfeldern gleich.

Nun haben Sie ein etwas längeres Formular, dessen einzelne Elemente, deren Unterschiede und Verhalten gegenüber PHP kennen gelernt. Wie das Formular aussieht, wenn Sie es in einem Browser aufrufen, haben Sie weiter oben gesehen.

Bei diesem Beispiel wurden die wichtigsten Formularelemente benutzt. Sie haben schon gelesen, wie sich die Datenübergabe an die Folgeseite *chap_05_03.php* für die einzelnen Elemente verhält. An dieser Stelle noch einmal ein kurzer Überblick:

Element	Verhalten bei der Datenübergabe
<textarea> und <input type="text">	Textfelder erzeugen zumindest einen Leer-String oder enthalten den eingegebenen Wert, d. h., die Variablennamen sind in jedem Fall verfügbar.
<select>	Auswahlfelder existieren immer als Variablenname, auch wenn kein Eintrag selektiert wurde.
<input type="checkbox">	Checkboxen werden nur übertragen, wenn sie aktiviert wurden.
<input type="radio">	Radiobutton verhalten sich wie Checkboxen. Nur wenn sie selektiert wurden, wird der Name und der Wert übertragen, ansonsten sind sie nicht existent.
<input type="submit">	Absende-Button ohne *name*-Attribut werden nicht übertragen.
<input type="hidden">	Verstecke Formularelemente verhalten sich wie Textfelder, d. h., zumindest ein Leer-String wird erzeugt und somit übertragen.

Darüber hinaus gibt es noch folgende Formularelemente und ihre Verhaltensweisen:

Element	Verhalten bei der Datenübergabe
<input type="reset">	Rückstell-Button werden nicht übertragen.
<input type="password">	Passwort-Textfelder verhalten sich wie Textfelder und sind in jedem Fall als Variablenname verfügbar.
<input type="button">	Schaltflächen vom Typ Button werden nicht übertragen.
<input type="image">	Schaltflächen vom Typ Image geben die x- und y-Koordinaten des Klickereignisses weiter. Diese werden als Variable $x und $y übertragen, falls kein Attribut „name" angegeben wurde. Ansonsten werden beide Variablennamen aus dem Namen mit angehängtem _x bzw. _y zusammengesetzt.

Mit PHP zur dynamischen Website

Element	Verhalten bei der Datenübergabe
<input type="file">	Upload-Eingabefelder erfordern das Attribut *name* und den Eintrag *enctype="multipart/form-data* im <form>-Tag. Übertragen werden der Dateiname, die Dateigröße, der Dateityp (MIME-Typ) und der temporäre File (Upload) von PHP. Unter der Annahme, dass das <input>-Feld mit dem Namen *name="fileupload"* bezeichnet wurde, wird der Dateiname als *$fileupload_name*, die Dateigröße als *$fileup load_size*, der MIME-Typ als *$fileupload_type* und die temporäre Datei als *$fileupload* übertragen. Eine Übertragung der Variablennamen findet immer statt.

MIME-TYP

INFO MIME steht für Multipurpose Internet Mail Extension und stellt in erster Linie ein Format für die Übertragung von strukturierten bzw. mehrteiligen Nachrichten dar, unabhängig davon, ob eine Nachricht einen Anhang enthält oder nicht.

MIME-Typ ist ein festgelegter Standard, der eine eindeutige Zuordnung einer Datei zulässt. Dabei wird die Klassifizierung und der Dateityp getrennt durch einen / angegeben, z. B. *text/plain* für reinen ASCII-Text oder *text/html* für HTML-Code.

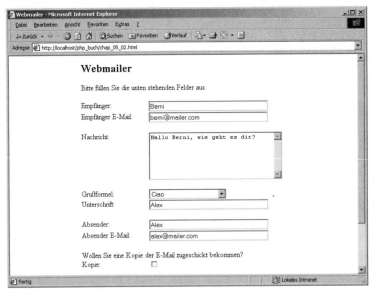

Eingabebeispiel im Formular von chap_05_02.html

5.1 Entwicklung interaktiver Formulare

Um die Funktionsweise zu verstehen und zu überprüfen, kann folgendes Skript als Folgeseite die Ausgabe aller Parameter aus dem Formular durchführen:

chap_05_03.php
- <html>
- <head>
-     <title>Mailer</title>
- </head>
- <body>
- <table>
-     <tr>
-         <td>Variablenname</td>
-         <td>Wert</td>
-     </tr>
- <? while(list($key,$val)=each($HTTP_POST_VARS)) { ?>
-     <tr>
-         <td><? echo $key; ?></td>
-         <td><? echo $val; ?></td>
-     </tr>
- <? } ?>
- </table>
- </body>
- </html>

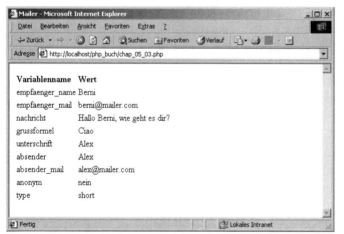

Ausgabe der Formulardaten

Hier werden alle übertragenen POST-Parameter durch eine While-Schleife ausgegeben. Der Zugriff auf *$HTTP_POST_VARS* (oder *$HTTP_GET_VARS*) kann nur erfolgen, wenn in PHP der Parameter *track_vars* aktiviert ist (standardmäßig aktiviert).

Mit PHP zur dynamischen Website

Alle Formularfeldtypen stehen Ihnen auf der Folgeseite mit PHP direkt zur Verfügung. Meist ist eine Überprüfung der Variablen nötig, bevor das Skript darauf reagiert, um unnötige oder unerwünschte Aktionen zu vermeiden. Eine Möglichkeit hierfür ist *isset()*, das das Vorhandensein einer Variable überprüft. Allerdings wird bei Textfeldern automatisch ein Leer-String generiert und übertragen. Hier lässt sich die Eingabe durch *empty()* oder *$variable!=""* überprüfen. Näheres hierzu finden Sie im Kapitel über String-Bearbeitung mittels PHP ab Seite 199.

Einträge einer Auswahlbox selektieren

Zu erwähnen bleiben noch zwei Varianten, bei denen nicht einfache Variablen übertragen werden, sondern Arrays. Dies ist möglich, wenn das Formularelement <select> mit dem Parameter *multiple* erweitert wird. Dadurch ist es dem Besucher gestattet, mehrere Einträge der Auswahlbox zu selektieren.

Fügen Sie im Beispiel *chap_05_02.html* den Parameter *multiple* in den <select>-Tag ein:

- `<select name="grussformel" size="1" multiple>`

Schicken Sie zum Testen nun das Formular ab, indem Sie auch mehr als einen Eintrag der Auswahlbox selektieren. Was fällt Ihnen auf?

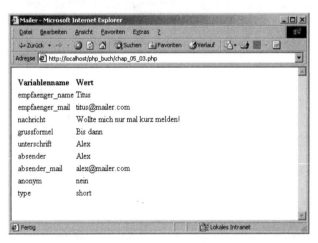

Ausgabe der Formulardaten mit einer multiplen Auswahlbox (grussformel)

Anscheinend wird nur ein Parameter der Auswahlbox übertragen, und zwar der letzte, den Sie selektiert hatten. Das liegt daran, dass das Formular zwar alle gewählten Werte überträgt, allerdings mit demselben Variablennamen. Wenn Sie die Methode des For-

5.1 Entwicklung interaktiver Formulare

mulars auf GET umstellen, sehen Sie auf der Folgeseite in der Browser-Adressleiste die Parameter (z. B. ... &*grussformel=Bis+dann*&*grussformel=Ciao*).

Formular mittels der GET-Methode macht den Fehler sichtbar

Um aus den einzelnen Werten ein Array zu machen, müssen Sie nur den <select>-Tag ergänzen:

- `<select name="grussformel[]" size="4" multiple>`

Nun hat der Elementname schon den spezifischen Aufbau eines Arrays und die unterschiedlichen Werte werden automatisch den Array-Einträgen zugewiesen.

Korrigierte Array-Übertragung mittels GET-Methode. Die eckigen Klammern des Array-Namens sind kodiert

Nun müssen Sie nur wieder die Übertragungsmethode des Formulars auf POST umstellen und Sie erhalten auch wieder eine Ausgabe der Daten:

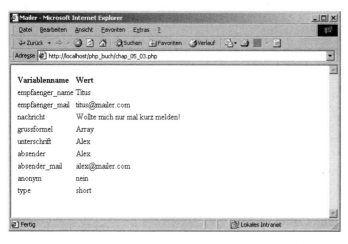

Ausgabe der Formulardaten per POST-Methode. Der Eintrag in der Variable $grussformel lautet Array

165

Mit PHP zur dynamischen Website

Ausgabe eines Array

TIPP

Im Augenblick sehen Sie allerdings bei der Ausgabe hinter dem Variablennamen *grussformel* den Wert *Array*. Die Ausgabe eines Arrays kann auf dem bisherigen Weg nicht über *$HTTP_POST_VARS* erfolgen. Um dies zu ermöglichen, müssen Sie das Array über *$HTTP_POST_VARS* dem PHP-Skript bereitstellen:

- `<? for ($mein_array = $HTTP_POST_VARS['arrayname'];`
  `list($key,$val) = each($mein_array);) ... ?>`

Hierbei wird das Formular-Array in ein neues Array übergeben

- `$mein_array = $HTTP_POST_VARS['arrayname']`

und anschließend wird zu jedem Eintrag des Array

- `each($mein_array)`

das Wertepaar (Index und Wert) über

- `list($key,$val)`

zur Verfügung gestellt.

Aber nicht nur Auswahlboxen ermöglichen die Übertragung von Arrays an PHP. Sie können dies auch mit anderen Formularelementen machen, indem Sie z. B. <input>-Felder vom Texttyp mit dem Namen *arraytext[]* definieren. Versuchen Sie es einfach und testen Sie, was möglich ist. Eine Möglichkeit zeigt das nächste Beispiel:

Formular in der Browser-Ansicht mit Arrays als Formularelemente

5.1 Entwicklung interaktiver Formulare

```
<html>
<head>
    <title>Webmailer</title>
</head>
<body>
<form action="chap_05_08.php" method="post">
<center>
<table cellspacing="0" cellpadding="0" border="0">
    <tr>
        <td colspan="2">
        <h2>Webmailer</h2>
        Bitte geben Sie drei Empfänger ein oder treffen Sie eine
        Auswahl.<br><br></td>
    </tr>
    <tr>
        <td width="150" valign="top">Empfänger 1: </td>
        <td width="300">
        <input type="text" name="empfaenger_name[]" value=""
         size="40">
        </td>
    </tr>
    <tr>
        <td valign="top">Empfänger 2: </td>
        <td>
        <input type="text" name="empfaenger_name[]" value=""
         size="40">
        </td>
    </tr>
    <tr>
        <td valign="top">Empfänger 3: </td>
        <td>
        <input type="text" name="empfaenger_name[]" value=""
         size="40">
        <br><br></td>
    </tr>
```

Mit diesen drei Texteingabefeldern wurde allein durch die Namensgebung *empfaenger_name[]* ein Array geschaffen. Die Nummerierung des Array besorgt der Browser für Sie, weshalb die eckigen Klammern leer bleiben können.

```
    <tr>
        <td valign="top">Auswahl: </td>
        <td>
        <input type="checkbox" name="empfaenger_name[]"
                    value="person1@mailer.com">
         Person 1<br>
        <input type="checkbox" name="empfaenger_name[]"
                    value="person2@mailer.com">
```

167

Mit PHP zur dynamischen Website

- Person 2
- <input type="checkbox" name="empfaenger_name[]"
                        value="person3@mailer.com">
- Person 3</td>
- </tr>

Dasselbe Prinzip wird bei der Benennung der Checkboxen angewandt. Auf diesem Weg werden die Daten bzw. der *value* der Checkboxen ebenfalls als Array-Einträge übertragen. Wie Sie sehen, wurde das Array der Texteingabefelder benutzt. Sie können somit auch „gemischte" Formularelemente in einem Array verbinden.

- <tr>
- <td colspan="2" align="right">
- <input type="submit" value="Weiter zur E-Mail-
                        Bearbeitung">
- </td>
- </tr>
- </table>
- </center>
- </form>
- </body>
- </html>

Beachten Sie hier, dass wie schon beschrieben die Formularelemente <input type="text"> immer einen Array-Eintrag erzeugen, auch wenn nichts eingegeben wurde. Mit der Testseite *chap_05_08.php* müsste das Ergebnis, wenn alle Felder ausgefüllt bzw. angeklickt wurden, folgendermaßen aussehen:

Ausgabe im Browser von chap_05_08.php

Der Code von *chap_05_08.php* ist die Umsetzung aus dem Tipp „Ausgabe eines Array" auf Seite 166:

5.1 Entwicklung interaktiver Formulare

- `<html>`
- `<head>`
-     `<title>Mailer</title>`
- `</head>`
- `<body>`
- `<table>`
-     `<tr>`
-         `<td><b>Variablenname</b></td>`
-         `<td><b>Wert</b></td>`
-     `</tr>`
- `<? for ($mein_array = $HTTP_POST_VARS[empfaenger_name];`
       `list($key,$val) = each($mein_array);) { ?>`
-     `<tr>`
-         `<td><? echo $key; ?></td>`
-         `<td><? echo $val; ?></td>`
-     `</tr>`
- `<? } ?>`
- `</table>`
- `</body>`
- `</html>`

TIPP **Formularelemente als Array**

Sinnvoll erscheint die Anwendung bei <input type="text">, <input type="checkbox"> und <textarea>. Wenig Sinn macht diese Variante bei Radiobuttons, da hier über den Namen der Formularelemente eine Gruppe definiert wird, von der schließlich nur ein Wert erwartet wird.

In der Praxis erweist sich diese „Array-Möglichkeit" besonders für Checkboxen als geeignet. Hier wird die Weiterverarbeitung mittels PHP stark vereinfacht. Der Zugriff auf die Daten kann nach einem einfachen Schema erfolgen, in dem z. B. eine Schleife das Array „abarbeitet".

Bis jetzt haben Sie ein statisches Formular in HTML kennen gelernt. Damit sind aber längst nicht alle Möglichkeiten ausgeschöpft. Für anspruchsvolle Webseiten bedarf es meist komfortablerer Formulare als Schnittstelle zum Besucher, die auch den Erfolg der Webseite ausmachen oder zumindest positiv beeinflussen können.

Wichtig für professionelle Formulare ist das Zusammenspiel zwischen HTML, JavaScript und PHP. Allein HTML und PHP können bei weitem nicht alles leisten, was mit Unterstützung von JavaScript möglich ist bzw. erst möglich wird. Dieses Hilfsmittel ist für ein komplexes Formular von grundlegender Bedeutung, weshalb im nächsten Abschnitt kurz darauf eingegangen wird.

169

Mit PHP zur dynamischen Website

Während PHP Server-seitig abläuft, wird JavaScript Client-seitig verarbeitet. Dies kann man sich zu Nutze machen und auf diese Weise kann JavaScript für PHP der verlängerte Arm und somit der „Eingriff" beim Client (Browser) sein. Für die Möglichkeiten zwischen JavaScript und PHP sei an dieser Stelle auf das Kapitel 6.1 verwiesen.

Formulare mit JavaScript überprüfen

Formulare in reinem HTML und die anschließende Auswertung mittels PHP sind ein recht linearer Aufbau, der bald an seine Grenzen stößt. Eine Plausibilitätsprüfung der Formulardaten auf Seiten von PHP würde im Fall der Zurückleitung ein regelrechtes Pingpong ergeben und unnötig den Netzverkehr und die Wartezeit des Besuchers erhöhen. Mit JavaScript lässt sich ein Formular eleganter überprüfen und es eröffnen sich neue Funktionalitäten.

Überprüfung eines Formulars mit JavaScript

Ergänzen Sie im vorletzten Listing *chap_05_02.html* den <form>-Tag folgendermaßen:

```
<form action="chap_05_03.php" method="POST" target="_SELF"
name="mailing" onsubmit="return testValues()">
```

Was hat sich geändert? Das Formular hat nun einen Namen (*mailing*), über den es sich einfacher ansprechen lässt. Als zweites Attribut ist *onsubmit* hinzugekommen. Wenn das Formular abgeschickt wird, wird durch den Browser das JavaScript-Ereignis *onsubmit* ausgelöst. Die Anweisung *return* sorgt dafür, dass auf den Rückgabewert der aufgerufenen Funktion gewartet wird. Fügen Sie als Nächstes folgenden Code zwischen die <head>-Tags des Listings ein:

```
<script language="JavaScript">
<!--
function testValues() {
    var i=0;
    var obj=document.mailing;
    var ausgabe="Folgende Eingaben fehlen:\n\n";
    if (obj.empfaenger_name.value=="") {
        if (i>0) ausgabe+="\n";
        i++;
        ausgabe+="Name des Empfängers";
    }
    if (obj.empfaenger_mail.value=="") {
        if (i>0) ausgabe+="\n";
        i++;
        ausgabe+="E-Mail des Empfängers";
    }
    else {
```

5.1 Entwicklung interaktiver Formulare

```
        search= /(^[a-zA-Z0-9\-\_]+(\.[a-zA-Z0-9\-\_]+)*\@[a-zA-
                Z0-9]+[a-zA-Z0-9\-]*[a-zA-Z0-9]+(\.[a-zA-Z0-
                9]+[a-zA-Z0-9\-]*[a-zA-Z0-9]+)*\.[a-zA-
                Z]{2,3}$)/;
        result=search.test(obj.empfaenger_mail.value);
        if (result==false) {
            if (i>0) ausgabe+="\n";
            ausgabe+="E-Mail des Empfängers ist ungültig"
            i++;
        }
    }
    if (i>0) {
        alert(ausgabe);
        return false;
    }
    else {
        return true;
    }
}
//-->
</script>
```

JavaScript-Meldung bei fehlenden Formulardaten

Die Funktion ist aus Gründen der Übersicht auf die Überprüfung zweier Felder beschränkt. In beiden Fällen wird geprüft, ob eine Eingabe stattgefunden hat. Bei leerem Wert wird die Variable *i* hochgezählt und später dazu benutzt, um ein *return false* zurückzugeben, wodurch das Formular nicht abgeschickt wird. Der Besucher muss erst in beide Felder etwas eingetragen haben, bevor er das Formular abschicken darf/kann.

JavaScript-Meldung bei fehlerhafter Syntax der E-Mail-Adresse

Für das Feld *empfaenger_email* wird allerdings noch eine zweite Überprüfung angehängt. Es wird anhand eines regulären Ausdrucks (ähnlich wie in Perl oder PHP) auf Plausibilität getestet, d. h., die E-Mail-Adresse soll dem normalen Aufbau/Syntax entsprechen. Somit kann dies rein theoretisch auf Seiten von PHP entfallen. Zu bedenken gilt: Hat der Besucher in seinem Browser JavaScript deaktiviert, sind alle JavaScript-

Mit PHP zur dynamischen Website

Aktionen hinfällig. Für diesen Fall sollte auch PHP für eine Prüfung ausgerüstet sein. Es steht der Weg offen, die Webseiten so aufzubauen, dass der Besucher ohne aktiviertem JavaScript nicht weiterkommt, dies sollte gründlich überdacht und gegebenenfalls ein Hinweis darauf ausgegeben werden.

„Dynamische" Zieländerung eines Formulars

Über JavaScript lässt sich eine Änderung des Ziels (Attribut *action* im <form>-Tag), an das das Formular gesendet wird, leicht herbeiführen und kann von großem Nutzen sein. Oft erfordert es die Webseite, ein und dasselbe Formular auf Aktionen des Besuchers an unterschiedliche Folgeseiten zu schicken. Dies wäre auch durch Neuladen des Formulars zu erreichen, ist aber langwieriger und verursacht Netzverkehr.

Wie lässt sich das *action*-Attribut beeinflussen?

- document.mailing.action="chap_05_04.php3";

Mittels JavaScript greifen Sie innerhalb des Dokuments auf das Formular *mailing* zu und weisen dem Objekt *action* einen neuen Wert zu.

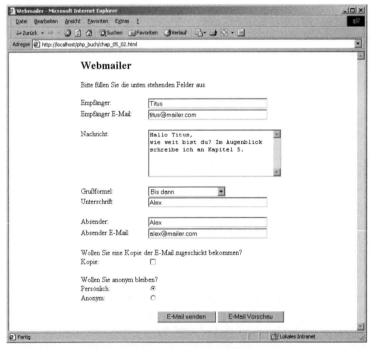

Verändertes Webmailer-Formular mit Vorschau-Button

5.1 Entwicklung interaktiver Formulare

Sie werden bei einer Bildschirmauflösung von 800 x 600 Pixel das komplette Formular wie abgebildet nicht sehen können, d. h., Sie müssen die vertikale Bildlaufleiste Ihres Browsers benutzen.

Fügen Sie

- `<input type="button" value="E-Mail Vorschau" onclick="document.mailing.action='chap_05_04.php'; document.mailing.submit()">`

im Listing von *chap_05_02.html* nach dem Formular-Tag

- `<input type="submit" value="E-Mail senden">`

ein. Nun erscheinen zwei Schaltflächen am Fuß des Formulars. Was passiert bei einem Klick auf die Schaltfläche *E-Mail Vorschau*? Das *onclick*-Ereignis führt direkt die JavaScript-Anweisungen aus, d. h., zuerst wird das Ziel des Formulars geändert und anschließend das Formular abgeschickt.

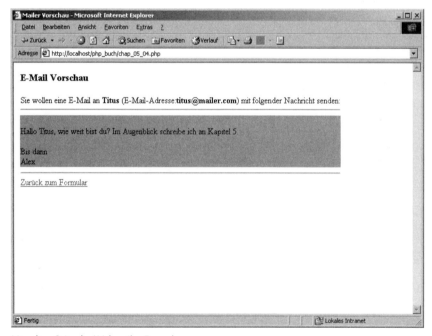

Vorschau-Seite des Webmailer-Formulars

Mit PHP zur dynamischen Website

Um eine Folgeseite (*chap_05_04.php*) für die Vorschau der E-Mail zu realisieren, können Sie folgendes Listing benutzen:

chap_05_04.php

```
<html>
<head>
    <title>Mailer Vorschau</title>
</head>
<body>
<table>
    <tr>
        <td>
            <h3>E-Mail Vorschau</h3>
        </td>
    </tr>
    <tr>
        <td>Sie wollen eine E-Mail an <b><? echo
            $empfaenger_name; ?></b> (E-Mail-Adresse:
            <b><? echo $empfaenger_mail; ?></b>) mit
            folgender Nachricht senden:<br><hr></td>
    </tr>
    <tr>
        <td bgcolor="999999"><br><? echo $nachricht; ?><br><br><?
            echo $grussformel; ?><br><? echo
            $unterschrift; ?><br></td>
    </tr>
    <tr>
        <td><hr><a href="javascript:history.back()">Zurück zum
            Formular</a></td>
    </tr>
</table>
</body>
</html>
```

Wahrscheinlich ist Ihnen aufgefallen, dass Sie nun das Formular ohne die JavaScript-Überprüfung abschicken können. Dies beruht auf der Tatsache, dass das *onsubmit*-Ereignis bei einem *submit()* über JavaScript nicht ausgelöst wird und somit die Anweisung *onsubmit="return testValues()"* hinfällig ist.

Auf der Vorschauseite sehen Sie eine kurze Übersicht der eingegebenen Daten. Es werden hierbei weder eingegebene Zeilenumbrüche noch die magic_quotes von PHP beachtet. Eine Erklärung und eine ausführliche Auswertung der Formulardaten finden Sie im Kapitel über String-Bearbeitung mittels PHP ab Seite 199. Hier sei damit Genüge getan.

5.1 Entwicklung interaktiver Formulare

magic_quotes

best friend INFO

Bei den magic_quotes handelt es sich um eine PHP-Funktion, die über die Konfiguration ein- oder ausgeschaltet werden kann. Hierbei wird der magic_quotes-Zustand sowohl für Formulardaten (GET oder POST) als auch für Cookies (siehe Kapitel über Cookies ab Seite 303) gesteuert. Wenn magic_quotes eingeschaltet ist, werden automatisch alle Hochkommas ' (single-quote), Anführungszeichen " (double quote) und schiefer Schrägstrich \ (backslash) mit einem Backslash versehen.

Sie haben nun zwei einfache, aber wichtige Methoden kennen gelernt, wie Sie mit JavaScript ein Formular beeinflussen können. Als Vorteil sei nochmals hervorgehoben, dass dies Client-seitig geschieht und wesentlich eleganter wirkt als ein ständiges Vor und Zurück der Seiten, wie es bei PHP nötig wäre.

Abhängigkeit zwischen Elementen eines Formulars

Eine etwas anspruchsvollere Methode ist es, die Abhängigkeit zwischen verschiedenen Elementen eines Formulars umzusetzen. Eine Anforderung, der Sie häufiger begegnen werden und die für professionelle Webseiten unverzichtbar ist.

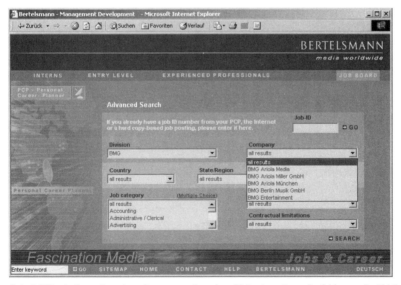

Beispiel für ein Formular mit mehreren voneinander abhängigen Formularfeldern, z. B. Abhängigkeit der Auswahlbox Company (Firmen) von Division (Produktlinie) auf der Website von Bertelsmann Management Development (http://www.myfuture.bertelsmann.com)

Mit PHP zur dynamischen Website

Stellen Sie sich vor, Sie haben ein Formular mit zwei Auswahlboxen. Diese sollen aber in Abhängigkeit zueinander stehen, d. h., die Wahl der ersten Auswahlbox beeinflusst die Einträge der zweiten Auswahlbox. Damit können Sie, ohne die Seite erneut zu laden, eine strukturierte Abfrage von Daten aufbauen. Um Ihnen dies zu verdeutlichen, erweitern Sie das Beispiel *chap_05_02.html* um eine vorgeschaltete Seite wie folgt:

chap_05_05.html

- `<html>`
- `<head>`
-    `<title>Webmailer</title>`
- `<script language="JavaScript">`
- `<!--`
- `function doselect() {`
-    `if (document.preselect.group.options[document.preselect.`
-       `group.selectedIndex].value!="") {`
-       `var choose=document.preselect.group.options[document.`
-          `preselect.group.selectedIndex].value;`
-       `if (choose=="Einzelperson") {`
-          `document.preselect.submit();`
-       `}`
-       `else if (choose=="Verteiler") {`
-          `document.preselect.aim.length=4;`
-          `document.preselect.aim.options[0].text="Bitte wählen Sie";`
-          `document.preselect.aim.options[0].value="";`
-          `document.preselect.aim.options[1].text="Gruppe 1";`
-          `document.preselect.aim.options[1].value="gruppe1";`
-          `document.preselect.aim.options[2].text="Gruppe 2";`
-          `document.preselect.aim.options[2].value="gruppe2";`
-          `document.preselect.aim.options[3].text="Gruppe 3";`
-          `document.preselect.aim.options[3].value="gruppe3";`
-       `}`
-       `else if (choose=="Kontakt") {`
-          `document.preselect.aim.length=3;`
-          `document.preselect.aim.options[0].text="Bitte wählen Sie";`
-          `document.preselect.aim.options[0].value="";`
-          `document.preselect.aim.options[1].text="Info";`
-          `document.preselect.aim.options[1].value=`
-             `"info@mailer.com";`
-          `document.preselect.aim.options[2].text="Question";`
-          `document.preselect.aim.options[2].value=`
-             `"question@mailer.com";`
-       `}`
-    `}`
- `}`
- `//-->`
- `</script>`

5.1 Entwicklung interaktiver Formulare

In diesem JavaScript-Block bereiten Sie die Möglichkeit vor, den Inhalt einer Auswahlliste oder -box dynamisch zu befüllen.

Hier findet eine Überprüfung mittels If-Abfragen statt, welcher Eintrag gewählt wurde. Daraus resultierend werden unterschiedliche Aktionen ausgeführt, in diesem Fall ist die dynamische Befüllung der zweiten Auswahlbox von Interesse. Dazu wird die Anzahl der Einträge über *document.preselect.aim.length* festgelegt. Anschließend wird den einzelnen Optionen (Einträge) der Auswahlbox über

document.preselect.aim.options[0].text

und

document.preselect.aim.options[0].value

Text und Wert zugewiesen (in diesem Fall wäre es der erste Eintrag, die Zählung beginnt bei 0). Beachten Sie, dass die Referenzierung der Formularelemente über das Attribut *name* geht. Sie können alternativ auch z. B. *document.forms[0].elements[0].options[0].text* schreiben. Wie Sie aber schon sehen, fördert dies nicht unbedingt die Übersichtlichkeit.

```
</head>
<body>
<form action="chap_05_03.php" method="post" name="preselect">
<center>
<table cellspacing="0" cellpadding="0" border="0">
    <tr>
        <td colspan="2"><h2>Webmailer</h2>Welche der folgenden
                    Optionen wollen Sie ausführen:<br><br></td>
    </tr>
    <tr>
        <td width="150" valign="top">Aktion: </td>
        <td width="300">
            <select name="group" size="1" onchange="doselect()">
            <option value="">Bitte wählen Sie hier
            <option value="Einzelperson">E-Mail an Einzelperson
            <option value="Verteiler">E-Mail-Verteiler
            <option value="Kontakt">Kontakt
            </select>
            <br><br></td>
    </tr>
    <tr>
        <td valign="top">Ziel: </td>
        <td>
            <select name="aim" size="1" onchange="submit()"></select>
            <br><br></td>
    </tr>
```

Mit PHP zur dynamischen Website

Die Besonderheit liegt in der Abhängigkeit der zweiten Auswahlbox von der ersten. Nachdem nun ein Eintrag aus der ersten Auswahlbox selektiert wurde, werden automatisch die Einträge der zweiten generiert. In beiden Fällen sind die Auswahlboxen mit dem JavaScript-Ereignis *onchange* verknüpft, d. h., wenn eine Auswahl stattfindet, wird die angegebene Aktion von JavaScript ausgeführt.

Die zweite Auswahlbox ist noch leer, während die erste Einträge hat

Für die erste Auswahlbox wird bei einer aktiven Änderung der Auswahl über das JavaScript-Ereignis *onchange()* die Funktion *doselect()* aufgerufen. Diese Funktion überprüft, welcher Eintrag gewählt wurde, und führt darauf basierend unterschiedliche Aktionen aus, wobei hier besonders die dynamische Befüllung der zweiten Auswahlbox interessant ist.

Befüllung der zweiten Auswahlbox durch Wahl der ersten

5.1 Entwicklung interaktiver Formulare

Welche Schritte hier genau ansetzen, haben Sie gerade schon gesehen. Jetzt fehlt noch das Ende der Seite.

- `</table>`
- `</center>`
- `<input type="hidden" name="choose" value="yes">`
- `</form>`
- `</body>`
- `</html>`

Nun haben Sie eine Verteilerseite für etwas Komplexeres erstellt.

In der Praxis lässt sich dies oft anwenden und somit elegant eine große Auswahl an möglichen Auswahlpunkten unterbringen, ohne dass die Auswahlboxen selbst unübersichtlich werden. Stellen Sie sich z. B. einen Produktkatalog vor, bei dem Sie über die erste Auswahlbox die Klasse/Rubrik auswählen und anschließend die dazugehörigen Einträge in der entsprechenden Auswahlbox zu finden sind.

Um die Verteilerseite testen zu können, wurde für den *action*-Parameter des Formulars das Beispiel *chap_05_04.php* gewählt. Es erfolgt lediglich eine Ausgabe der übertragenen Parameter.

Mittlerweile fragen Sie sich sicher, wo denn hier PHP ins Spiel kommt. Aber keine Sorge, als ersten Schritt werden Sie mittels PHP diese beiden Formularseiten miteinander verbinden und somit den eben ausgelassenen Schritt nachholen. Und im Weiteren werden Sie sehen, auf welche Weise PHP ein Formular beeinflussen bzw. generieren kann.

Formulare mit PHP generieren

Nachdem Sie nun die eben vorgestellte Verteilerseite *chap_05_05.php* und das eigentliche Webmailer-Formular mit dem Listing *chap_05_02.html* kennen gelernt und nachvollzogen haben, können Sie sich die Zusammenführung ansehen. Hierfür müssen Sie das nachfolgende Listing bzw. die durch die Erläuterungen entstehenden Listing-Fragmente in einer Datei aneinander fügen, oder Sie haben auch die Möglichkeit, das gesamte Listing im Internet bei DATA BECKER herunterzuladen.

chap_05_06.php

- `<? if ($choose!="yes") { ?>`

Listing von *chap_05_05.html* einfügen, einige Änderung:

Mit PHP zur dynamischen Website

- `<form action="<? echo $PHP_SELF;?>" method="post" name="preselect">`

An erster Stelle steht die Abfrage nach der Variable $choose. Ist diese ungleich *"yes"*, wird die Verteilerseite als HTML an den Browser ausgegeben. Erst diese Seite setzt den Wert für $choose auf *"yes"* (durch das Formularelement <input type="hidden" name="choose">).

Die Änderung des <form>-Tags in Listing *chap_05_05.html* bewirkt, dass als Ziel des Formulars im Attribut *action* der eigene Skriptname eingesetzt und dadurch die selbe Seite erneut aufgerufen wird. Sie könnten hier auch statisch „chap_05_06.php" eintragen, aber durch obige Variante kann der Skriptname geändert werden und das Formular wird trotzdem automatisch an sich selbst geschickt.

```
<? }
else {
    if ($group=="Verteiler") {
        switch ($aim) {
            case "gruppe1":
                $email=Array("Person 1"=>"person1@mailer.com",
                             "Person 2"=>"person2@mailer.com","Person
                             3"=>"person3@mailer.com");
            break;
            case "gruppe2":
                $email=Array("Person 4"=>"person4@mailer.com",
                             "Person 5"=>"person5@mailer.com","Person
                             6"=>"person6@mailer.com");
            break;
            case "gruppe3":
                $email=Array("Person 7"=>"person7@mailer.com",
                             "Person 8"=>"person8@mailer.com","Person
                             9"=>"person9@mailer.com");
            break;
        }
    }
?>
```

Zu dieser Else-Anweisung springt PHP nur, wenn die Variable $choose auf *"yes"* gesetzt wurde, und unterscheidet anhand der übergebenen Parameter $group und $aim, was zu tun ist. Fällt die Wahl auf die Option *Verteiler*, werden hier über den Befehl switch() die unterschiedlichen Möglichkeiten der Variable $aim getestet und dementsprechend wird der Variable $email ein Array mit den Personen und deren E-Mail-Adressen zugewiesen. Für die Optionen *Einzelperson* und *Kontakt* ist dies nicht nötig, da jeweils nur eine E-Mail-Adresse benötigt wird und diese über Eingabe oder Festlegung gesteuert wird (siehe unten).

5.1 Entwicklung interaktiver Formulare

```
<html>
<head>
    <title>Webmailer</title>
<script language="JavaScript">
<!--
function testValues() {
    var i=0;
    var obj=document.mailing;
    var ausgabe="Folgende Eingaben fehlen:\n\n";
    <? if ($group=="Verteiler") { ?>
```

An dieser Stelle erfolgt wiederum eine Unterscheidung. Deutlich wird, dass die Option *Verteiler* sich von den beiden anderen Optionen völlig unterscheidet, während die beiden anderen Optionen zueinander sehr ähnlich im Aufbau sind. Was geschieht nun hier?

Innerhalb der JavaScript-Funktion *testValues()* wird anhand der Variable *$group* unterschiedliches JavaScript ausgegeben.

```
    i=1;
    ausgabe+="Keine E-Mail gewählt";
    for (j=0;j<obj.elements["empfaenger_mail[]"].length;j++) {
        if (obj.elements["empfaenger_mail[]"].options[j].
            selected==true) i=0;
    }
    <? } else { ?>
```

Für den Fall von *Verteiler* wird ein JavaScript ausgegeben, das überprüft, ob aus dem gewählten Verteiler mindestens eine E-Mail ausgewählt wurde (weiter unten wird hierfür eine multiple Auswahlbox eingefügt werden). Dies geschieht dadurch, dass eine For-Schleife über die gesamte Anzahl der Auswahlbox-Einträge prüft, ob ein Wert selektiert wurde. Trifft dies mindestens einmal zu, wird die JavaScript-Variable *i* auf 0 gesetzt. Diese wurde vor der For-Schleife auf den Wert 1 festgelegt, was einem Fehler entspricht. Tritt also der Fall auf, dass kein Eintrag selektiert wurde, behält *i* den Wert 1 und am Ende der Funktion würde eine Ausgabe der Warnung und ein *return false* erfolgen. Dadurch würde das Formular nicht abgeschickt werden. Wird innerhalb der For-Schleife ein selektierter Eintrag gefunden, ist *i=0*, wodurch am Ende der Funktion ein *return true* erzeugt und das Formular abgeschickt wird.

Für den Ausdruck *obj.elements["empfaenger_mail[]"].length* kann hier kein fester Wert stehen, da die Anzahl der E-Mail-Empfänger in jedem Verteiler auch unterschiedlich sein kann.

Im Anschluss wird dann in der Else-Anweisung (Option *Einzelperson* oder *Kontakt*) die JavaScript-Überprüfung ausgegeben, wie Sie sie schon kennen.

Mit PHP zur dynamischen Website

```
        if (obj.empfaenger_name.value=="") {
            if (i>0) ausgabe+="\n";
            i++;
            ausgabe+="Name des Empfängers";
        }
        if (obj.empfaenger_mail.value=="") {
            if (i>0) ausgabe+="\n";
            i++;
            ausgabe+="E-Mail des Empfängers";
        }
    else {
        search= /(^[a-zA-Z0-9\-\_]+(\.[a-zA-Z0-9\-\_]+)*\@[a-zA-
            Z0-9]+[a-zA-Z0-9\-]*[a-zA-Z0-9]+(\.[a-zA-Z0-9]+
            [a-zA-Z0-9\-]*[a-zA-Z0-9]+)*\.[a-zA-Z]{2,3}$)/;
        result=search.test(obj.empfaenger_mail.value);
        if (result==false) {
            if (i>0) ausgabe+="\n";
            ausgabe+="E-Mail des Empfängers ist ungültig"
            i++;
        }
    }
<? } ?>
    if (i>0) {
        alert(ausgabe);
        return false;
    }
    else {
        return true;
    }
}
//-->
</script>
```

Der JavaScript-Teil dient dazu, die Vollständigkeit der Daten vor dem Versenden des Formulars zu überprüfen. Allerdings sind hier – wie oben schon erwähnt – zwei Varianten möglich. Im Falle von *Verteiler* ist nicht eine Prüfung auf Eingabe von Daten und Plausibilität der E-Mail-Adresse nötig, da diese vorgegeben sind. Hier ist wichtig, ob aus dem Verteiler mindestens ein Eintrag der Auswahlbox selektiert wurde.

Dagegen kann bei der Option *Einzelperson* eine Eingabe von Empfängername und E-Mail-Adresse erfolgen. Dies muss durch die Ihnen bekannte JavaScript-Funktion überprüft werden – sowohl die Existenz der Eingabe als auch die Plausibilität der E-Mail-Adresse.

Am Ende der Funktion wird, je nachdem, ob ein Fehler aufgetreten (*i>0*) oder ob alles in Ordnung ist (*i=0*), ein *return false* bzw. *true* ausgegeben.

5.1 Entwicklung interaktiver Formulare

- `</head>`
- `<body>`
- `<form action="chap_05_03.php" method="post" onsubmit="return testValues()">`
- `<center>`
- `<table cellspacing="0" cellpadding="0" border="0">`
-     `<tr>`
-         `<td colspan="2">`
-            `<h2>Webmailer</h2>`
-            Bitte füllen Sie die unten stehenden Felder aus.`<br><br></td>`
-     `</tr>`
-     `<? if ($group=="Einzelperson") { ?>`
-     `<tr>`
-         `<td width="150" valign="top">`Empfänger: `</td>`
-         `<td width="300">`
-         `<input type="text" name="empfaenger_name" value="" size="40">`
-         `</td>`
-     `</tr>`
-     `<tr>`
-         `<td valign="top">`Empfänger E-Mail: `</td>`
-         `<td>`
-         `<input type="text" name="empfaenger_mail" value="" size="40">`
-         `<br><br></td>`
-     `</tr>`
-     `<? } else if ($group=="Verteiler") { ?>`
-     `<tr>`
-         `<td width="150" valign="top">`Empfänger: `</td>`
-         `<td width="300">`
-         `<select name="empfaenger_mail[]" size="4" multiple>`
-         `<? while (list($key,$val)=each($email)) echo "`
-             `<option value=\"".$val."\">".$key;?>`
-         `</select>`
-         `<br><br></td>`
-     `</tr>`
-     `<? } else if ($group=="Kontakt") { ?>`
-     `<input type="hidden" name="empfaenger_name" value="Kontakt">`
-     `<input type="hidden" name="empfaenger_mail" value="<? echo $aim; ?>">`
-     `<? } ?>`

Innerhalb des HTML-Codes wird an dieser Stelle abhängig von der Option Unterschiedliches erzeugt.

Im Falle von *Einzelperson* (<? if ($group=="Einzelperson") { ?>) wird ein Texteingabefeld für den Empfänger und dessen E-Mail erzeugt, während für die Option *Kontakt*

Mit PHP zur dynamischen Website

(<? } else if ($group=="Kontakt") { ?>) dasselbe als *hidden*-Formularelement geschieht, da hier diese beiden Werte vorgegeben sind.

Anders verhält es sich für die Option *Verteiler* (<? } else if ($group=="Verteiler") { ?>). Hier wird eine multiple Auswahlbox für die Verteiler-Empfänger erzeugt. Auf welchem Wege geschieht dies? Sehen Sie sich den Code der Auswahlbox genau an. Nun wird Ihnen klar, weshalb zu Beginn des Listings innerhalb einer If-Anweisung im Falle von *Verteiler* eine Zuweisung der unterschiedlichen Verteiler-Gruppen in eine PHP-Variable *$email* stattgefunden hat. Diese Variable *$email* sorgt an dieser Stelle nun für die Generierung der „richtigen" Auswahlbox. Dazu werden mittels PHP die zugehörigen <option>-Tags des <select>-Tags erzeugt (<? while (list($key,$val)=each($email)) echo "<option value=\"".$val."\">".$key;?>). Diese While-Schleife kennen Sie bereits von der Ausgabe der gesendeten Formulardaten, d. h., hier wird ebenfalls ein Array (*$email*) über den *list*-Befehl zerlegt und für jeden Array-Eintrag ein <option>-Tag erzeugt. Dabei wird der Wert des Array-Eintrags (die benötigte E-Mail-Adresse) als *value* des <option>-Tags benutzt, während der Indexname des Array-Eintrags (der Name des Empfängers) als Eintrag der Auswahlbox erscheint.

```
<tr>
    <td valign="top">
    <? if ($group=="Einzelperson" || $group=="Verteiler")
        echo "Nachricht"; else if ($aim==
        "info@mailer.com") echo "Info"; else echo
        "Frage"; ?>:
    </td>
    <td>
    <textarea name="nachricht" cols="34" rows="6"></textarea>
    <br><br></td>
</tr>
```

Hier wird mittels PHP die Beschriftung der Texteingabebox gesteuert, sodass je nach Wahl passend z. B. *Nachricht* bei der Option *Einzelperson* oder *Verteiler* steht.

```
<tr>
    <td valign="top">Grußformel: </td>
    <td>
    <select name="grussformel" size="1">
    <option>
    <option value="">keine
    <option>Mit freundlichen Grüssen
    <option>Hochachtungsvoll
    <option>Bis dann
    <option>Ciao
    <option>Tschüs
    </select>
    </td>
```

5.1 Entwicklung interaktiver Formulare

```
        </tr>
        <tr>
            <td valign="top">Unterschrift: </td>
            <td>
            <input type="text" name="unterschrift"
                            value="" size="40">
            <br><br></td>
        </tr>
        <tr>
            <td valign="top">Absender: </td>
            <td>
            <input type="text" name="absender" value="" size="40">
            </td>
        </tr>
        <tr>
            <td valign="top">Absender E-Mail: </td>
            <td>
            <input type="text" name="absender_mail"
                            value="" size="40">
            <br><br></td>
        </tr>
        <tr>
            <td colspan="2">Wollen Sie eine Kopie der E-Mail
                        zugeschickt bekommen?</td>
        </tr>
        <tr>
            <td valign="top">Kopie: </td>
            <td>
            <input type="checkbox" name="kopie" value="ja">
            <br><br></td>
        </tr>
        <tr>
            <td colspan="2">Wollen Sie anonym bleiben?</td>
        </tr>
        <tr>
            <td valign="top">Persönlich: </td>
            <td>
            <input type="radio" name="anonym" value="nein" checked>
            </td>
        </tr>
        <tr>
            <td valign="top">Anonym: </td>
            <td>
            <input type="radio" name="anonym" value="ja">
            </td>
        </tr>
        <tr>
            <td colspan="2" align="right"><br>
            <input type="submit" value="E-Mail senden">
```

185

Mit PHP zur dynamischen Website

-
- <input type="button" value="E-Mail Vorschau" onclick=
                 "document.mailing.action='chap_05_04.php';
                  document.mailing.submit()">
- </td>
-    </tr>
- </table>
- </center>
- </form>
- </body>
- </html>
- <? } ?>

Nun haben Sie einen komplexen Code als Gemisch von HTML, JavaScript und zu guter Letzt PHP geschrieben. Um nochmals einen Überblick zu gewähren, soll im Folgenden der Ablauf des Skripts und das Ineinandergreifen der verschiedenen Komponenten zusammengefasst werden.

Inwiefern wird das Formular von PHP beeinflusst oder gesteuert? Verfolgen Sie es in einzelnen Schritten. Als erster Schritt treffen Sie auf die Abfrage der Variable $choose. Ist der Wert ungleich *"yes"*, erfolgt die Ausgabe der Verteilerseite als HTML an den Browser. Dies ist beim Erstaufruf der Seite immer der Fall, da diese Verteilerseite erst den Wert für $choose auf *"yes"* setzt (durch das Formularelement <input type="hidden" name="choose">).

Nachdem das Formular an dieselbe Seite abgeschickt wurde, durchläuft das Skript wieder die Abfrage von $choose, diesmal allerdings ist der Wert *"yes"* und das Skript springt in die Else-Anweisung. An dieser Stelle steht nun ein veränderter Code von *chap_05_02.html*. Was macht dieser Code?

PHP unterscheidet anhand der übergebenen Parameter die verschiedenen Fälle bzw. Möglichkeiten. Je nach Wahl wird unterschiedlicher HTML-Code an der Position oberhalb der Eingabebox für die Nachricht ausgegeben. Wurde die Option *Einzelperson* gewählt, erscheinen wie bei *chap_05_02.html* die Eingabefelder für den Empfängernamen und -E-Mail.

Im Fall von *Kontakt* werden beide Tabellenreihen durch Input-Felder vom Typ *hidden* ersetzt, in denen die gewünschte Information als Wert abgelegt wird. Der dritte und letzte Fall (*Verteiler*) gibt anstelle von Eingabefeldern eine multiple Auswahlbox aus. Die Befüllung der Namen und Werte wird durch ein vorher definiertes Array $email[] erreicht. An dieser Stelle wäre eine dynamische Erstellung des Arrays aus einer Datenbank oder einem File denkbar.

Zu beachten ist auch die unterschiedliche Ausgabe von JavaScript durch PHP. Bei der Wahl *Verteiler* mit der multiplen Auswahlbox würde die JavaScript-Funktion *testVa-*

lues() beim Abschicken Fehler verursachen. Hier muss eine angepasst Funktion stehen, die überprüft, ob mindestens ein Eintrag der Auswahlbox gewählt wurde. Eine Überprüfung der E-Mail-Adresse kann entfallen, da diese vorgegeben ist.

5.2 Auswertung als Mail verschicken

Im folgenden Schritt soll die bis hierher geleistete Vorarbeit ausgewertet und als E-Mail verschickt werden.

Mit einer einzigen Funktion ist unter PHP das Versenden einer E-Mail möglich. Ein lokal installierter SMTP-Server ist dafür allerdings Voraussetzung.

SMTP

INFO SMTP steht für **S**imple **M**ail **T**ransport **P**rotocol und dient der Übertragung von E-Mails zwischen Mailservern. Hierbei gibt es eine Fülle von Kommandos und Statusmeldungen, die ein direktes Ansprechen des lokalen SMTP-Servers und dessen Kommunikation zu einem anderen SMTP-Server erlauben.

Einsatz der mail()-Funktion

Mittels der Funktion *mail()* ist es unter PHP möglich, eine E-Mail zu versenden. Falls ein Fehler auftritt, gibt die Funktion ein *FALSE* zurück. Die Syntax sieht folgendermaßen aus:

- `mail($to, $subject, $message, $header);`

Ein kurzer Überblick über die Parameter der Funktion *mail()*:

Parameter	Kurzbeschreibung
$to	E-Mail-Adresse des Empfängers, mehrere Adressen können mit einem Komma verknüpft werden.
$subject	Inhalt der Betreffzeile, nach der W3C-Organisation soll diese unbedingt verwendet werden und möglichst aussagekräftig sein, um eine schnell Zuordnung zu gewährleisten.
$message	Eigentlicher Nachrichtentext/Botschaft, Umbrüche innerhalb des Textes werden durch \n realisiert.

Mit PHP zur dynamischen Website

Parameter	Kurzbeschreibung
$header	Von den vier Parametern der Funktion *mail()* ist dieser letzte optional und dient dazu, weitere Kopfzeilen oder Header der Nachricht hinzuzufügen. Mehrere Header müssen am Ende immer mit einem \n notiert sein. Im Folgenden kurz einige Beispiele: *From: "DATA BECKER" <info@databecker.com>* Gibt explizit die Absender-Adresse an, dabei erkennen eine Vielzahl von Mail-Clients den Namen und die Adresse, sodass im Feld *Von* nicht die E-Mail-Adresse, sondern der angegebene Name auftaucht. *Reply-To: info@databecker.com* Gibt die E-Mail-Adresse an, wenn die Funktion „Antworten" des Mail-Clients benutzt wird. Dies ist sinnvoll, wenn sich die Antwort-E-Mail-Adresse vom Sender unterscheidet. *Cc: webmaster@databecker.com* Verschickt eine Kopie der E-Mail (**c**arbon **c**opy) an die angegebene E-Mail-Adresse, wobei mehrere Adressen durch Kommas getrennt aufgeführt werden können. Diese Kopienempfänger tauchen bei allen Empfängern in den E-Mail-Angaben auf. *Bcc: postmaster@databecker.com* Versendet wie *cc* auch eine Kopie, allerdings nicht für die anderen Empfänger sichtbar (**b**lind **c**arbon **c**opy). Mehrere E-Mail-Adressen können durch Komma getrennt aneinander gehängt werden. *X-Mailer: PHP-Version 4* Gibt an, durch welches Programm diese E-Mail versendet wurde. *X-Priority: 1* Definiert die Wichtigkeit/Priorität der E-Mail, wobei 1 die höchste Priorität und 4 die niedrigste Priorität hat. Verschiedene Mail-Clients kennzeichnen darauf basierend eine E-Mail dementsprechend. *X-MSMail-Priority: High, Normal oder Low* Dasselbe wie *X-Priority*, allerdings für Windows-basierte Mail-Clients und Microsoft-Produkte.

Wie sieht nun also eine korrekte Versendung einer E-Mail per PHP aus?

- ```
<? mail("info@databecker.com", "PHP-Buch Best friend", "Hallo Lektor,\nich schreibe gerade am Kapitel über E-Mail", "From: \"Autor\" <autor@mail.com>\nX-Mailer: PHP ".phpversion()."\nX-Priority:2\n");
?>
```

Dies erscheint natürlich unübersichtlich, umso mehr Parameter und Header dazukommen. Deshalb sollten Sie sich auf jeden Fall angewöhnen, die erforderlichen Parameter zuerst in Variablen abzuspeichern und diese dann beim Aufruf der *mail()*-Funktion einzufügen.
```

5.2 Auswertung als Mail verschicken

Wie können Sie nun das Gelernte in das vorhandene Beispiel des Mailers mit einbauen? Dazu soll das nächste Beispiel dienen, bei dem der Code von *chap_05_04.php* (Seite 174) als Grundlage genutzt werden kann:

chap_05_09.php

- <?
- $to=$empfaenger_mail;
- $subject="E-Mail von ".$absender;
- $message="Hallo ".$empfaenger_name."\n\n";
- $message.=$nachricht."\n\n".$grussformel."\n".$unterschrift;
- $header="From:".$absender_mail."\n";
-
- $senden=mail($to,$subject,$message,$header);
- ?>
- <html>
- <head>
-     <title>Mailer</title>
- </head>
- <body>
- <table>
-     <tr>
-         <td>
-             <h3>E-Mail senden</h3>
-         </td>
-     </tr>
- <? if ($senden==true) { ?>
-     <tr>
-         <td>Sie haben eine E-Mail an <? echo $empfaenger_name; ?> (E-Mail-Adresse:<? echo $empfaenger_mail; ?>) mit folgender Nachricht gesendet:
<hr></td>
-     </tr>
-     <tr>
-         <td bgcolor="999999
<? echo $nachricht; ?>

<? echo $grussformel; ?>
<? echo $unterschrift; ?>
</td>
-     </tr>
- <? } else { ?>
-     <tr>
-         <td>Ihre E-Mail konnte nicht gesendet werden.</td>
-     </tr>
- <? } ?>
- </table>
- </body>
- </html>

189

Mit PHP zur dynamischen Website

Um diesen Code ausführen zu lassen, müssen Sie nun noch im Listing von *chap_05_06.php* das Ziel des Formulars anpassen. Dazu ändern Sie im <form>-Tag das Attribut *action* von *action="chap_05_03.php"* nach *action="chap_05_09.php"* ab.

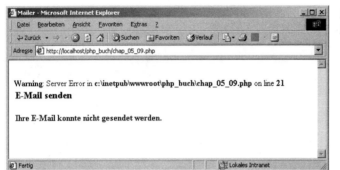

Fehlermeldung bei nichtinstalliertem SMTP-Server

Wenn Sie das Beispiel testen und Ihnen letztendlich die Nachricht *Ihre E-Mail konnte nicht gesendet werden* und eine Warnung von PHP auf dem Monitor erscheint, haben Sie vermutlich keinen SMTP-Server installiert.

Auch dürfte Ihnen aufgefallen sein, dass bei der Wahl von *Verteiler* die E-Mail nicht korrekt verschickt wurde. Dazu bedarf es einiger Änderungen an *chap_05_09.php*. Ebenso ist dies der Fall für die Optionen „Kopie zuschicken" und „Anonym bleiben". Im nächsten Schritt werden Sie sehen, wie sich das alles realisieren lässt. Es bedarf lediglich einer Änderung des PHP-Codes von *chap_05_09.php*:

```
<?
if (is_array($empfaenger_mail)) {
    while (list($key,$val)=each($empfaenger_mail)) {
        $to.=$val.",";            // Adresse aneinanderfügen
        $empfaenger_name.=$key.",";    // Empfänger aneinander
                                                 fügen
    }
    // letztes Komma bei $to und $empfaenger_name abschneiden
    $to=substr($to,0,strlen($to)-1);
    $empfaenger_name=substr($empfaenger_name, 0,
                            strlen($empfaenger_name)-1);
}
else {
    $to=$empfaenger_mail;
}
if ($anonym=="nein") $subject="E-Mail von ".$absender;
                                    // Betreff zusammensetzen
else $subject="E-Mail von unbekannt";
$message="Hallo ".$empfaenger_name."\n\n";
```

5.2 Auswertung als Mail verschicken

```
$message.=$nachricht."\n\n".$grussformel."\n".$unterschrift;
if ($anonym=="nein") $header="From:".$absender_mail."\n";
if ($kopie=="ja") $header.="Bcc:".$absender_mail."\n";

$senden=mail($to,$subject,$message,$header);
?>
```

Was hat sich geändert zur vorherigen Version? Am auffälligsten ist der If-else-Block am Anfang des PHP-Codes. Hier wird die Unterscheidung gemacht, ob wie im Falle von *Einzelperson* oder *Kontakt* eine einzelne E-Mail-Adresse vorliegt und diese Information an *$to* übergeben wird (Else-Anweisung) oder ob die Variable *$empfaenger_mail* sich aus mehreren Einträgen zusammensetzen kann und somit ein Array ist. In diesem Fall (If-Anweisung) werden alle Einträge des Array durch eine While-Schleife abgearbeitet und der Wert wird an die Variable *$to* mit einem Komma angehängt. Der Index des Array-Eintrags wird als Empfängernamen benutzt und auf demselben Wege aneinander gefügt. Letztendlich bleibt nur noch das letzte, überflüssige Komma von den Variablen *$to* und *$empfaenger_name* mittels *substr()* zu kappen.

Um nun auch den Optionen *Kopie* und *Anonym* gerecht zu werden, wurden diese Änderungen ebenfalls umgesetzt. Sicher haben Sie die beiden If-Anweisungen am Ende des Codes bemerkt. Die erste If-Anweisung definiert als Header-Eintrag die Absenderadresse, falls die Variable *$anonym* den Wert „nein" enthält. Andernfalls besteht der Wunsch nach Anonymität und die Absenderadresse entfällt (gilt auch für die Variable *$subject*, bei der der Absender in diesem Fall nicht genannt wird). Gleiches geschieht bei der Option *Kopie*. Wurde die Checkbox im Formular aktiviert, enthält die Variable *$kopie* den Wert „ja" und die If-Anweisung sorgt dafür, dass dem Header eine weitere Zeile für eine Kopie (Bcc:) angehängt wird.

Nachrichten als Anhänge versenden

Bis zu diesem Zeitpunkt haben Sie eine einfache Art kennen gelernt, per PHP eine E-Mail zu verschicken. Oft reicht aber nicht nur eine schlichte, textbasierte E-Mail aus, sondern es soll auch die Möglichkeit geschaffen werden, einen oder mehrere Dateianhänge mit der E-Mail zu versenden. Dies ist in der Praxis meist der Fall, wenn Sie an Kunden oder Besucher Ihrer Website eine E-Mail mit z. B. einem Datenblatt oder einem Aufsatz über ein bestimmtes Thema als Word-Dokument/PDF zukommen lassen wollen. Im Zusammenhang mit dem Webmailer ist es auch denkbar oder in der Praxis oft üblich, dass es dem Besucher ermöglicht wird, mit seiner E-Mail auch eine Datei mitzuschicken, die im Schritt davor mittels des Formulars (<input type="file">) hochgeladen werden kann. Sie sollen im Folgenden die Kenntnisse vermittelt bekommen, wie man eine Datei an eine E-Mail anhängt.

Mit PHP zur dynamischen Website

Dafür ist es wichtig, nochmals genauer auf die Funktion des Headers einzugehen. Dies ist der Dreh- und Angelpunkt für die Funktionsweise einer mehrteiligen E-Mail. Über den Header kann definiert werden, dass eine E-Mail nicht nur aus dem „normalen" Nachrichtentext besteht, sondern aus mehreren Teilen wie z. B. einer Datei. Sehen Sie sich als Nächstes in Ruhe erst mal einen erweiterten Header für eine PHP-E-Mail an:

- <?
- // $boundary definieren als Trennzeichen
- $boundary=strtoupper(md5(uniqid(time())));
- // $file einlesen und kodieren für Attachment
- $file=fread(fopen("test.doc","rb"),filesize("test.doc"));
- $file=chunk_split(base64_encode($file));
- // Start MIME-Mail-Header
- $header.="\nMIME-Version: 1.0";
- $header.="\nContent-Type: multipart/mixed; boundary=".$boundary;
- $header.="\n\nThis is a multi-part message in MIME format --
        Dies ist eine mehrteilige Nachricht im MIME-Format";
- $header.="\n--".$boundary;
- // normaler Mail-Text
- $header.="\nContent-Type: text/plain";
- $header.="\nContent-Transfer-Encoding: 8bit";
- $header.="\n\n".$message;
- $header.="\n--".$boundary;
- // Attachments
- $header.="\nContent-Type: application/msword; name=\"test.doc\"";
- $header.="\nContent-Transfer-Encoding: base64";
- $header.="\nContent-Disposition: attachment;
        filename=\"test.doc\"";
- $header.="\n\n".$file;
- ?>

Ihnen fällt sicher auf, dass innerhalb des Headers so etwas wie Blöcke existieren. Diese Blöcke sind die Einzelteile einer E-Mail im MIME-Format. Getrennt sind sie voneinander durch ein Trennzeichen, genannt boundary. Diese Zeichenkette muss eindeutig sein und darf nicht im Body der Nachricht (also die eigentliche Textnachricht oder auch die Dateianhänge) vorkommen. Eingeleitet wird das Trennzeichen durch ein doppeltes Minuszeichen. Es würde also auch schon *Mein Trennzeichen* reichen, wenn diese Zeichenkette sonst nirgends mehr vorkommt. Da die Anhänge normalerweise kodiert werden (*base64* oder *quoted printable* sind üblich), kann als Zeichenfolge ein =_ nicht vorkommen. So würde als Trennzeichen ein =_Mein Trennzeichen_= ausreichen. Im obigen Fall wurde auf Sicherheit gesetzt und ein 32 Zeichen langes Trennzeichen aus einer eindeutigen ID basierend auf der Zeit in Mikrosekunden und unter Anwendung des MD5-Codes (MD5 Message-Digest Algorithmus) erzeugt.

- $boundary=strtoupper(md5(uniqid(time())));

5.2 Auswertung als Mail verschicken

Nach dem Trennzeichen folgt die Header-Definition für den folgenden Teil der Nachricht (Anhang). Der eigentliche Anhang muss mit zwei Zeilenumbrüchen (\n\n) davon abgesetzt sein.

- `$header.="\n\nThis is a multi-part message in MIME format -- Dies ist eine mehrteilige Nachricht im MIME-Format";`

Eine wichtige Position nimmt noch der „erste" Header ein. Hier erfolgt die Definition, dass es sich um eine mehrteilige Nachricht handelt, und die Festlegung des Trennzeichens. Wichtig ist ebenso die Angabe *Content-Type: multipart/mixed*, die die Art der Anhänge steuert (hier: verschiedene Arten von Anhängen). Möglich wäre hier auch die Angabe von *parellel*, *digest* und *alternativ*. Eine Trennung der Anhänge bzw. Teile der Nachricht könnte auch durch *Content-Type: message/partial* erreicht werden, allerdings sind/müssen dann alle Teile gleichen Typs sein (z. B. nur Word-Dokumente).

Sicher fragen Sie sich, was es denn mit dem Teil auf sich hat, in dem der File/Anhang eingelesen wird. Warum sieht die Zeile

- `$file=chunk_split(base64_encode($file));`

so aus? Wie Sie weiter oben schon erfahren haben, müssen Dateien zuerst kodiert werden, bevor sie an eine Nachricht angehängt werden oder als Teil einer Nachricht dienen können. Dies geschieht durch die Funktion *base64_encode()*.

base64_encode()

INFO Die PHP-Funktion *base64_encode()* kodiert Daten mit base64. Diese Kodierung dient dazu, eine Übertragung von Binärdaten über Technologien, die 8 Bit nicht sauber übertragen können, wie z. B. E-Mails, zu ermöglichen. Dabei benötigen die base64-kodierten Daten ungefähr 33 % mehr Speicher als die Originaldaten.

Eine zweite Möglichkeit vor allem textlastige Anhänge (z. B. die Textnachricht an sich) zu kodieren, ist die Kodierung Quoted Printable. Hier werden nur die Sonderzeichen des erweiteren ASCII-Satzes in einen hexadezimalen Code umgewandelt. Eine Vergrößerung der Daten liegt meist im Rahmen von wenigen Prozenten. Bei Weiterleitungen von E-Mails wird vom Mail-Client häufig die ursprüngliche Textnachricht als quoted printable-Anhang der neuen E-Mail hinzugefügt.

Aber zurück zum Beispiel: Nach der Kodierung durch *base64_encode()* wird darüber hinaus noch die Funktion *chunk_split()* angewendet. Dies dient einzig dazu, die als

Mit PHP zur dynamischen Website

Standard definierte Länge einer Zeile einzuhalten und die kodierten Daten in gleich lange Stücke zu teilen.

- `$file=chunk_split(base64_encode($file));`

chunk_split()

Die Funktion *chunk_split()* wird für die Aufteilung eines Strings in kleinere Stücke verwendet. Dies ist z. B. hilfreich bei der Umwandlung von *base64_encode*-Ausgaben, die der RFC 2045-Norm (Request For Comments (RFC) sind Spezifikationen für Internetprotokolle und sind durch die Internet Engineering Task Force (IETF) definiert) entsprechen müssen. Diese Funktion fügt standardmäßig nach 76 Zeichen einen Zeilenumbruch \r\n ein und gibt den neuen String zurück.

Um eine korrekte Übertragung per E-Mail zu gewährleisten, muss vor allem bei Word-Dokumenten oder Excel-Dateien die base64-Kodierung benutzt werden. Einige Mail-Clients entscheiden sich beim Anhängen dieser Dateien für Quoted Printable, da diese Dateien sehr ASCII-lastig sind und als Text erkannt werden. Dies führt aber zu Fehlern und häufig erscheint der Anhang dann als kodierter Text in der E-Mail.

Als nächster Schritt soll das obige Beispiel einer mehrteiligen Nachricht in das Beispiel des Webmailers eingebaut werden. Ziel ist es, an jede gesendete E-Mail standardmäßig ein kleines Bild z. B. mit Ihrer Visitenkarte oder dem Firmenlogo anzuhängen. Hierfür müssen Sie den Code von *chap_05_09.php* erweitern. Der vollständige Code sollte so aussehen:

chap_05_10.php

```
<?
// E-Mail „zusammenbauen"
if (is_array($empfaenger_mail)) {       // wenn Option „Verteiler"
    while (list($key,$val)=each($empfaenger_mail)) {
        $to.=$val.",";         // Adresse aneinander fügen
        $empfaenger_name.=$key.",";    // Empfänger aneinander
                                         fügen
    }
    // letztes Komma bei $to und $empfaenger_name abschneiden
    $to=substr($to,0,strlen($to)-1);
    $empfaenger_name=substr($empfaenger_name, 0,
                strlen($empfaenger_name)-1);
}
else {      // bei Option „Einzelperson" oder „Kontakt"
    $to=$empfaenger_mail;
```

5.2 Auswertung als Mail verschicken

```
    }
  if ($anonym=="nein") $subject="E-Mail von ".$absender;
                                       // Betreff zusammensetzen
  else $subject="E-Mail von unbekannt";
  $message="Hallo ".$empfaenger_name."\n\n";
  $message.=$nachricht."\n\n".$grussformel."\n".$unterschrift;
  if ($anonym=="nein") $header="From:".$absender_mail."\n";
  if ($kopie=="ja") $header.="Bcc:".$absender_mail."\n";

  // ab hier wird der Header definiert

  // $boundary definieren als Trennzeichen
  $boundary=strtoupper(md5(uniqid(time())));

  // $file einlesen und kodieren für Attachment
  $file=fread(fopen("logo.jpg","rb"),filesize("logo.jpg"));
                                                    // File lesen
  $file=chunk_split(base64_encode($file));    // kodieren und
                                                „formatieren"

  // Start MIME-Mail-Header
  $header.="\nMIME-Version: 1.0";
  $header.="\nContent-Type: multipart/mixed; boundary=".$boundary;
                       // Boundary definieren als Trennzeichen
  $header.="\n\nThis is a multi-part message in MIME format   -
       - Dies ist eine mehrteilige Nachricht im MIME-Format";
  $header.="\n--".$boundary;

  // normaler Mail-Text (nicht mehr als 3. Parameter von mail-
                        Funktion)
  $header.="\nContent-Type: text/plain";
  $header.="\nContent-Transfer-Encoding: 8bit";
  $header.="\n\n".$message;      // Formulardaten anhängen
  $header.="\n--".$boundary;

  // Attachments
  $header.="\nContent-Type: image/jpeg; name=\"logo.jpg\"";
  $header.="\nContent-Transfer-Encoding: base64";
  $header.="\nContent-Disposition: attachment;
              filename=\"logo.jpg\"";
  $header.="\n\n".$file;

  // E-Mail senden
  $senden=mail($to,$subject,"",$header);
?>
```

Im Gegensatz zu der Header-Definition, wie Sie sie vorher kennen gelernt haben, wurde an dieser Stelle lediglich der Dateiname geändert und natürlich die Angabe des An-

Mit PHP zur dynamischen Website

hangtyps (*Content-Type: image/jpeg;*). Ohne Probleme können Sie auch ein Bild vom Typ GIF (*image/gif*) oder PNG (*image/png*) anhängen.

Des Weiteren fällt bei der *mail()*-Funktion auf, dass der Parameter (*$message*) für den eigentlichen Nachrichtentext nun leer ist und anstelle der Variable nur zwei Anführungszeichen stehen. Dieser wird bei einer mehrteiligen Nachricht ebenfalls als Teil des Headers definiert.

Nun folgt der HTML-Code von *chap_05_09.php* zur Ausgabe der Daten auf dem Browser und zur Bestätigung oder Fehlermeldung für den Benutzer des Webmailers.

- `<html>`
- `<head>`
- `    <title>Mailer</title>`
- `</head>`
- `<body>`
- `<table>`
- `    <tr>`
- `        <td>`
- `            <h3>E-Mail senden</h3>`
- `        </td>`
- `    </tr>`
- `<? if ($senden==true) { ?>`
- `    <tr>`
- `        <td>Sie haben eine E-Mail an <b><? echo $empfaenger_name; ?></b> (E-Mail-Adresse:<b><? echo $empfaenger_mail; ?></b>) mit folgender Nachricht gesendet:<br><hr>`
- `        </td>`
- `    </tr>`
- `    <tr>`
- `        <td bgcolor="999999"><br><? echo $nachricht; ?><br><br><? echo $grussformel; ?><br><? echo $unterschrift; ?><br></td>`
- `    </tr>`
- `<? } else { ?>`
- `    <tr>`
- `        <td><b>Ihre E-Mail konnte nicht gesendet werden.</b></td>`
- `    </tr>`
- `<? } ?>`
- `</table>`
- `</table>`
- `</body>`
- `</html>`

Nun können Sie, gleich ob beim Formular als Option *Einzelperson*, *Verteiler* oder *Kontakt* gewählt wurde, an jede zu verschickende E-Mail ein beliebiges Bild anhängen.

5.2 Auswertung als Mail verschicken

Anzumerken ist noch, dass sich selbstverständlich das gewünschte Bild oder auch jede beliebige Datei in demselben Verzeichnis wie das Skript befinden muss. Andernfalls müssen Sie beim Einlesen der Datei anstatt *logo.jpg* den gesamten, absoluten Pfad mit angeben. Findet das Skript die angegebene Datei nicht, erfolgt eine Fehlermeldung, die E-Mail wird aber trotzdem gesendet, d. h., die Definition des Anhangs ist vorhanden, aber der Anhang an sich wird fehlen.

Text- und HTML-Darstellung abdecken

Nachdem Websites im Internet immer besser und schöner gestaltet und viel Wert auf ansprechendes Design gelegt wird, hat dies auch bei den E-Mails Einzug gehalten. Anstatt alles als separate Dateien an eine Nachricht anzuhängen, wurde der Wunsch nach vielfältigen Formatierungsmöglichkeiten größer. Mittlerweile haben Sie die Möglichkeit, mittels HTML Ihre E-Mails zu „verschönen" und somit interessant zu gestalten. Voraussetzung dafür ist allerdings, dass der benutze Mail-Client diese Art von E-Mails erkennt und dekodieren kann. Basierend auf dem MIME-Verfahren ist der Einbau einer HTML-Nachricht relativ einfach. Wichtig dabei ist, auch die Möglichkeit abzudecken, dass ein Mail-Client die HTML-Nachricht nicht darstellen kann oder der Benutzer diese Option sogar deaktiviert hat. Dafür steht die parallele Darstellung von mehreren Formaten mittels *multipart/alternativ* zur Verfügung.

Im nächsten Beispiel sehen Sie die Generierung und Versendung einer kurzen E-Mail, die sowohl die übliche Text-E-Mail als auch die HTML-Darstellung abdeckt. Als Grundlage soll wiederum der Code von *chap_05_09.php* dienen, d. h., Sie können den Webmailer wiederum so erweitern, dass die gesendete E-Mail als paralleles Format versendet wird.

chap_05_11.php

```
<?
if (is_array($empfaenger_mail)) {
    while (list($key,$val)=each($empfaenger_mail)) {
        $to.=$val.",";         // Adresse aneinander fügen
        $empfaenger_name.=$key.",";   // Empfänger aneinander
                                      fügen
    }
    // letztes Komma bei $to und $empfaenger_name abschneiden
    $to=substr($to,0,strlen($to)-1);
    $empfaenger_name=substr($empfaenger_name, 0,
                            strlen($empfaenger_name)-1);
}
else {
    $to=$empfaenger_mail;
}
```

Mit PHP zur dynamischen Website

- `if ($anonym=="nein") $subject="E-Mail von ".$absender;`
  `// Betreff zusammensetzen`
- `else $subject="E-Mail von unbekannt";`
- `$message="Hallo ".$empfaenger_name."\n\n";`
- `$message.=$nachricht."\n\n".$grussformel."\n".$unterschrift;`
- `if ($anonym=="nein") $header="From:".$absender_mail."\n";`
- `if ($kopie=="ja") $header.="Bcc:".$absender_mail."\n";`

In diesem oberen Teil mussten Sie keine Änderungen vornehmen. Der wichtige Teil folgt nun:

- `// Definition der HTML-Nachricht`
- `$html_message="<html><body><table align=\"center\" width=\"75%\">`
  `<tr><td><font face=\"Arial\" size=\"2\" color=`
  `\"navy\">".$message."</font></td></tr></table>`
  `</body></html>";`
- `// umwandeln von 8 Bit in quoted-printable`
- `$html_message=imap_8bit($html_message);`

Dieser Teil dient dazu, die vorhandene Textnachricht (in Variable *$message* abgelegt) in die Variable *$html_message* einzubauen. Dabei wird ein einfaches HTML-Gerüst benutzt, das lediglich eine zentrierte Tabelle und eine Schriftarten-Definition enthält. Anschließend wird der String in *$html_message*, der in 8 Bit vorliegt, durch die Funktion *imap_8bit()* in die quoted-printable-Kodierung überführt.

- `// Start MIME-Mail-Header`
- `$header.="\nMIME-Version: 1.0";`
- `$header.="\nContent-Type: multipart/alternativ; boundary=`
  `".$boundary;`
- `$header.="\n\nThis is a multi-part message in MIME format`
  `-- Dies ist eine mehrteilige Nachricht im MIME-Format";`
- `$header.="\n--".$boundary;`

Dieser MIME-Header leitet die mehrteilige Nachricht ein und definiert die parallele Darstellungsmöglichkeit für den Mail-Client. Wie bei allen mehrteiligen Nachrichten wird ein Trennzeichen (boundary) definiert, das den Text- vom HTML-Block trennt. Wichtig ist die Festlegung des Typs durch *Content-Type: multipart/alternativ*. Erst dadurch wird der Mail-Client angewiesen, eine Darstellungsart zu wählen.

- `// normaler Mail-Text`
- `$header.="\nContent-Type: text/plain; charset=\"iso-8859-1\"";`
- `$header.="\nContent-Transfer-Encoding: 7bit";`
- `$header.="\n\n".$message;`
- `$header.="\n--".$boundary;`

5.3 Dateneingaben der Besucher kontrollieren

Der übliche Nachrichtentext wird, wie Ihnen schon bekannt, als Block vom Typ *text/plain* eingefügt. Der reine ASCII-Text in Form von *$message* wird angehängt.

- `// Attachments`
- `$header.="\nContent-Type: text/html; charset=\"iso-8859-1\"";`
- `$header.="\nContent-Transfer-Encoding: quoted-printable";`
- `$header.="\n\n".$html_message;`
-
- `$senden=mail($to,$subject,"",$header);`
- `?>`

Als letzter Block der Nachricht wird die HTML-Nachricht (*$html_message*) als Typ *text/html* und mit dem Hinweis auf die Kodierung *quoted-printable* angefügt. Das Versenden der E-Mail erfolgt wie oben beschrieben über die Funktion *mail()*.

Um das Listing zu vervollständigen, folgt anschließend der unveränderte HTML-Code von Listing *chap_05_09.php*.

Nun haben Sie das Wissen, um nach Ihren Ansprüchen den Webmailer zu gestalten, zu variieren oder zu kombinieren. Sie können E-Mails verschicken, ein und dieselbe E-Mail oder eine Kopie davon an mehrere Personen versenden, eine E-Mail als Text oder als HTML-Nachricht darstellen lassen oder an eine E-Mail Dateianhänge anfügen. Mit diesem Rüstwerk sollten Sie die ersten Probleme und Herausforderungen im Bereich der E-Mail-Versendung meistern können.

Meist bedarf es in diesem Zusammenhang aber einer vorherigen Überprüfung des Inhalts der Benutzer. So ist es auch beim E-Mail-Versenden wichtig, nicht ohne Kontrolle oder Nachbearbeitung die Daten zu versenden. Wie Sie dies und noch vieles mehr im Sinne von String-Bearbeitung realisieren können, werden Sie im nachfolgenden Kapitel erfahren.

5.3 Dateneingaben der Besucher kontrollieren

Die String-Bearbeitung ist eines der unverzichtbaren Werkzeuge, die Ihnen PHP zur Hand gibt. Dies ist vor allem dann der Fall, wenn Sie auf eine Dateneingabe eines Besuchers auf Ihrer Website reagieren müssen. Es wäre sträflich, ohne jegliche Kontrolle alles zuzulassen.

Mit PHP zur dynamischen Website

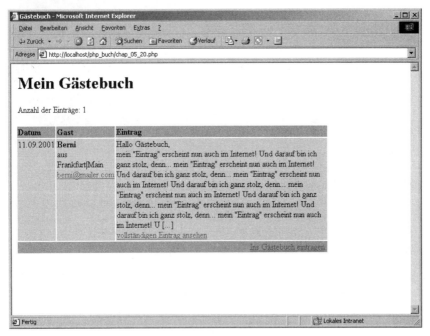

String-Bearbeitung – für jedes Gästebuch ein Muss

Als einfachstes Beispiel wäre zu nennen, dass durch fehlende Eingaben das Design der darauf folgenden Ausgabe gestört wird. Ebenso kann dies auch durch unerwünschte Zeichen wie die Backslashes durch PHPs magic_quotes (siehe Seite 175) in den Daten verursacht werden. Allerdings kann auch der Ablauf des verarbeitenden Skripts oder Ihre gewünschte Funktionalität behindert werden. Denken Sie nur an ein Bestellformular, bei dem keine Waren bestellt werden. Also sollte selbst in solchen „harmlosen" Fällen eine String-Bearbeitung stattfinden.

Kritischer wird es, wenn Sie z. B. an ein Gästebuch und dessen Einträge denken. Sicher wollen Sie nicht, dass die Besucher irgendwelche Hasstiraden, Beschimpfungen oder Ähnliches in Ihrem Gästebuch platzieren. Auch hierfür stellt Ihnen PHP einige Funktionen und Möglichkeiten bereit, die Sie in diesem Kapitel kennen lernen werden.

Aber auch bei der Datenübergabe über Files, sei es im CSV- oder XML-Format (siehe Seite 266), oder aus Datenbanken ist es meist wichtig, die erhaltene Information zu prüfen und zu bearbeiten. In den seltensten Fällen werden Sie die Daten 1:1 benutzen können. Um Ihnen für alle eventuelle Anforderungen eine gute Basis zu schaffen, werden Sie im folgenden Kapitel eine Vielzahl an Möglichkeiten der String-Bearbeitung gezeigt bekommen.

5.3 Dateneingaben der Besucher kontrollieren

Für die nachfolgenden Kapitel über die String-Bearbeitung wird an vielen Stellen als Beispiel eine Eingabe eines Besuchers für einen Eintrag in ein Gästebuch benutzt. Um diese Eingabe „simulieren" zu können, haben Sie im Kapitel über Formulare alles Nötige gelernt. Sie brauchen hierfür lediglich ein Formular, das die Möglichkeit der Eingabe von Name, Wohnort, Text und E-Mail-Adresse bietet. Darauf basierend werden hier in den Beispielen die Daten über die Variablen $name, $ort, $text und $email angesprochen, d. h., Sie sollten die Formularfelder auch dementsprechend benennen (*name*, *ort*, *text* und *email*). Teilweise werden Sie diesen Daten auch in einem zusammengefügten Daten-String begegnen.

Überblick über die String-Funktionen

PHP bietet eine hervorragende String-Unterstützung durch eine Vielzahl von Funktionen für die String-Bearbeitung an. Nachfolgend eine kurze Übersicht über die String-Bearbeitungsfunktionen, die in der Praxis häufiger verwendet werden:

Funktion	Kurzbeschreibung
addslashes()	fügt ein Backslash \ vor jedes Sonderzeichen ein.
Chop()	entfernt Leerzeichen, Tabulatoren \t und Zeilenvorschübe \n\r am Ende des Strings
chunk_split()	siehe Infobox auf Seite 194
crypt()	führt eine Verschlüsselung des Strings nach dem Standard-DES-Verschlüsselungsverfahren von UNIX durch
echo()	Ausgabe eines oder mehrerer Strings
explode()	zerteilt einen String anhand eines Trennzeichens
flush()	Ausgabe und Entleerung des Ausgabepuffers
get_html_ translationtable()	erzeugt ein Array mit der Übersetzungstabelle für HTML-Zeichen
htmlentities()	wandelt ", ', &, < und > in HTML-Codes um
htmlspecialchars()	wandelt alle Sonderzeichen in HTML-Codes um
implode()	verbindet Array-Elemente zu einem String mittels eines Trennzeichens
levenshtein()	berechnet den Levenshtein-Unterschied zweier Strings
md5()	errechnet den MD5-Code eines Strings
nl2br()	fügt für jedes vorkommende \n (neue Zeile) im String ein
print()	Ausgabe eines Strings

Mit PHP zur dynamischen Website

Funktion	Kurzbeschreibung
printf()	Ausgabe eines formatierten Strings
rawurldecode()	wandelt eine URL in einen String um
rawurlencode()	macht einen String URL-fähig
similar_text()	berechnet die Ähnlichkeit zweier Strings
sprintf()	gibt einen formatierten String zurück
strchr()	findet das erste Vorkommen eines Zeichens in einem String
strcmp()	binärer Vergleich zweier Strings
strip_tags()	HTML- und PHP-Tags werden aus einem String entfernt
stripslashes()	entfernt alle Backslashes \ vor Sonderzeichen
strlen()	ermittelt die String-Länge
strpos()	findet das erste Vorkommen einer Zeichenketten in einem String
strrchr()	findet das letzte Vorkommen eines Zeichens in einem String
strrpos()	findet das letzte Vorkommen einer Zeichenkette in einem String
strstr()	gibt ab dem ersten Vorkommen einer Zeichenkette in einem String den String inklusive der gesuchten Zeichenkette zurück
strtok()	zerlegt einen String
strtolower()	wandelt alle Zeichen in Kleinbuchstaben um
strtoupper()	wandelt alle Zeichen in Großbuchstaben um
str_replace()	ersetzt alle Vorkommen einer Zeichenkette in einem String mit einer anderen Zeichenkette
strtr()	tauscht bestimmte Zeichen aus
substr()	gibt einen Teil des Strings zurück
trim()	entfernt überflüssige Zeichen (\n, \r, \t, \v, \0) am Anfang und Ende des Strings

INFO Eine detaillierte und vollständige Übersicht und Erläuterung der String-Funktionen finden Sie unter http://www.php.net/manual/de/ref.strings.php..

5.3 Dateneingaben der Besucher kontrollieren

Strings an den Browser ausgeben

Die wichtigste Funktion stellt natürlich in erste Linie die Ausgabe von Daten bzw. Strings an den Browser dar. Dies ist die Kommunikation mit dem Client und somit das sichtbare Ergebnis für den Besucher. Stellen Sie sich wieder als Beispiel jenes Gästebuch vor. Nachdem nun der Besucher seine Daten eingegeben und abgesendet hat, wollen Sie diese Daten auch wieder auf dem Browser ausgeben. Für die Ausgabe stehen Ihnen insgesamt drei Möglichkeiten zur Verfügung:

- *print*
- *echo*
- „direkte" Ausgabe

Für alle drei Möglichkeiten werden Ihnen im Folgenden Beispiele gegeben.

Ausgabe mittels der print()-Funktion

Folgendes kurze Listing zeigt Ihnen die Funktionsweise von *print()*:

chap_05_12.php
```
<? $name="Berni"; $ort="Frankfurt"; $email="berni@mailer.com";
$text="Hallo Gästebuch, das ist ja toll!"; ?>
<html>
<head>
    <title>Gästebuch</title>
</head>
<body>
<table>
    <tr>
        <td>
            <h3>Gästebuch</h3>
        </td>
    </tr>
    <tr>
        <td>Sie haben folgenden Eintrag in mein Gästebuch
            geschrieben:<br><hr></td>
    </tr>
    <tr>
        <td bgcolor="999999">Gast: <? print($name); ?><br>E-Mail:
            <? print($email); ?><br>Ort: <? print($ort);
            ?><br><br>Eintrag: <? print($text); ?><br></td>
    </tr>
    <tr>
        <td><hr>Vielen Dank für den Eintrag.</td>
```

203

Mit PHP zur dynamischen Website

- `</tr>`
- `</table>`
- `</body>`
- `</html>`

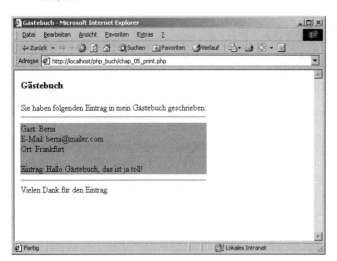

Ausgabe mit print() auf dem Browser

Es mag Sie vielleicht etwas verwundern, dass in der ersten Zeile des Listings Zuweisungen für Variablen stehen. Aber dies ist nichts weiter als die Simulation der Eingabe über ein Formular, das Sie möglicherweise selbst schon erstellt haben. Sollte dies so sein, können Sie diese Zeile auch weglassen.

Auf dem Browser wird eine kleine HTML-Seite ausgegeben. Wie Sie sehen, wurde anstelle der Variablen deren Wert durch die Funktion *print()* ausgegeben. Der Syntax nach erwartet die Funktion *print()* ein Argument, das Sie aber beliebig formatieren oder mittels dem Operator . (Punkt) zusammensetzen können. Dabei muss der Text in einfachen oder doppelten Anführungszeichen stehen.

Vorteil der doppelten Anführungszeichen ist, dass Sie Variablen direkt innerhalb einfügen und so auf Verknüpfungen über Operanden verzichten können. Ersetzen Sie folgende Zeile im obigen Listing:

- ```
  <td bgcolor="999999"><? print("Gast: $name<br>E-Mail:
  ".$email."<br>Ort: ".$ort."<br><br>"); print('Eintrag:
  '.$text.'<br>');?></td>
  ```

Nun haben Sie mehrere Varianten der Syntax in einer Zeile vereinigt. Sowohl die Ausgabe von Text als auch das Einfügen von Variablen entweder über Punkt oder direkt innerhalb der Anführungszeichen ist realisiert. In der zweiten *print()*-Funktion wurden
  ```

5.3 Dateneingaben der Besucher kontrollieren

darüber hinaus noch die einfachen Anführungszeichen benutzt. Die Ausgabe auf dem Browser verändert sich dadurch aber nicht.

Ausgabevariante durch den echo()-Befehl

Als zweite Möglichkeit steht Ihnen der Befehl *echo()* zur Verfügung. Hierbei handelt es sich wohlgemerkt um keine Funktion, sondern um ein sprachliches Konstrukt, bei dem Sie die Klammern auch weglassen können bzw. bei der Ausgabe von mehreren Argumenten weglassen müssen.

Wie kann der Gebrauch des *echo*-Befehls aussehen? Im folgenden kurzen Listing, das das abgeänderte Listing *chap_5_12.php* vom Beispiel der *print()*-Funktion ist, sehen Sie wiederum alle Möglichkeiten:

chap_05_13.php

- `<? $name="Berni"; $ort="Frankfurt"; $email="berni@mailer.com"; $text="Hallo Gästebuch, das ist ja toll!"; ?>`
- `<html>`
- `<head>`
- `    <title>Gästebuch</title>`
- `</head>`
- `<body>`
- `<table>`
- `    <tr>`
- `        <td>`
- `        <h3>Gästebuch</h3>`
- `        </td>`
- `    </tr>`
- `    <tr>`
- `        <td>Sie haben folgenden Eintrag in mein Gästebuch`
- `            geschrieben:<br><hr></td>`
- `    </tr>`
- `    <tr>`
- `        <td bgcolor="999999"><? echo "Gast: $name<br>E-Mail: ".$email."<br>Ort: ".$ort."<br><br>"; echo 'Eintrag: ',$text,'<br>';?></td>`
- `    </tr>`
- `    <tr>`
- `        <td><hr>Vielen Dank für den Eintrag.</td>`
- `    </tr>`
- `</table>`
- `</body>`
- `</html>`

Mit PHP zur dynamischen Website

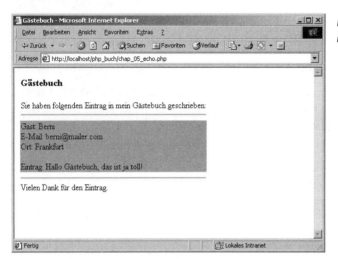

Browser-Ausgabe der Daten über den echo-Befehl

Wie Ihnen sicher auffällt, fällt nichts auf. Das heißt, an der Darstellung hat sich zur Ausgabe mit der *print()*-Funktion nichts verändert. In diesem Listing wurde – wie oben schon erwähnt – gleich die „kompliziertere" Form benutzt, sozusagen der Befehl ausgereizt.

Eine Besonderheit muss hier erwähnt werden: Der zweite *echo*-Befehl am Ende der Zeile weist nicht nur einfache Anführungszeichen bzw. Hochkommas als „Begrenzer" auf, des Weiteren ist die Variable hier auf eine andere Weise eingebunden: über ein Komma.

Der *echo*-Befehl verfügt also noch über eine weitere Möglichkeit der Einbindung von Daten. Wie Sie sehen, ist im Vergleich zur *print()*-Funktion der *echo*-Befehl flexibler im Umgang mit beliebig vielen Argumenten.

Zur Syntax sei gesagt, dass hier die Klammern weggelassen werden können und die Ausgabe direkt in einfachen oder doppelten Anführungszeichen steht.

Während die *print()*-Funktion auch in Fällen benutzt wird, in denen eine Funktion erwartet wird, kann der *echo*-Befehl dort nicht stehen. Als Beispiel dient ein trinärer Bedingungsoperator:

- ```
  <? ($ort=="Frankfurt") ? echo('Frankfurt am Main'): echo($ort);
  // echo ist keine Funktion ?>
  ```
  ```

5.3 Dateneingaben der Besucher kontrollieren

Hier wird geprüft, ob die Bedingung in der Klammer zutrifft. Nach dem Fragezeichen steht dann, was zu tun ist, wenn dies zutrifft, bzw. als zweite Anweisung nach dem Doppelpunkt, wenn dies eben nicht zutrifft. Fügen Sie diese Zeile am besten direkt nach der Variablendefinition ein. Beim Aufruf hat dies einen Fehler zur Folge, da die Bedingung nach dem ? eine Funktion erwartet.

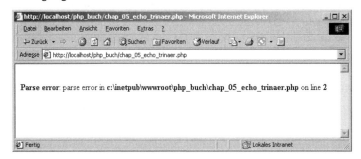

Durch echo-Befehl verursachte Fehlermeldung bei einer trinären Bedingungsoperation

Ersetzen Sie in dieser Zeile das *echo* durch *print*,

- `<? ($ort=="Frankfurt") ? print('Frankfurt am Main'): print($ort); // print ist eine Funktion ?>`

und Sie werden folgende Ausgabe sehen:

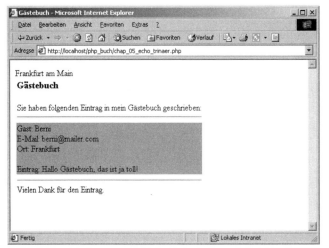

Trinäre Bedingungsoperation mit der print()-Funktion ohne Fehlermeldung

Ein Variante der „direkten" Ausgabe

In manchen Fällen gibt es eine Unzahl von Daten, die in ein bestehendes HTML-Gerüst eingebaut werden müssen. Als Beispiel können Sie sich ein komplexes Formular mit vielen Formularelementen vorstellen, bei dem die Daten aus einer vorherigen Eingabe

Mit PHP zur dynamischen Website

oder aus einer Datenbank kommen und in das Formular eingefügt werden müssen. In solchen Fällen ist es von Vorteil, wenn Ihr Skript übersichtlich bleibt und Sie die Formularelemente ohne Probleme, also ohne störenden PHP-Code, finden können. Aber wie können Sie dies bewerkstelligen?

Eine „direkte" Ausgabe kann über die Syntax =*"Ausgabe"* erfolgen und stellt eigentlich die Kurzvariante des *echo*-Befehls dar. Voraussetzung hierfür ist allerdings, dass das Gleichheitszeichen direkt auf das führende *<?* des PHP-Codebeginns folgt. Sind hier ein Leerzeichen oder andere PHP-Befehle dazwischen, wird es einen Parser-Fehler geben. Folgendes Beispiel, das die Gästebuchausgabe von oben wieder aufgreift, zeigt Ihnen die korrekte Anwendung:

chap_05_14.php

```
<? $name="Berni"; $ort="Frankfurt"; $email="berni@mailer.com";
   $text="Hallo Gästebuch, das ist ja toll!"; ?>
<html>
<head>
    <title>Gästebuch</title>
</head>
<body>
<table>
    <tr>
        <td>
            <h3>Gästebuch</h3>
        </td>
    </tr>
    <tr>
        <td>Sie haben folgenden Eintrag in mein Gästebuch
            geschrieben:<br><hr></td>
    </tr>
    <tr>
        <td bgcolor="999999">Gast: <?=$name?><br>E-Mail:
            <?=$email?><br>Ort: <?=$ort?><br><br>Eintrag:
            <?=$text?><br></td>
    </tr>
    <tr>
        <td><hr>Vielen Dank für den Eintrag.</td>
    </tr>
</table>
</body>
</html>
```

5.3 Dateneingaben der Besucher kontrollieren

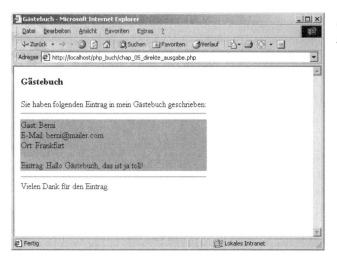

Ausgabe mittels der „direkten" Variante

Wiederum sehen Sie keinen Unterschied zu den vorherigen Ausgaben. Da diese „direkte" Variante einer verkürzten Form des *echo*-Befehls entspricht, ist dies auch nur verständlich. Hinter der „direkten" Ausgabe darf noch weiterer PHP-Code folgen. Sie könnten also auch dies testen:

- ```
  <td bgcolor="999999">Gast: <?=$name?><br>E-Mail:
  <?=$email?><br>Ort: <?=$ort; if ($ort=="Frankfurt") echo
  " am Main"; ?><br><br>Eintrag: <?=$text?><br></td>
  ```

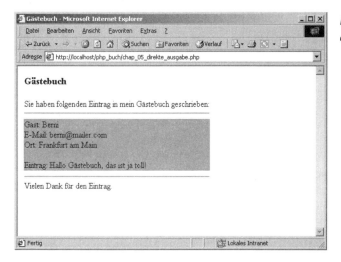

Erweiterte „direkte" Ausgabe auf dem Browser

209
  ```

Mit PHP zur dynamischen Website

Nun wurde hinter dem Eintrag *Frankfurt* auch noch *am Main* ausgegeben. Aber die „direkte" Ausgabe hält noch mehr bereit. Sie können jegliche Art von Funktion im Zusammenhang mit dem Gleichheitszeichen (=) der „direkten" Ausgabe nutzen, solange diese Funktion einen Rückgabewert hat. Da fast jede Funktion von PHP, zumindest was die String-Bearbeitung angeht, einen Rückgabewert hat und dieser fast immer auch den bearbeiteten Daten gleichzusetzen ist, können Sie Ihre „direkte" Ausgabe der Daten hervorragend steuern. Nehmen Sie als Beispiel folgende Zeile und ersetzen Sie diese im obigen Listing:

- ```
  <td bgcolor="999999">Gast: <?= strtoupper($name)?><br>
  E-Mail: <?= substr($email,strpos($email,"@"))?><br>Ort:
  <?= strtolower($ort)?><br><br>Eintrag: <?= crypt($text)?>
  <br></td>
  ```

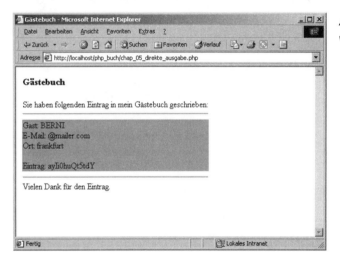

Ausgabe „direkt" verarbeiteter Daten

Was die Funktionen im Einzelnen machen, werden Sie auf den folgenden Seiten kennen lernen. Hier soll genügen, dass die Ausgabe sich entsprechend ändert und kein Fehler aufgetreten ist.

Existenz von Daten überprüfen

In der Praxis werden Sie sicher häufig damit konfrontiert werden, dass Sie nicht blind auf das Vorhandensein von Daten vertrauen dürfen. Warum ist dem so?

Hierfür lassen sich eine Menge Gründe finden. Besonders wichtig sind aber zwei: Erstens können der Skriptablauf und alle weiteren, darauf basierenden Prozesse mögli-
  ```

5.3 Dateneingaben der Besucher kontrollieren

cherweise nicht einwandfrei funktionieren und zweitens ist der erwartete Datensatz nicht vollständig.

Zum zweiten Punkt werden Sie vermutlich sagen, dass dies nicht so schlimm ist, aber überlegen Sie nur, wenn Ihre Webseite ständig Leerformulare, also von Besuchern versehentlich oder bewusst unausgefüllte, abgeschickte Formulare verarbeiten würde. Beim Beispiel des Gästebuchs hätten Sie in Kürze eine Ausgabe, die im Prinzip nichts darstellt, da keine Daten vorhanden sind. Oder beim Webmailer aus dem Kapitel über Formulare würde ohne Prüfung eine E-Mail verschickt. Diese kommt bei fehlenden Daten natürlich nirgends an, aber belastet unnötigerweise die Performance des Servers.

Wenn Sie beim obigen Beispiel des Gästebuchs die Daten für den eigentlichen Eintrag leer lassen (*$text=""*), erhalten Sie diese Ausgabe:

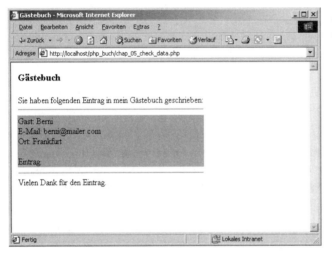

Ausgabe eines Eintrags ohne eigentliche Nachricht

Das ist sicher nicht erwünscht, da dieser Gästebucheintrag kein Sinn macht. Um einen solchen Fall zu verhindern, benötigen Sie lediglich die Überprüfung der Variable *$text*. Im Zusammenspiel mit Formularen müssen Sie wissen, welche Formularelemente in jedem Fall eine Variable erzeugen und welche nicht. Für eine Texteingabebox existiert immer eine Variable, d. h., Sie prüfen, ob diese leer ist. Dies können Sie durch einen Vergleich mittels einer If-Abfrage tun. Hierfür ändern Sie das Listing *chap_05_13.php* vom Gästebuch von Seite 205 folgendermaßen:

- ```
  <td bgcolor="999999">Gast: <? echo $name; ?><br>E-Mail:
  <? echo $email; ?><br>Ort: <? echo $sort; ?><br><br>
  Eintrag: <? if ($text=="") echo "Achtung! Sie haben
  keinen Text eingegeben."; else echo $text; ?><br></td>
  ```
  ```

Mit PHP zur dynamischen Website

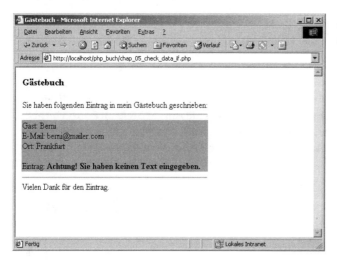

Prüfung der Variable $text mit Ausgabe einer Warnung

Sie vergleichen hier direkt zwei Strings miteinander, d. h., die Variable *$text* bzw. der darin gespeicherte String wird mit einem Leer-String *""* verglichen. Trifft dieser Vergleich zu, wird eine Warnung ausgegeben, andernfalls die Variable.

Darauf sollten Sie aber nur zurückgreifen, wenn der Programmcode übersichtlich ist und Sie sich sicher sind, dass ein Wechseln des Datentyps der Variable vor der Abfrage ausgeschlossen werden kann.

Ansonsten sollten Sie zur Sicherheit die im nächsten Absatz folgenden Funktionen einsetzen. Natürlich ist es nicht damit getan, eine Warnung auszugeben. Wird vom Skript festgestellt, dass eine benötigte Variable leer ist, sollte darüber hinaus eine Umleitung bzw. Rückführung zum Formular stattfinden.

An dieser Stelle muss kurz vom praktischen Beispiel abgeschweift werden und ein theoretischer Block folgen. Der Grund hierfür ist, dass Sie, bevor Sie mit den Daten arbeiten, sicher sein sollten, dass etwas vorhanden ist, mit dem Sie auch arbeiten können.

Es gibt mehrere Möglichkeiten, von denen Sie eben eine kennen gelernt haben und die jeweils der Situation angepasst benutzt werden können. Ein wichtiger Unterschied ist z. B., ob eine Variable leer ist oder nicht existiert. Bei logischen Vergleichen kann es entscheiden sein, ob es sich um einen leeren String oder um eine Variable mit dem Wert 0 handelt. Sie sollten deshalb immer genau wissen, wie Sie die Existenz prüfen.

Die Funktionen *isset()* und *empty()* werden Ihnen dabei helfen. An dieser Stelle mag es Ihnen unbedeutend erscheinen, aber in der Praxis schleichen sich hier häufig Fehler ein, die hinterher oft schwer auszumachen sind.

5.3 Dateneingaben der Besucher kontrollieren

Mit der Funktion *isset()* können Sie prüfen, ob eine Variable existiert. Bei Daten von Formularen eignet sich dies hervorragend für Checkboxen, die, wenn sie nicht angeklickt wurden, keine Variable im Folgeskript erzeugen.

- `$check=isset($text);`

Sie erhalten als Rückgabewert entweder *TRUE* für den Fall, dass die getestete Variable existiert, oder *FALSE*. Um wie oben schon mittels der If-Abfrage zu prüfen, ob die Variable leer ist oder einen Wert enthält, können Sie dies alternativ mit der Funktion *empty()* machen:

- ```
  <td bgcolor="999999">Gast: <? echo $name; ?><br>E-Mail:
  <? echo $email; ?><br>Ort: <? echo $ort; ?><br><br>
  Eintrag: <? if (empty($text)==true) echo "Achtung!
  Sie haben keinen Text eingegeben."; else echo $text;
  ?><br></td>
  ```

Wie bei *isset()* erhalten Sie *TRUE* oder *FALSE*, je nachdem, ob die Bedingung zutrifft.

Um Ihnen nochmals einen kompletten Überblick zu verschaffen, mit welcher Methode Sie welches Ergebnis in Bezug auf die Überprüfung von Variablen bekommen, zeigt Ihnen die folgende Tabelle alle wichtigen Kombinationen. Hier sehen Sie in der ersten Spalte die zu prüfende Zustände einer Variable, während in der ersten Zeile die Art der Prüfung steht. Sie können also auf einen Blick sehen, welchen Rückgabewert Sie bei einem gewissen Zustand der Variable mit welcher Art der Prüfung erhalten.

zu prüfen	isset()	empty()	$text==""	$text!=""	$text	!$text
unset($text)	false	true	true	false	false	true
$text=""	true	true	true	false	false	true
$text=0	true	true	true	false	false	true
$text="0"	true	false	false	true	false	true
$text="a"	true	false	false	true	true	false
$text=1	true	false	false	true	true	false
$text=true	true	false	false	true	true	false
$text=false	true	true	true	false	false	true
$text=array()	true	true	false	false	false	true
$text=array("a")	true	false	false	false	true	false
  ```

INFO — best friend: True or False

Sie müssen sich dessen bewusst sein, dass die Existenz und der Wert einer Variable in jedem Fall einen Rückgabewert *TRUE* oder *FALSE* erzeugen können. Das heißt, die Variable *$text=1* entspricht dem Zustand *TRUE*. So kommt es dazu, dass die Funktion *empty()* bei einer numerischen Variablen mit dem Wert 0 diese als leer betrachtet und *TRUE* erzeugt. Als String betrachtet ist *0* aber *FALSE*, also nicht leer.

Wie oben schon erwähnt, ist hier, falls es zu automatischen Konvertierungen innerhalb des Ablaufs des Codes kommt, ein wichtiger Punkt zu lokalisieren, bei dem schwer auffindbare Fehler produziert werden. Unter diesem Gesichtspunkt sollten Sie sich die obige Tabelle ansehen und bei Problemen mit Ihren Skripten zurate ziehen.

TIPP — best friend: Existenz einer Variable prüfen

Um auf sicherem Wege zu entscheiden, ob eine Variable als Inhalt *FALSE* zurückgibt oder ob sie tatsächlich nicht definiert ist, können Sie folgendes Beispiel benutzen:

if (!isset($text)) { /* hier die Anweisungen */ }

Zurück zur Praxis und den Beispielen. Im Zusammenhang mit Formularen ist es in der Praxis hin und wieder wichtig, zwischen einer „normalen" Variable und einem Array zu unterscheiden. Denken Sie hier nur an die Datenverarbeitung vom veränderten Listing *chap_05_09.php* auf Seite 190, bei dem entschieden werden muss, wie auf die Ausgabe eines Arrays reagiert wird. Diese Prüfung, die Sie schon kennen gelernt haben, basiert auf der Funktion *is_array()* und gibt zurück, ob es sich bei der Variable um ein Array handelt oder nicht:

- if (is_array($text)) { /* hier die Anweisungen */ }

Manipulation von Strings

Nachdem Sie nun einige Möglichkeiten kennen gelernt haben, wie Sie vor der eigentlichen String-Bearbeitung eine Überprüfung durchführen, können Sie mit den Zeichenketten arbeiten. An erster Stelle steht natürlich die Ausgabe derselben, wie es auf Seite 203 im Kapitel über die Ausgabe von Strings beschrieben ist. Nun erscheint es aber in den meisten Fällen als wichtig, die vorhandenen Daten bzw. Strings zu bearbeiten oder zu manipulieren. Welche Fälle dies sind, werden Sie im folgenden Text erfahren.

5.3 Dateneingaben der Besucher kontrollieren

Als erstes Beispiel werden Ihnen Funktionen näher gebracht, mit denen Sie unerwünschte Zeichen aus Ihrer Zeichenkette entfernen können. Warum und wann sollte dies der Fall sein?

Störende Sonderzeichen

Nehmen Sie wiederum das Beispiel des Gästebuchs. Gibt ein Besucher nun im Formular in das Textfeld für den Eintrag folgenden Text ein:

Hallo Gästebuch, mein "Eintrag" erscheint nun auch im Internet!

Dann werden Sie bei der Ausgabe folgendes Ergebnis erhalten:

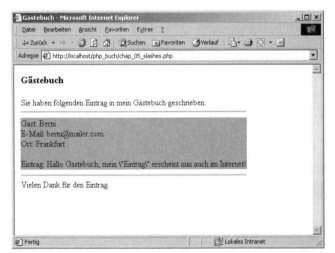

Störende Sonderzeichen im Ausgabetext

Durch die magic_quotes von PHP (standardmäßig aktiviert) werden vor der Übertragung bestimmte Sonderzeichen wie " oder \ mit einem führenden Backslash \ kodiert.

INFO

magic_quotes
Bei den magic_quotes handelt es sich um eine PHP-Funktion, die über die Konfiguration ein- oder ausgeschaltet werden kann. Hierbei wird der magic_quotes-Zustand sowohl für Formulardaten (GET oder POST) als auch für Cookies (siehe Kapitel über Cookies ab Seite 303.) gesteuert. Wenn magic_quotes eingeschaltet ist, werden automatisch alle Hochkommas ' (singlequote), Anführungszeichen " (double quote) und schiefe Schrägstriche \ (backslash) mit einem Backslash versehen.

Mit PHP zur dynamischen Website

So kommt es zur Ausgabe von

Hallo Gästebuch, mein \ "Eintrag\ " erscheint nun auch im Internet!

im Gästebuch, was sicher nicht erwünscht ist. Mit einfachen Mitteln können Sie diesen Umstand beseitigen. Entweder Sie schalten die magic_quotes in der PHP-Konfiguration aus oder Sie manipulieren den String vor der Ausgabe mit der Funktion *stripslashes()*. Ersetzen Sie im obigen Listing *chap_05_13.php* (Seite 205) wiederum die bekannte Zeile durch

```
<td bgcolor="999999">Gast: <? echo $name; ?><br>E-Mail:
<? echo $email; ?><br>Ort: <? echo $ort; ?><br><br>Eintrag:
<? echo stripslashes($text); ?><br></td>
```

und die überflüssigen Backslashes werden durch das Anwenden der *stripslashes()*-Funktion herausgefiltert:

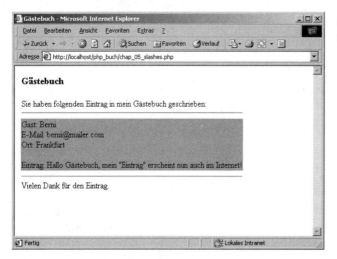

Bereinigte Ausgabe mittels der stripslashes()-Funktion

HTML-Tags in Zeichenketten

Ein ähnlicher Fall liegt vor, wenn der Besucher in einem Texteingabefeld eine Formatierung durch HTML-Tags vornimmt. Gern werden HTML-Tags wie <b> für Fettdruck oder <br> für einen Zeilenumbruch eingegeben. Diese HTML-Tags und noch etliche mehr werden Ihrer Webseite nicht wesentlich schaden und sind somit auch nicht das eigentliche Problem. Allzu schnell gewöhnen sich die Besucher an den Gebrauch von HTML-Tags und erweitern die Palette um HTML-Tags, die nicht erwünscht sind. Dieser HTML-Code kann sehr schnell, v. a. wenn es sich um Tabellen etc. handelt, Ihre Ausgabeseite stören und/oder unleserlich machen.

5.3 Dateneingaben der Besucher kontrollieren

Gestörte Ausgabe durch Formulardaten mit HTML-Code

Geben Sie als Beispiel in das Gästebuch-Formular in das Feld für den eigentlichen Eintrag folgenden Text ein:

*</tr><h1>Hallo Gästebuch,</h1>
mein "Eintrag" erscheint nun auch im Internet!*

Falls Sie das Gästebuch-Formular nicht selbst geschrieben haben, dann haben Sie auch hier die Möglichkeit, die Variable *$text* mit dem eben genannten Inhalt zu befüllen, indem Sie das bis hierher veränderte Listing *chap_05_13.php* von Seite 205 benutzen.

Die HTML-Befehle <h1> und <br> würden die Folgeseite noch nicht sehr empfindlich stören. Lediglich das Design würde nicht dem entsprechen, wie Sie es vielleicht entworfen haben. Die eigentliche Störung geschieht einzig durch den End-Tag </tr>, wodurch die Tabellenstruktur der eigentlichen Ausgabeseite „zerschossen" wird. Der Text des Eintrags erscheint nun als Erstes, gefolgt vom eigentlichen Tabellenaufbau.

Bei wesentlich komplizierteren Strukturen oder Aufbau einer Seite, z. B. beim Gebrauch von Layern, kann dies noch viel weit reichendere Auswirkungen haben. Aber auch hierfür gibt Ihnen PHP eine einfache Funktion zur Hand: *strip_tags()*.

Mit PHP zur dynamischen Website

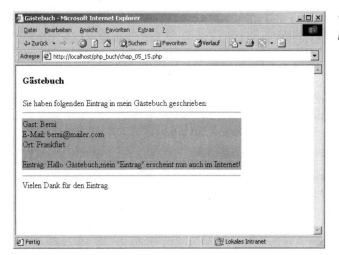

Von HTML-Tags bereinigte Formulardaten-Ausgabe

Erweitern Sie wie gerade eben schon ein weiteres Mal den Code von *chap_05_13.php*:

```
<td bgcolor="999999">Gast: <? echo $name; ?><br>E-Mail:
<? echo $email; ?><br>Ort: <? echo $ort; ?><br><br>Eintrag:
<? echo strip_tags(stripslashes($text)); ?><br></td>
```

Wie Sie sicher bemerkt haben, liegt hier eine Verschachtelung zweier Funktionen vor. Zuerst wird die Variable *$text* mit der Funktion *stripslashes()* von überflüssigen Backslashes bereinigt und danach kommt die *strip_tags()*-Funktion zum Zuge. Diese Funktion entfernt alle HTML- oder auch PHP-Tags aus dem String. Somit haben Sie die „normale" Darstellung wiederhergestellt.

Vorkommen von Whitespaces in Strings

Ein weiteres Problem bereiten häufig auch die so genannten Whitespaces innerhalb eines Strings.

Whitespaces

INFO Mit Ausnahme der normalen Leerzeichen bleiben die Whitespace-Zeichen für die HTML-Ausgabe ohne Auswirkung. Whitespaces dienen dazu, den Text für den Betrachter zu formatieren und können von einer Vielzahl von Editoren dargestellt werden. So können Sie z. B. die Ausgabeform in einem ASCII-Editor oder in einer ASCII-E-Mail steuern.

Hierzu zählen folgende Zeichen:

(normales Leerzeichen)

5.3 Dateneingaben der Besucher kontrollieren

\n (Zeilenvorschub, neue Zeile)

\r (Wagenrücklauf)

\f (Seitenvorschub)

\t (Tabulator)

\v (vertikaler Tabulator)

\xXX (ASCII-Code in hexadezimaler Darstellung)

\0 (NULL-Byte)

Whitespaces werden z. B. auch innerhalb der Formulare von Texteingabeboxen erzeugt, wenn der Besucher hier mit der [Enter]-Taste arbeitet, um einen Zeilenumbruch zu erzeugen. Geben Sie nur den String aus, wird dies nicht weiter von Bedeutung sein, da HTML diese Zeichen ignoriert. Wollen Sie aber eine Abfrage oder einen Vergleich durchführen, können sich diese Zeichen störend auswirken. In der Praxis ist es häufiger der Fall, dass auf eine bestimmte Eingabe hin etwas passieren soll oder muss. Nehmen Sie das Beispiel des Gästebuchs. Gibt der Besucher beim Ort wie im Beispiel oben den Wert *Frankfurt* ein, möchten Sie vielleicht wissen, ob „Frankfurt am Main" oder „Frankfurt an der Oder". Sie können folgende Abfrage dafür benutzen, der Übersichtlichkeit wegen wird hier nochmals das komplette Listing basierend auf *chap_05_13.php* aufgeführt:

chap_05_16.php
- `<? $name="Berni"; $ort="Frankfurt\n\r"; $email="berni@mailer.com"; $text="Hallo Gästebuch, das ist ja toll!"; ?>`
- `<html>`
- `<head>`
-     `<title>Gästebuch</title>`
- `</head>`
- `<body>`
- `<table>`
-     `<tr>`
-         `<td>`
-             `<h3>Gästebuch</h3>`
-         `</td>`
-     `</tr>`
-     `<tr>`
-         `<td>Sie haben folgenden Eintrag in mein Gästebuch geschrieben:<br><hr></td>`
-     `</tr>`
-     `<tr>`
-         `<td bgcolor="999999">Gast: <? echo $name;?><br>E-Mail:`

Mit PHP zur dynamischen Website

```
                <? echo $email; ?><br>Ort: <? echo $ort; ?><br><br>
                Eintrag: <? echo strip_tags(stripslashes(($text));
                ?><br></td>
        </tr>
        <? if ($ort=="Frankfurt") { ?>
        <tr>
                <td align="center"><br><hr width="50%"><b>Bitte gehen Sie
                zurück und<br>ergänzen den Ort um die Ortsangabe<br>
                (z.B. Frankfurt am Main)</b><hr width="50%"><br></td>
        </tr>
        <? } ?>
        <tr>
                <td><hr>Vielen Dank für den Eintrag.</td>
        </tr>
</table>
</body>
</html>
```

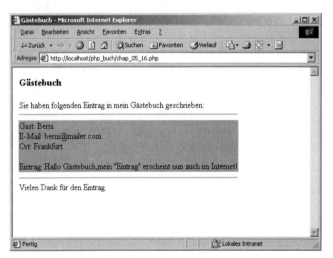

Ausgabe ohne zusätzliche Zeile, da die If-Abfrage nicht zutrifft

In der ersten Zeile wird wieder die Eingabe eines Formulars simuliert, dabei ist auch der Eintrag $ort mit einem abschließenden Zeilenumbruch. Die If-Abfrage im Listing sollte dafür sorgen, dass bei der Eingabe von „Frankfurt" eine zusätzliche Zeile ausgegeben wird, um den Besucher aufzufordern, noch einmal zum Formular zurückzugehen und die Eingabe zu ergänzen. Ziel ist hier, eine möglichst genaue Information zu bekommen. Nur führt die If-Abfrage nicht zum gewünschten Erfolg, da die zu vergleichenden Strings nicht übereinstimmen (*Frankfurt\n\r* und *Frankfurt*).

Für alle Whitespaces am Anfang und Ende eines Strings lässt sich mit PHP durch die Funktion *trim()* eine einfache Lösung finden. Diese Funktion entfernt diese überflüssi-

5.3 Dateneingaben der Besucher kontrollieren

gen Zeichen am Anfang und Ende eines Strings und liefert das bereinigte Ergebnis zurück. Hat also die Variable *$text* nach der Eingabe den Wert *Frankfurt\n\r*, kann folgende Abfrage korrekt durchgeführt werden:

- ```
<? if (trim($ort)=="Frankfurt") { ?>
```

Im Augenblick mag Ihnen diese Vorgehensweise nicht sehr sinnvoll erscheinen, aber richten Sie Ihr Augenmerk darauf, dass dynamische Webseiten sehr häufig, um nicht zu sagen immer, mit Datenbanken zusammenarbeiten. Hier ist es für eine Datenbankabfrage von großer Bedeutung, ob am gesuchten String noch Whitespaces anhängen. Auf diese Weise kann z. B. kein passender Eintrag in der Datenbank gefunden werden.

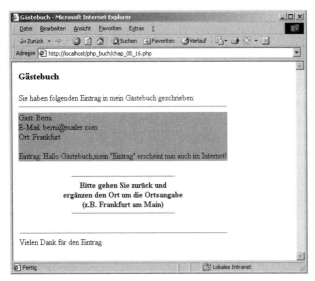

*Ausgabe bei zutreffender If-Abfrage*

Darüber hinaus können oder sind diese überflüssigen Zeichen innerhalb des Strings auch nicht immer erwünscht. Mittels *trim()* lassen sich diese Whitespaces aber nicht entfernen, lediglich am Anfang und Ende eines Strings. Stellen Sie sich vor, der Gästebucheintrag wird mit Whitespaces in einer Datenbank oder einem File abgespeichert. Sollten Sie zu einem späteren Zeitpunkt z. B. im Zusammenhang mit einer Suchfunktion den Eintrag durchsuchen, entstehen dieselbe Probleme wie eben schon geschildert. Einen Eintrag *Frankfurt\n\ram Main* mit einem Zeilenumbruch können Sie bei der Suche nach „Frankfurt am Main" nicht finden. Wie können Sie dieses Problem auf einfach Weise lösen?

**221**
```

Mit PHP zur dynamischen Website

TIPP

Umgang mit Whitespaces

Es ist abzuwägen, ob Whitespaces prinzipiell aus einem String entfernt werden sollten. In Bezug auf Suchfunktionen haben Sie natürlich auch die Möglichkeit, diese Problematik zu umgehen, indem Sie gezielt nach aussagekräftigen Teil-Strings suchen oder sogar mit einer indizierten Suche, die auf der Erstellung eines Index als Lookup (wie ein Nachschlagewerk) basiert, arbeiten. Dienen Informationen jedoch nur der Ausgabe, spricht nichts dagegen, die Strings so zu übernehmen. Auch sollten Whitespaces nicht entfernt werden, wenn die Zeilenumbrüche erhalten bleiben sollen.

Zur Zeit müssen Sie hierfür noch einen kleinen Umweg gehen bzw. eine etwas kompliziertere Syntax einer Funktion benutzen. Prinzipiell stehen Ihnen für die Lösung zwei Funktionen zur Verfügung: *str_replace()* und *ereg_replace()*.

Teile einer Zeichenkette ersetzen

Mit der *str_replace()*-Funktion können beliebige Zeichen gegen vorgegebene beliebige Zeichen ausgetauscht werden. Im Beispiel der Whitespaces bedarf es also hierfür mehrerer Verkettungen der Funktion, um letztlich alle überflüssigen Zeichen zu entfernen. Eine vollständige Ersetzung würde folgendermaßen aussehen:

```
<?
$ort =trim($ort);
$ort =str_replace("\n", "", $ort);
$ort =str_replace("\r", "", $ort);
$ort =str_replace("\t", "", $ort);
$ort =str_replace("\v", "", $ort);
$ort =str_replace("\0", "", $ort);
$ort =str_replace("  ", " ", $ort);
?>
```

Zuerst werden durch die bekannte Funktion *trim()* die Whitespaces am Anfang und Ende des Strings entfernt. Dies ist deshalb empfehlenswert, da im folgenden Code nicht alle Leerzeichen einfach ersetzt werden. Bei dieser Vorgehensweise würde aus „Frankfurt am Main" ein „FrankfurtamMain", was sicher nicht erwünscht ist. Weiter wird nun mit *str_replace()* jeder einzelne Whitespace ersetzt bzw. entfernt und als Abschluss werden noch doppelte Leerzeichen durch ein Leerzeichen ersetzt. Sie haben als Ergebnis in der Variable *$ort* nun einen vollkommen bereinigten String. Diese Funktion lässt sich darüber hinaus auch noch für andere Dinge benutzen. Der eigentliche Sinn dieser Funktion ist es, eine gewisse Zeichenkette des Strings durch etwas Neues zu ersetzen.

5.3 Dateneingaben der Besucher kontrollieren

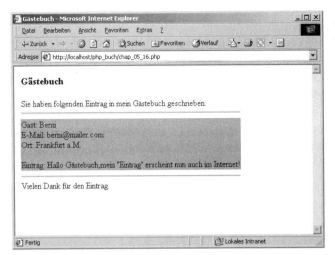

Ausgabe von veränderten Daten mittels str_replace()

So können Sie z. B. vordefiniert bestimmte Wörter, falls sie im String vorkommen, durch andere Wörter ersetzen:

- ```
<td bgcolor="999999">Gast: <? echo $name;?>
E-Mail:
<? echo $email; ?>
Ort: <? echo str_replace("am Main",
"a.M.", $ort); ?>

Eintrag: <? echo strip_tags
(stripslashes(($text)); ?>
</td>
```

Hier wird vor der Ausgabe mit dem Befehl *echo* die Variable *$ort* durch die Funktion *str_replace()* geprüft. Gesucht wird nach dem Teil-String *am Main* und jeder Treffer wird anschließend durch *a.M.* ersetzt. So erhalten Sie die Ausgabe wie oben abgebildet.

Nachdem Sie gelernt haben, wie die Funktion *str_replace()* arbeitet, wird Ihnen an dieser Stelle vorab eine kürzere Variante aufgezeigt. Greifen Sie das Problem der Whitespaces wieder auf und Sie stellen fest, dass für jeden einzelnen Whitespace die Funktion *str_replace()* ausgeführt werden muss. Hier bietet Ihnen PHP eine einfachere Möglichkeit an.

Mit der Funktion *ereg_replace()* haben Sie die Möglichkeit, diese Mehrfachsuche auf einen einzigen Befehl zu reduzieren. Diese Funktion durchsucht einen String nach einem vorgegebenen Muster und ersetzt dieses durch bestimmte Zeichen. Das Besondere hierbei ist das Muster. Über die regulären Ausdrücke, die für komplexe Manipulationen an Zeichenketten mit PHP verwendet werden, wird hier ein Suchmuster definiert. Jede Übereinstimmung wird dann ersetzt. Im vorliegenden Fall von Seite 222 müsste die Ersetzung des *str_replace()*-Blocks folgendermaßen lauten:

- ```
<? $ort = ereg_replace("[[:space:]]+", " ", $ort); ?>
```

Mit PHP zur dynamischen Website

Reguläre Ausdrücke

INFO Reguläre Ausdrücke sind nichts anderes als genau definierte Suchmuster für Zeichen und Zeichenketten, mit denen man den Aufbau von Zeichenketten beschreiben kann. Ein regulärer Ausdruck ist also eine Beschreibung, die auf eine ganze Klasse von Zeichenketten passt und als Schablone dient, die mit einer Zeichenkette verglichen wird.

Sie können also den Inhalt von Variablen mithilfe dieser Suchmuster bzw. regulären Ausdrücke durchsuchen und bearbeiten. Weiterführend sind reguläre Ausdrücke ein mächtiges Mittel, um große Datenbestände nach komplexen Suchausdrücken, die so komplex sein können, dass sich ganze Filter in einer Zeile beschreiben lassen, zu durchforsten.

Fazit: Im Zusammenhang mit String-Bearbeitung werden reguläre Ausdrücke für komplexe Manipulationen an Zeichenketten mit PHP verwendet.

Zu diesem Zeitpunkt soll dies genügen. Eine Weiterführung erfolgt im Kapitel über das Suchen innerhalb von Zeichenketten auf Seite 252.

Zeilenumbrüche in Strings darstellen

Wie oben schon angedeutet, wollen Sie vielleicht nicht immer alle Whitespaces entfernen. Wann könnte dies zutreffen?

Denken Sie z. B. an den Webmailer, bei dem die Eingabe von einer Nachricht erlaubt ist. Hier bietet es sich an, die erzeugten Whitespaces, die in einer ASCII-E-Mail (also der „normale" Weg) dargestellt werden, zu erlauben. Aber auch beim Beispiel des Gästebuchs treffen Sie auf „erlaubte" Whitespaces. Im Speziellen sind hier zwei Whitespaces gemeint: der Zeilenvorschub (\n) und der Wagenrücklauf (\r). Diese beiden Whitespaces bzw. deren Kombination (abhängig vom System, also ob z. B. von DOS oder Windows erzeugt) ergeben Zeilenumbrüche.

Stellen Sie sich vor, der Besucher Ihrer Webseite möchte einen Eintrag ins Gästebuch machen und gibt nun seine Nachricht in das vorgesehene Textfeld ein. Wie Sie es vermutlich selbst von sich kennen, erfolgt meist eine „Formatierung" in der Eingabebox durch Drücken der [Enter]-Taste, um einen Zeilenumbruch auszuführen.

Die Darstellung im Formular des Gästebuchs ist dementsprechend für den Besucher auch in Ordnung. Um diesen Fall zu simulieren, können Sie, wenn Sie ein entsprechendes Formular nicht haben, die Daten am Anfang des Listings vorgeben:

5.3 Dateneingaben der Besucher kontrollieren

chap_05_17.php

- ```
<? $name="Berni"; $ort="Frankfurt am Main"; $email=
"berni@mailer.com"; $text="Hallo Gästebuch,\n\rmein \"Eintrag\" er-
scheint nun auch im Internet!\n\r\n\r"; ?>
```

*Zeilenumbrüche aus Formulareingabe werden nicht dargestellt*

Nach der Begrüßung *Hallo Gästebuch,* wurde also mit der ⎡Enter⎤-Taste ein Zeilenumbruch erzeugt. Ebenso existieren zwei Zeilenumbrüche am Ende der Eingabe.

Betrachtet der Besucher nun aber die Ausgabe auf der Folgeseite, gehen momentan diese Zeilenumbrüche „verloren". Einerseits könnte es Ihnen egal sein, ob die Zeilenumbrüche dargestellt werden, andererseits wird es so sicher enttäuschte Besucher geben.

Um dieses Problem zu lösen, könnten Sie mit den eben gelernten Funktionen *str_replace()* oder *ereg_replace()* den String durchsuchen und alle Zeilenumbrüche mit <br>-Tags ersetzen.

Aber genau dies stellt Ihnen PHP mit der speziellen Funktion *nl2br()* bereit. Entziffern Sie den Namen der Funktion und Sie werden, im Zeitalter der Akronyme, sicher erkennen, dass dies für **n**ew **l**ine **to b**reak steht. Hier wird also der Whitespace \n für einen Zeilenvorschub bzw. neue Zeile durch den HTML-Tag <br> erweitert, d. h., <br> wird vor \n eingefügt. Setzen Sie nun das Listing von eben folgendermaßen fort:

- `<html>`
- `<head>`
- `    <title>Gästebuch</title>`
```

Mit PHP zur dynamischen Website

```
</head>
<body>
<table>
    <tr>
        <td><h3>Gästebuch</h3></td>
    </tr>
    <tr>
        <td>Sie haben folgenden Eintrag in mein Gästebuch
            geschrieben:<br><hr></td>
    </tr>
    <tr>
        <td bgcolor="999999">Gast: <? echo $name; ?><br>E-Mail:
        <? echo $email; ?><br>Ort: <? echo str_replace
                        ("am Main", "a.M.", $ort); ?> <br><br>
                        Eintrag: <? echo nl2br (strip_tags
                        (stripslashes($text))); ?> <br></td>
    </tr>
<? if (trim($ort)=="Frankfurt") { ?>
    <tr>
        <td align="center"><br><hr width="50%"><b>Bitte gehen Sie
            zurück und<br>ergänzen den Ort um die Ortsangabe<br>
            (z.B. Frankfurt am Main)</b><hr width="50%"><br></td>
    </tr>
<? } ?>
    <tr>
        <td><hr>Vielen Dank für den Eintrag.</td>
    </tr>
</table>
</body>
</html>
```

Was geschieht mittlerweile bei dieser Art der Ausgabe? Sie haben nun schon eine Verschachtelung von drei Funktionen um die Ausgabe der Variable *$text*. Zuerst werden die überflüssigen Backslashes, die durch magic_quotes hinzugefügt wurden, durch die Funktion *stripslashes()* entfernt.

Anschließend greift die Funktion *strip_tags()*, wodurch alle von Hand eingegebenen HTML-Tags entfernt werden. Als letzter Punkt wird nun durch die Funktion *nl2br()* der String nach Zeilenvorschüben \n durchsucht und davor dann jeweils ein HTML-Zeilenumbruch <br> eingefügt.

5.3 Dateneingaben der Besucher kontrollieren

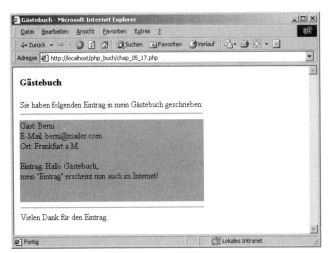

Ausgabe mit dargestellten Zeilenumbrüchen der Formulareingabe

Nun hat der Besucher seine Formatierung auf der Folgeseite behalten. Ebenso wäre dies der Fall beim Webmailer und der E-Mail-Vorschau. Hier könnte der Besucher dank der *nl2br()*-Funktion die E-Mail genauso sehen, wie sie anschließend verschickt wird, da die Zeichen \n\r beim Versenden der E-Mail sehr wohl beachtet werden, weil die Daten als ASCII-Nachricht angefügt und so diese Zeilenumbrüche beim Empfänger umgesetzt werden.

Kodierung von Strings für die Übertragung

Nehmen Sie einmal an, Sie übergeben Daten an ein Folgeskript nicht über ein POST-Formular, sondern über einen Link, was in der Praxis sehr häufig vorkommt, da es zu aufwendig wäre, für jeden Link ein Formular zu bauen. Unter diesen Umständen müssen Sie gewährleisten, dass die Daten auch wirklich korrekt übertragen werden. Wie Sie schon im Kapitel über die GET-Methode von Formularen auf Seite 150 gelesen haben, können schon recht „einfache" Zeichen diese Übertragung stören.

Gestörte Übertragung von Parametern bei Netscape

Mit PHP zur dynamischen Website

Ein weiterer Problemfall ist z. B., wenn Sie Daten aus einem Formular im Folgeskript in eine Datenbank ablegen möchten. Hier kann das Vorkommen von z. B. Hochkommas oder Anführungszeichen den Datenbankeintrag fehlschlagen lassen, da die Syntax des Datenbankbefehls gestört wird.

Um diesen Problemen zu begegnen, haben Sie u. a. vier Funktionen zur Hand:

- *rawurlencode()* und *rawurldecode()*
- *urlencode()* und *urldecode()*

Was machen diese Funktionen und wo ist der Unterschied?

Eine Kodierung des Strings bzw. Dekodierung findet bei allen vier Funktionen statt. Hierbei handelt es sich um paarweise zusammengehörige Funktionen, d. h., mit der Funktion *rawurlencode()* können Sie einen String kodieren und mit der Funktion *rawurldecode()* die Kodierung wieder rückgängig machen. Das andere Paar *urlencode()* und *urldecode()* verhält sich gleich.

INFO **URL-Kodierung**
Bei der Kodierung werden alle Sonderzeichen, außer Minuszeichen (-), Unterstrich (_) und Punkt (.), durch einen zweistelligen hexadezimalen Code mit einem einleitenden %-Zeichen ersetzt. Dies entspricht der Kodierung nach RFC 1738 zum Schutz von Zeichen, die als spezielle URL-Trennzeichen zu interpretieren sind oder die vor einer Umwandlung durch Übertragungsmedien mit Zeichen-Konvertierung (z. B. einige E-Mail-Systeme) bewahrt werden sollen.

Während sich die Funktionen *rawurlencode()* und *rawurldecode()* für die Kodierung bzw. Dekodierung von URL-Parametern eignen, sind *urlencode()* und *urldecode()* sehr nützlich, wenn Strings kodiert (*urlencode*), als Variablen an die Folgeseite übergeben und dort wieder dekodiert (*urldecode*) werden. Letzteres eignet sich hervorragend, um z. B. in einer Suchmaschine auf Ihrer Seite die Ergebnisliste zu steuern. Das heißt, es werden eine gewisse Anzahl an Treffern dargestellt und über einen Link kann die nächste oder vorherige Ergebnisseite aufgerufen werden. An dieser Stelle müssen Daten an die Folgeseite übergeben werden, wofür Sie eine Kodierung mittels *urlencode()* benutzen sollten. Um diese Funktionen zu testen, können Sie basierend auf Listing *chap_05_17.php* Folgendes versuchen:

```
<? $name="Berni"; $ort="Frankfurt am Main";
$email="berni@mailer.com"; $text="Hallo Gästebuch,\n\rmein
\"Eintrag\" erscheint nun auch im Internet!\n\r\n\r"; ?>
```

5.3 Dateneingaben der Besucher kontrollieren

An dieser Stelle werden wieder die Daten bereitgestellt. Sollten Sie ein Formular haben, können Sie die Daten auch eingeben und an dieses Skript senden. An dieser Stelle fügen Sie das Listing von *chap_05_17.php* bis zum </table>-Tag ein. Schließen Sie daran Folgendes an:

- <table>
- <tr>
- <td bgcolor="cccccc">Datenbank-Info:

Eintrag 1: <? echo urlencode($text); ?>
Eintrag 2: <? echo rawurlencode($text); ?>
</td>
- </tr>
- </table>
- </body>
- </html>

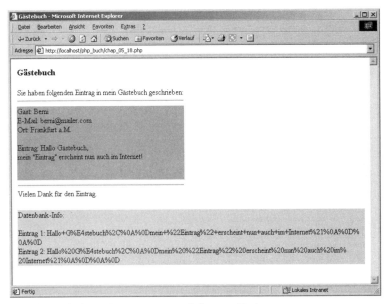

Ausgabe von kodierten Daten im unteren, hellgrauen Block

Hinweis: Abweichend von der Kodierung nach RFC 1738 werden bei den Funktionen *urlencode()* und *urldecode()* die Leerzeichen als Pluszeichen (+) und nicht als *%20* kodiert.

Zerlegen und Zusammenfügen von Strings

Nachdem Sie nun die Anfänge eines Gästebuchs kennen gelernt haben, bei denen es darum ging, die Daten der Eingabe in ein Formular als Folgeseite dem Besucher darzustellen, werden Sie sich nun der Darstellung des eigentlichen Gästebuchs widmen.

Mit PHP zur dynamischen Website

Nach der Eingabe und der Ausgabe als Folgeseite würden zusammen mit der Ausgabe im gleichen Skript die Daten entweder in ein File oder in eine Datenbank geschrieben werden. Diese Themen sind Bestandteil der Kapitel über Dateien und Verzeichnisse ab Seite 115 und über das „Dreamteam" PHP und MySQL ab Seite 317. Gehen Sie nun für die folgenden Beispiele davon aus, dass Ihr Gästebuch die Einträge in einen File schreibt bzw. daraus ausliest. An dieser Stelle soll genügen, dass das Ergebnis des Einlesens folgender String ist:

- `$string="11.09.2001|Berni|Frankfurt|berni@mailer.com|Hallo Gästebuch,\n\rmein \"Eintrag\" erscheint nun auch im Internet!";`

Wie Sie sicher erahnen, sind in diesem String nacheinander die Daten des Formulars, nämlich das Datum, der Ort, der Text, der Absender und dessen E-Mail-Adresse abgelegt. Alle Daten sind von dem Trennzeichen | voneinander getrennt.

Für die Ausgabe des Gästebuchs soll zuerst dieses Grundgerüst dienen:

chap_05_19.php

```
<? $string="11.09.2001|Berni|Frankfurt|berni@mailer.com|
    Hallo Gästebuch,\n\rmein \"Eintrag\" erscheint nun auch im
    Internet!"; ?>
<html>
<head>
    <title>Gästebuch</title>
</head>
<body>
<table width="80%">
    <tr>
        <td colspan="3"><h1>Mein Gästebuch</h1></td>
    </tr>
    <tr>
        <td colspan="3">Anzahl der Einträge: 1<br><hr></td>
    </tr>
    <tr>
        <td bgcolor="999999"><b>Datum</b></td>
        <td bgcolor="999999"><b>Gast</b></td>
        <td bgcolor="999999"><b>Eintrag</b></td>
    </tr>
    <tr valign="top">
        <td bgcolor="cccccc"></td>
        <td bgcolor="cccccc"></td>
        <td bgcolor="cccccc"><? echo $string; ?></td>
    </tr>
    <tr>
        <td bgcolor="999999" colspan="3" align="right">
            <a href="seitenname.html" target="_self">
```

5.3 Dateneingaben der Besucher kontrollieren

```
          Ins Gästebuch eintragen</a> </td>
    </tr>
    <tr>
        <td colspan="3"></td>
    </tr>
</table>
</body>
</html>
```

In diesem Skript wird die an erster Stelle definierte Datenzeile ohne jegliche Veränderungen ausgegeben:

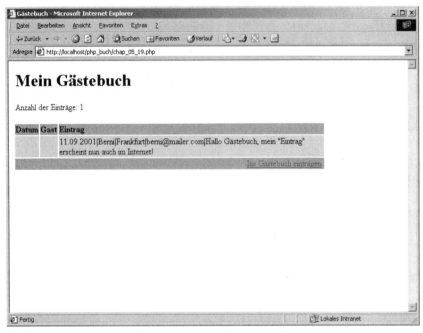

Gästebuch mit Ausgabe des unbearbeiteten Daten-Strings eines Eintrags

Nun sollen aber nicht alle Daten in einer Tabellenzelle stehen. Sie müssen die benötigten Daten aus dem gesamten Daten-String herausholen. Um aus einem String Fragmente zu erhalten oder den String in Fragmente zu zerlegen, haben Sie verschiedene Möglichkeiten. Aber genauso ist der entgegengesetzte Weg wichtig – nämlich beim Abspeichern des Eintrags. Auch für das Zusammenführen bzw. -fügen von Strings zu einem String haben Sie einige Alternativen.

Um einen Überblick zu geben, sollen hier erst einmal einige wichtige Funktionen aufgeführt und erklärt werden, die Ihnen PHP bietet:

Mit PHP zur dynamischen Website

Funktion/Syntax	Kurzbeschreibung
substr($string, start, length)	Extrahiert einen definierten Teil aus einem String. Wenn *start* positiv ist, beginnt der zurückgegebene String an der *start*-Position von *$string*. Die Zählung beginnt bei 0, d. h., beim String *Hallo Titus* ist das Zeichen an der Position 0 gleich *H*, das Zeichen an der Position 6 ist *H* usw. Die Länge des zurückgegebenen Strings wird über das Argument *length* festgelegt
strtok($string, $arg)	*strtok()* wird benutzt, um einen String *$string* zu teilen. Dabei wird als Trennzeichen die Angabe in *$arg* benutzt. Beinhaltet *$string="Hallo Titus"* und *$arg=" "*, dann würde der String in die einzelnen Wörter zerlegt werden.
chunk_split($string, length, $arg)	Diese Funktion fügt nach per *length* angegebene Zeichen (Vorgabe: alle 76 Zeichen) den mittels *$arg* angegebenen String (Vorgabe ist hierfür \r\n) ein und gibt den neuen String zurück, während die Original-Zeichenkette unverändert bleibt. Im eigentlichen Sinn wird mit *chunk_split()* der String nicht zerteilt, aber darauf basierend kann eine Teilung stattfinden. Nähere Informationen finden Sie auf Seite 194.
explode($arg, $string)	*explode()* zerlegt wie *strtok()* einen String *$string* anhand des Trennzeichens *$arg*, allerdings wird das Ergebnis in einem Array zurückgegeben.
split($arg, $string)	zerlegt wie *explode()* einen String und gibt als Ergebnis ein Array mit den Teilstücken zurück. Allerdings ist hier *$arg* ein Suchmuster, das durch einen regulärer Ausdruck bestimmt wird.
implode($arg, $array)	Die *implode()*-Funktion erzeugt einen String, der sich aus den fortlaufenden Elementen eines Arrays *$array* zusammensetzt, die durch ein Trennzeichen, das in *$arg* enthalten ist, verbunden sind.
join($arg, $array)	identisch mit *implode()*

Bei einem Gästebuch wäre es schön, wenn vor den Einträgen das Datum des Eintrags steht. So kann ein Besucher des Gästebuchs sofort sehen, wann der letzte Eintrag erfolgt ist und ob sich seit seinem letzten Besuch etwas geändert hat. Wie können Sie aus dem bestehenden String das Datum isolieren?

Da das Datum am Anfang des Strings steht und eine feste Länge hat, ist diese Aufgabe relativ einfach mit der Funktion *substr()* gelöst. Allerdings wird es Ihnen schwer fallen, mit dieser Funktion alle Daten zu extrahieren. Ändern Sie das Listing *chap_05_19.php* wie folgt ab:

```
<tr valign="top">
    <td bgcolor="cccccc"><? echo substr($string,0,10); ?></td>
    <td bgcolor="cccccc"></td>
```

5.3 Dateneingaben der Besucher kontrollieren

- ```
      <td bgcolor="cccccc"><? echo $string; ?></td>
  ```
- ```
    </tr>
  ```

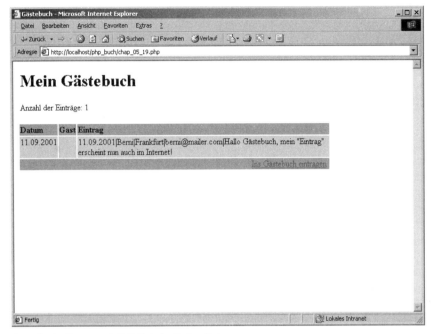

Ausgabe des Datums als Teilstück des Daten-Strings

Nun haben Sie schon das Datum an der richtigen Stelle stehen. Für die Spalte *Gast* sind aus dem Daten-String nun weitere drei Informationsfragmente zu extrahieren. Hier sollen der Name, der Ort und die E-Mail-Adresse des Gastes ausgegeben werden.

Wie Sie sich vorstellen können, ist dies nun nicht mehr so einfach, da die Daten eine beliebige Länge haben und nicht am Anfang des Strings stehen. Sie könnten auf der Funktion *substr()* beharren und relativ umständlich immer den bekannten Teil zu Beginn des Strings bis zum ersten Trennzeichen / „abschneiden" und dies so lange machen, bis alle Informationen vorhanden sind.

Aber PHP wäre nicht PHP, wenn nicht auch dafür schon eine Funktion vorgesehen wäre. Die Rede ist von *strtok()*. Bei dieser Funktion wird anhand des Trennzeichens der vorhandene String geteilt und die einzelnen Fragmente werden nacheinander zurückgegeben.

Mit PHP zur dynamischen Website

Bauen Sie Folgendes in das Listing *chap_05_19.php* ein. Der Übersicht wegen noch einmal der gesamte Code:

chap_05_20.php

- <? $string="11.09.2001|Berni|Frankfurt|berni@mailer.com|Hallo Gästebuch,\n\rmein \"Eintrag\" erscheint nun auch im Internet!"; ?>
- <html>
- <head>
-     <title>Gästebuch</title>
- </head>
- <body>
- <table width="80%">
-     <tr>
-         <td colspan="3">
-         <h1>Mein Gästebuch</h1>
-         </td>
-     </tr>
-     <tr>
-         <td colspan="3">Anzahl der Einträge: 1

</td>
-     </tr>
-     <tr>
-         <td bgcolor="999999">Datum</td>
-         <td bgcolor="999999">Gast</td>
-         <td bgcolor="999999">Eintrag</td>
-     </tr>
- <? // Daten-String zerlegen und in Variablen speichern
- $token=strtok($string, "|");
- $datum=$token;   // Datum
- $token=strtok("|");
- $name=$token;   // Name des Gastes
- $token=strtok("|");
- $ort=$token;   // Ort
- $token=strtok("|");
- $email=$token;   // E-Mail-Adresse
- $token=strtok("|");
- $text=$token;   // Eintrag
- ?>
-     <tr valign="top">
-         <td bgcolor="cccccc"><? echo $datum; ?></td>
-         <td bgcolor="cccccc"><? echo "".$name."
aus ".$ort."
<a href=\"mailto:".$email."\">".$email."</a>";
            ?></td>
-         <td bgcolor="cccccc"><? echo nl2br(strip_tags (stripslashes($text))); ?></td>
-     </tr>
-     <tr>

234

5.3 Dateneingaben der Besucher kontrollieren

-    `<td bgcolor="999999" colspan="3" align="right">`
       `<a href="seitenname.html" target="_self">`
       `Ins Gästebuch eintragen</a> </td>`
- `</tr>`
- `<tr>`
-    `<td colspan="3"></td>`
- `</tr>`
- `</table>`
- `</body>`
- `</html>`

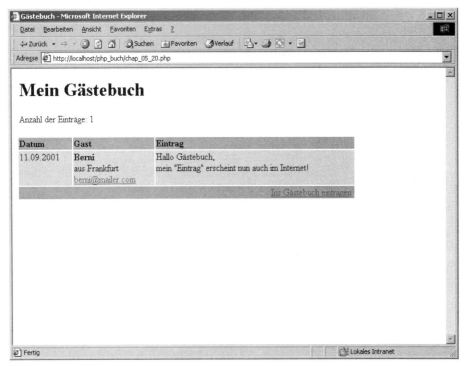

Richtige Darstellung eines Eintrags im Gästebuch

Sie haben nun als Ergebnis alle Informationen des Daten-Strings ausgelesen und an die gewünschte Position innerhalb der Tabelle gebracht. Ihnen fällt bestimmt auf, dass in dem Block mit den Zuweisung über *strtok()* für die Wiederholung der Funktion die Angabe des Strings entfallen ist, während das Trennzeichen weiterhin aufgeführt wird. Durch Angabe des Strings würde die Funktion erneut initialisiert und somit wieder von Anfang an beginnen. Allerdings ist dieser Code relativ umständlich. Einfacher lässt sich

Mit PHP zur dynamischen Website

das obige Listing chap_05_20.php durch eine While-Schleife darstellen, indem Sie den vorherigen PHP-Code ersetzen:

Ausgabe des Gästebucheintrags

```
<?
$daten=array();          // leeres Array initialisieren
$token=strtok($string, "|");   // Funktion initialisieren
$daten[]=$token;         // Datum übergeben
while ($token=strtok("|")) $daten[]=$token;   // restliche Daten
                                              übergeben
?>
```

Auf diese Weise ist es egal, ob der Datensatz nun fünf Informationen enthält oder beliebig viele. Alle Fragmente werden in einem Array gespeichert. Beachten Sie, dass die Zählung eines Array bei Null (0) beginnt. Nun müssen Sie noch die Ausgabe anpassen:

```
<tr valign="top">
    <td bgcolor="cccccc"><? echo $daten[0]; ?></td>
    <td bgcolor="cccccc"><? echo "<b>".$daten[1]."</b>
```

5.3 Dateneingaben der Besucher kontrollieren

```
        <br>aus ".$daten[2]."<br><a href=\"mailto:".$daten[3].
        "\">".$daten[3]."</a>"; ?></td>
■       <td bgcolor="cccccc"><? echo nl2br(strip_tags
        (stripslashes($daten[4]))); ?></td>
■   </tr>
```

Die Ausgabe des Skripts hat sich indes nicht verändert. Geändert wurde nur die Art, wie die Informationen zur Verfügung gestellt werden.

Einen weiteren Vorteil hat diese Art noch: Nun können Sie auch auf Informationen direkt zugreifen, die innerhalb des Strings stehen. Da Sie alle Informationen im Array gespeichert haben, brauchen Sie lediglich die Position der gewünschten Information, um diese z. B. auszugeben.

Wiederum eine Alternative hierzu, wenn Sie z. B. lediglich die E-Mail-Adressen der Gäste brauchen, ist der Anwendung einer For-Schleife:

- `<?`
- `strtok($string, "|"); // Funktion mit String initialisieren`
- `for ($i=0; $i<3; $i++) $token=strtok("|");`
- `echo $token; // Ausgabe der E-Mail-Adresse`
- `?>`

Die gewünschte Information (E-Mail-Adresse) steht an vierter Position innerhalb des Daten-Strings. Da aber zu Beginn des kleinen Listings die Funktion *strtok()* initialisiert wird und schon der erste Teil-String zurückgegeben wird, muss die For-Schleife nicht wie erwartet bis *$i<4* laufen, sondern um eins erniedrigt sein.

An dieser Stelle muss auf eine Einschränkung der *strtok()*-Funktion hingewiesen werden: Es können keine Zeichenketten, also mehrere Zeichen, als Trennzeichen benutzt werden.

Gerade im Zusammenhang mit einem Gästebuch und der Speicherung der Daten in einem File ist die Gefahr groß, dass das gewählte Trennzeichen in den Daten vorkommt. So kann nicht mehr eindeutig auf die Daten zugegriffen werden.

Stellen Sie sich vor, der Besuch trägt beim Ort Folgendes ein:

Frankfurt/Main

Nun sollte der Daten-String so aussehen:

- `$string="11.09.2001|Berni|Frankfurt|Main|berni@mailer.com|Hallo Gästebuch,\n\rmein \"Eintrag\" erscheint nun auch im Internet!";`

Mit PHP zur dynamischen Website

Verschobene Datenausgabe durch Vorkommen des Trennzeichens in den Daten

Die Funktion *strtok()* trennt hier eine Information, die eigentlich zusammengehört, wodurch sich auch die restlichen Zuweisungen verschieben. Die E-Mail-Adresse wird so durch den zweiten Teil des Orts belegt, die E-Mail-Adresse selbst wird als Text interpretiert und der Text gar nicht dargestellt. Dieser Grund und auch ein höherer Komfort rückt die Funktion *explode()* ins Blickfeld.

Durch Anwenden der *explode()*-Funktion wird ein String über ein definiertes Trennzeichen, das eine Zeichenkette von unbestimmter Länge sein kann, zerlegt und das Ergebnis in einem Array abgelegt und zurückgegeben. Die obige Aufgabe kann also folgendermaßen gelöst werden, indem Sie *chap_05_20.php* ändern:

- ```<? $daten=explode("|*|", $string); ?>```

wobei der Daten-String so aussehen muss:

- ```<? $string="11.09.2001|*|Berni|*|Frankfurt|Main|*|berni@mailer.com|*|Hallo Gästebuch,\n\rmein \"Eintrag\" erscheint nun auch im Internet!"; ?>```

Als Trennzeichen wurde lediglich das / durch die Zeichenfolge /*/ ersetzt. Die Eingabe *Frankfurt|Main* existiert immer noch.

5.3 Dateneingaben der Besucher kontrollieren

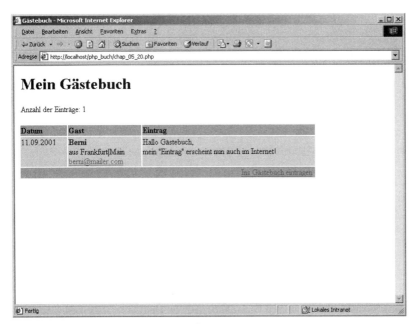

Ausgabe des Daten-Strings mittels explode()

Der eigentliche Code erscheint sehr übersichtlich (nur noch eine Zeile) und weniger umständlich. Vorteil von *explode()* ist, dass alle Teil-Strings im Array *$daten* abgelegt sind. Nun könnte die weitere Verarbeitung der Daten losgelöst vom Einlesen stattfinden.

INFO Die oben erwähnte Funktion *split()* könnte dasselbe Ergebnis erreichen, allerdings ist hier *explode()* zu bevorzugen, da *split()* langsamer ist. Dies beruht darauf, dass *split()* mit einem Suchmuster, definiert durch einen regulären Ausdruck (siehe Seite 224), arbeitet, während *explode()* „nur" nach einem festgelegten Trennzeichen sucht.

Nun haben Sie einige grundlegende Funktionen kennen gelernt und Ihr Gästebuch ist im Stande, einen Eintrag korrekt darzustellen – basierend auf einer Zeichenkette, die Sie so noch nicht zur Verfügung haben. Dieser Schritt, d. h., die Daten aus der Eingabe eines neuen Eintrags so aufzubereiten, dass die Daten im File als Datensatz abgespeichert werden können, wird Ihnen nun ermöglicht. Das Speichern an sich können Sie in Kapitel 4 nachlesen.

Mit PHP zur dynamischen Website

Um mehrere, zusammengehörige Daten in einen File speichern zu können, müssen Sie die Einzeldaten zu einem String zusammenfügen. Wieder gibt es mehrere Möglichkeiten, wie Sie dies bewerkstelligen können. Die einfachste Methode ist, alle Daten mittels dem Punkt-Operator (.) zu verknüpfen:

- `$string=$datum."|*|".$absender."|*|".$ort."|*|".$email. "|*|".$text;`

Näher zur eben kennen gelernten Funktion *explode()* ist der Gebrauch der Funktion *implode()*. Diese Funktion verknüpft alle Elemente eines Arrays über ein definiertes Trennzeichen zu einem String und gibt diesen zurück. Dafür ist es in diesem Beispiel nötig, dass die Daten in einem Array vorliegen. Dies können Sie erreichen, indem Sie das entsprechende Formular für das Gästebuch schon mit einem Array als Formularfelder ausstatten (siehe Seite 164), oder Sie überführen die Daten „per Hand". Im folgenden Beispiel wurde Letzteres gewählt:

- `$daten=array($datum, $absender, $ort, $email, $text);`
- `$string=implode("|", $daten);`

Sowohl bei der Funktion *implode()* als auch bei der Verknüpfung mittels dem Punkt-Operator haben Sie als Ergebnis in der Variable *$string* denselben Inhalt, wie er bei den obigen Beispielen vorausgesetzt wurde.

Länge eines Strings

„Gesprengte" Ausgabe des Gästebuchs durch einen sehr langen Eintrag

5.3 Dateneingaben der Besucher kontrollieren

Da ein Formular für die Eingabe längerer Texte – wie beim Gästebuch der Text ($text) – das Formularelement <textarea> benutzt, kann keine Zeichenbegrenzung angegeben werden. Verewigt sich nun ein Besucher Ihres Gästebuchs mit seinem Lebenslauf, kann schnell der Rahmen Ihres Gästebuchs gesprengt werden, zumindest was die Darstellung betrifft. Da Sie aber sicher die vollständigen Eingaben des Besuchers erhalten möchten, können Sie auch nicht beim Abspeichern der Texteingabe die Länge kürzen.

Die Idee ist nun folgende: Der Eintrag wird komplett abgespeichert, allerdings im Gästebuch nicht komplett dargestellt. Das heißt, wenn der Text eine gewisse Länge überschreitet, wird er abgeschnitten. Des Weiteren würde es sich hier anbieten, den kompletten Eintrag über einen Link auf ein spezielles Ausgabeskript bereitzustellen.

Aber Schritt für Schritt. Zuerst werden Sie den Eintrag auf eine maximale Länge bei der Ausgabe begrenzen. PHP stellt Ihnen mit der *strlen()*-Funktion das geeignete Werkzeug zur Verfügung. Mit dieser Funktion können Sie prüfen, welche Länge ein String hat und ob diese die maximale Länge überschreitet. In diesem Fall greifen Sie auf die Funktion zurück, mit der Sie bereits das Datum aus dem Daten-String extrahiert haben: *substr()*.

Nehmen Sie im stetig geänderten Listing *chap_05_20.php* folgende Änderung vor:

- ```
  <td bgcolor="cccccc"><? $text=nl2br(strip_tags
  (stripslashes($daten[4]))); if (strlen($text)>500) echo
  substr($text,0,500)." [...]"; else echo $text; ?></td>
  ```

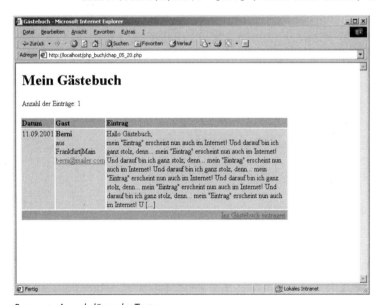

Begrenzte Ausgabelänge des Textes

241
  ```

Mit PHP zur dynamischen Website

Der Einfachheit halber wurde als Erstes der Wert in der Variable $text gespeichert. Die If-Abfrage prüft, ob der Rückgabewert der Funktion strlen(), der die Länge der Zeichenkette ist, größer als 500 ist. Falls nicht, wird der String ganz ausgegeben. Wenn aber doch, dann werden nur die ersten 500 Zeichen mit einem Abschluss [...] als Andeutung für weiteren Text ausgegeben. Dies erfolgt über besagte substr()-Funktion, bei der der letzte Parameter die Länge des zu extrahierenden Teilstücks angibt.

Da einem Besucher beim Gästebuch nichts vorenthalten werden soll, können Sie nun noch die Möglichkeit schaffen, mittels eines Links ein spezielles Skript, das den gesamten Eintrag ausgibt, aufzurufen. Um unnötiges Vor und Zurück im Browser zu vermeiden, können Sie diese Ausgabe in einem eigenen Browser-Fenster platzieren. Auf die Schnelle können Sie auch das bestehende chap_05_20.php geringfügig anpassen und zur vollständigen Ausgabe benutzen. Beides, sowohl der Link als auch die Option, den gesamten Text auszugeben, erfolgt in dieser Zeile:

- ```
  <td bgcolor="cccccc"><?  $text=nl2br(strip_tags
  (stripslashes($daten[4]))); if (strlen($text)>500 &&
  $action!="gesamt") echo substr($text,0,500)." [...]<br><a
  href=\"chap_05_20.php?action=gesamt\" target=\"_blank\">
  vollständigen Eintrag ansehen</a>"; else echo $text;
  ?></td>
  ```

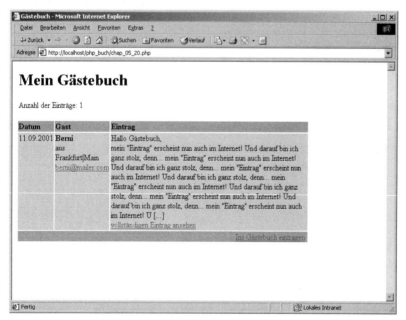

Zu langer Eintrag wird gekürzt und mit einem Link versehen
  ```

5.3 Dateneingaben der Besucher kontrollieren

Wie Sie sehen, wurde lediglich die Ausgabe eines Links eingefügt, wenn die If-Abfrage zutrifft und der Text somit länger als 500 Zeichen ist. Dieser Link ruft in einem neuen Fenster sozusagen sich selbst mit einem zusätzlichen Parameter auf. Dieser Parameter *action=gesamt* sorgt dafür, dass dann bei der erneuten Prüfung in der If-Abfrage nicht wieder die verkürzte Ausgabe stattfindet. Dies ist gegeben, da die If-Abfrage, wenn der Parameter *action* mit dem Wert *gesamt* gesetzt ist, nie zutreffen kann.

Wenn Sie sich die Ausgabe genau anschauen, fällt Ihnen auf, dass der Text mit einem U aufhört. Da die Funktion direkt nach Zeichen 500 abschneidet, bleibt es nicht aus, dass ein Wort abgeschnitten wird. Um dies zu umgehen, können Sie die Funktion *wordwrap()* benutzen. Dafür bedarf es einer kleinen Änderung des PHP-Codes. Sie können das Listing von *chap_05_20.php* benutzen:

chap_05_21.php

- `<? $string="11.09.2001|*|Berni|*|Frankfurt|Main|*|berni@mailer.com |*|Hallo Gästebuch,\n\rmein \"Eintrag\" erscheint nun auch im Internet! Und darauf bin ich ganz stolz, denn... mein \"Eintrag\" erscheint.... "; ?>`

Der letzte Eintrag von *$string* muss hier eigentlich zehnfach wiederholt werden, damit der Eintrag auch lange genug ist. Aus Platzgründen wurde dies hier unterlassen. Nun folgt zuerst der unveränderte Code von *chap_05_20.php*:

- `<html>`
- `<head>`
-   `<title>Gästebuch</title>`
- `</head>`
- `<body>`
- `<table width="80%">`
-   `<tr>`
-       `<td colspan="3">`
-       `<h1>Mein Gästebuch</h1>`
-       `</td>`
-   `</tr>`
-   `<tr>`
-       `<td colspan="3">Anzahl der Einträge: 1<br><br></td>`
-   `</tr>`
-   `<tr>`
-       `<td bgcolor="999999"><b>Datum</b></td>`
-       `<td bgcolor="999999"><b>Gast</b></td>`
-       `<td bgcolor="999999"><b>Eintrag</b></td>`
-   `</tr>`
- `<? $daten=explode("|*|", $string); ?>`
-   `<tr valign="top">`
-       `<td bgcolor="cccccc"><? echo $daten[0]; ?></td>`

Mit PHP zur dynamischen Website

- ```
  <td bgcolor="cccccc"><? echo "".$daten[1]."<br>
  aus ".$daten[2]."<br><a href=\"mailto:".$daten[3].
  "\">".$daten[3]."</a>"; ?></td>
  ```

Nun folgt die Zeile, die geändert wurde. Um es für Sie übersichtlicher zu gestalten, sind die einzelnen PHP-Abläufe in separate Zeilen gestellt worden.

- `<td bgcolor="cccccc"><?`
- `$text=nl2br(strip_tags(stripslashes($daten[4])));`
  - `// Textzuweisung`
  - `if (strlen($text)>500 && $action!="gesamt") {`
    - `// Prüfen auf Länge und ob durch Link/Selbstaufruf`
- `$text=wordwrap($text,500,"%@%");`
  - `// nach je 500 Zeichen %@% einfügen`
- `$text=substr($text,0,strpos($text, "%@%"));`
  - `// bis zum ersten „Trenner"`
- `echo $text." [...]<br><a href=\"chap_05_20.`
  `php?action= gesamt\" target=\"_blank\">`
  `vollständigen Eintrag ansehen</a>";`
  `// Ausgabe mit Link`
- `}`
- `else echo $text;   // „normale" Ausgabe des Textes`
- `?></td>`

Fügen Sie ab hier wieder den unveränderten Code von *chap_05_20.php* an:

- `</tr>`
- `<tr>`
- ```
  <td bgcolor="999999" colspan="3" align="right">
      <a href="seitenname.html" target="_self">
      Ins Gästebuch eintragen</a> </td>
  ```
- `</tr>`
- `<tr>`
- `   <td colspan="3"></td>`
- `</tr>`
- `</table>`
- `</body>`
- `</html>`

Wie schon bekannt, wird zuerst der mit *stripslashes()*, *strip_tags()* und letztlich *nl2br()* vorbereitete String in der Variable *$text* gespeichert. Anschließend erfolgt die Prüfung, ob dieser String nun länger als 500 Zeichen ist und ob das Skript von einem Link aus aufgerufen wurde. Dann soll ja der Eintrag auf jeden Fall ganz erscheinen. Nun aber kommen zwei neue Schritte.

5.3 Dateneingaben der Besucher kontrollieren

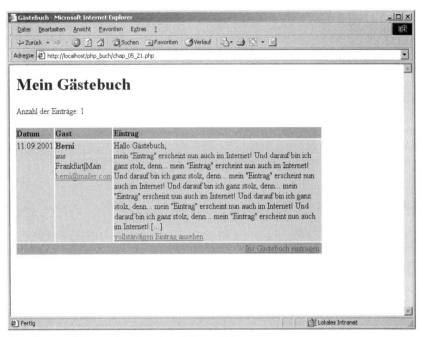

Ausgabe von gekürztem Text ohne abgeschnittenes Wort

Die Variable wird der Funktion *wordwrap()* unterzogen, die als ersten Parameter den String zugeordnet bekommt. Der zweite Parameter gibt die Anzahl der Zeichen an, nach dem der Umbruch geschehen soll, während der dritte Parameter angibt, womit umgebrochen werden soll. Bei diesem Beispiel wird nach 500 Zeichen durch Einfügen des Trenners %@% umgebrochen. Dabei wird der Umbruch nur an dieser Position durchgeführt, wenn kein Wort dadurch getrennt wird. Trifft dies aber zu, dann sucht die Funktion selbstständig die nächstliegende Möglichkeit für den Umbruch. Ohne Angabe vom zweiten und dritten Parameter wird als Standard nach 76 Zeichen ein Umbruch durch \n\r eingefügt. In der Vorgehensweise ist diese Funktion der *chunk_split ()*-Funktion (siehe Seite 194) sehr ähnlich.

Nach dieser Aufbereitung ist nun der String alle ungefähr 500 Zeichen mit einem %@% unterbrochen. Dieses Trennzeichen wurde gewählt, da diese Kombination vermutlich nicht in Texten benutzt wird. Da ab dem ersten Vorkommen dieses Zeichens der Rest vom String nicht mehr erwünscht ist, müssen Sie sich also diesen vorderen Teil-String holen. Dabei greifen Sie wieder auf die bekannte Funktion *substr()* zurück. Wie diese funktioniert, ist Ihnen mittlerweile bekannt. Eine Besonderheit dürfte Ihnen aber auffallen. Während vorher beim Gebrauch der *substr()*-Funktion die Startposition und Anzahl der Zeichen (zweiter und dritter Parameter) als Wert angegeben war, wird

Mit PHP zur dynamischen Website

hier nun die Anzahl mittels einer Funktion berechnet. Die Funktion *strpos()*, die die Position des ersten Vorkommens der gesuchten Zeichenkette innerhalb des Strings zurückgibt, wird hier automatisch die richtige Anzahl der Zeichen zuweisen, da als gesuchte Zeichenkette das Trennzeichen vorgegeben ist. Die Position dieses Trennzeichens entspricht auch gleichzeitig der Anzahl der Zeichen, da der String von Anfang an starten soll.

Wie Sie nun anhand dieser Beispiele gesehen haben, erscheinen die Funktionen für die Manipulation von Strings als einzel stehende Funktion nicht immer so effektiv, während sie in der Kombination und Zusammenarbeit ein mächtiges Werkzeug sind.

Formatierung von Strings

Unabhängig von der Manipulation von Strings steht das Thema der Formatierung. Häufig müssen Sie Daten, die Sie entweder von Formularen, aus Datenbanken oder auch aus Files erhalten, zuerst formatieren, bevor Sie sie an den Browser senden können.

Ausgabe nach vorgegebenen Mustern

Betrachten Sie das Beispiel des Gästebuchs und stellen Sie sich vor, bei der Eingabe des Eintrags wird der Besucher des Weiteren noch nach seinem Geburtsdatum gefragt. Falls Sie schon ein Formular dafür haben, sollten Sie noch drei Textfelder für den Tag, den Monat und das Jahr einfügen. Diese Daten stehen nun also im File zur Verfügung, sodass beim Auslesen folgender Eintrag zustande kommen könnte:

chap_05_22.php

```
<? $string="11.09.2001|*|Berni|*|1|*|1|*|1971|*|Frankfurt|Main|*|
berni@mailer.com|*|Hallo Gästebuch,\n\rmein \"Eintrag\" erscheint
nun auch im Internet! Und darauf bin ich ganz stolz, denn... mein
\"Eintrag\" erscheint.... "; ?>
```

Wie Sie sehen, ist als dritter bis fünfter Eintrag das eingegebene Datum des Besuchers abgespeichert. Der letzte Eintrag wurde hier wieder abgekürzt. Nun können Sie von *chap_05_21.php* den Code bis zur eigentlichen Ausgabe des gesamten Eintrags einfügen. Dann bedarf es einer kleinen Änderung:

```
<? $daten=explode("|*|", $string);
$birth=$daten[2].".".$daten[3].".".$daten[4]; // Zusammenfügen
                                                des Geburtsdatums ?>
    <tr valign="top">
        <td bgcolor="cccccc"><? echo $daten[0]; ?></td>
        <td bgcolor="cccccc"><? echo "<b>".$daten[1]."</b><br>*
```

5.3 Dateneingaben der Besucher kontrollieren

```
           ".$birth."<br>aus ".$daten[5]."<br><a href=\"mailto:".
           $daten[6]."\">".$daten[6]."</a>"; ?></td>
   <td bgcolor="cccccc"><?
   $text=nl2br(strip_tags(stripslashes($daten[7])));
   if (strlen($text)>500 && $action!="gesamt") {
       $text=wordwrap($text,500,"%@%");
           $text=substr($text,0,strpos($text,"%@%"));
       echo $text." [...]<br><a href=\"chap_05_20.
       php?action=gesamt\" target=\"_blank\">vollständigen
       Eintrag ansehen</a>";
       }
       else echo $text; ?></td>
   </tr>
```

Zum Schluss ist wieder der Rest von *chap_05_21.php* ohne Änderungen anzufügen.

Was hat sich hier geändert? Zum einen kam das Zusammenfügen des Geburtsdatums in der Variable *$birth* aus den einzelnen Komponenten und die Ausgabe des Geburtsdatums (*$birth*) hinzu, zum anderen mussten die darauf folgenden Array-Einträge in der Nummerierung um jeweils 3 erhöht werden, da die neuen Einträge sich dazwischen geschoben haben.

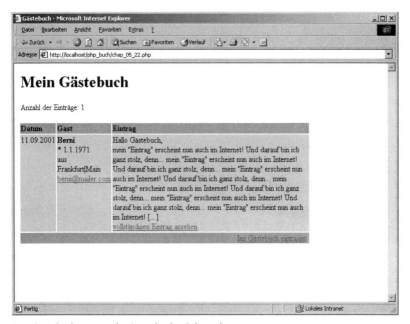

Das Gästebuch nun mit der Ausgabe des Geburtsdatums

Mit PHP zur dynamischen Website

Natürlich ist es dem Besucher offen gelassen, auf welche Weise er das Datum einträgt. In diesem Fall wurde *1.1.1971* eingegeben. Es wäre nun wünschenswert, wenn alle Datumsangaben vom gleichen Format sind, d. h., wenn im Augenblick die Daten 1, 1 und 71 zur Verfügung stehen würden, wäre die Ausgabe *1.1.71*. Natürlich könnten Sie eine dementsprechende JavaScript-Abfrage einbauen, die das Format der Eingabe prüft. Aber Sie haben auch die Möglichkeit, dies bei der Ausgabe zu machen.

Für diese Aufgabe stehen die Funktionen *printf()* und *sprintf()* zur Verfügung. Im Prinzip sind beide Funktionen ähnlich. Der Unterschied liegt in der Rückgabe des Werts. Die Funktion *sprintf()* gibt die formatierte Zeichenkette zurück, während *printf()* den Rückgabewert direkt an den Browser sendet. Natürlich nicht direkt, sondern über den Umweg des Ausgabe-Buffer, der unter normalen Umständen am Ende des Skripts geleert und an den Browser gesendet wird.

Da beide Funktionen in der Anwendung, was die Syntax und die Argumente betrifft, identisch sind, wird im Folgenden die Funktion *sprintf()* als Grundlage benutzt.

Ersetzen Sie nun die Zeile, in der die Zuweisung der Variable *$birth* vorgenommen wird.

- `$birth=sprintf("%02d.%02d.%04d", $daten[2], $daten[3], $daten[4]);`

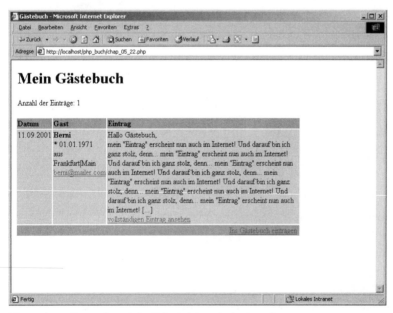

Vorgegebenes Datumsformat des Geburtsdatums in der Ausgabe

5.3 Dateneingaben der Besucher kontrollieren

Nun hat das Geburtsdatum eine Formatierung bekommen und wird auch im Falle der Eingabe 1, 1 und 71 genauso aussehen. Um das Prinzip der Formatierung von Daten anhand der Funktion *sprintf()* zu verdeutlichen, bedarf es einer näheren Erläuterung der Syntax *sprintf($format, $string)*.

Die Funktion besitzt zwei Parameter. Sie können aber beliebig viele Strings mit einer Funktion verarbeiten, d. h., Sie müssen lediglich die Strings nacheinander anfügen, wie Sie es am Beispiel des Geburtsdatums gesehen haben. Der Formatierungs-String kann aus keiner, einer oder mehreren Anweisungen bestehen. Dabei können gewöhnliche Zeichen (außer %) benutzt werden, die direkt in das Ergebnis übertragen werden. Die eigentliche Formatierung übernehmen die Formatanweisungen, die sowohl für die *sprintf()*- als auch für die *printf()*-Funktion gelten. Diese Formatanweisungen werden mit einem % eingeleitet und es folgen ein oder mehrere Elemente. Eine vollständige Formatanweisung enthält fünf Elemente, die hier kurz beschrieben werden:

Element	Kurzbeschreibung
Füllzeichen	Das optionale Füllzeichen, das den String bis rechts auffüllt. Dies kann ein Leerzeichen oder eine 0 (das Null-Zeichen) sein. Als Standard ist ein Leerzeichen definiert. Darüber hinaus können andere Füllzeichen durch Voranstellung eines einfachen Anführungszeichens oder Hochkommas (') definiert werden.
Ausrichtung	Die Ausrichtung, die ebenfalls eine optionale Angabe ist und bestimmt, ob die Ausgabe nach links oder nach rechts ausgerichtet werden soll. Standardmäßig wird der Text rechts ausgerichtet. Mit einem Minuszeichen können Sie dies umkehren und den Text links ausrichten.
Längenangabe	Die Längenangabe gibt als optionales Argument denjenigen Wert an, der in der Ausgabe reserviert wird und als Miniumwert der zurückgegebenen Zeichen anzusehen ist. Fehlende Zeichen werden mit dem Füllzeichen aufgefüllt.
Anzahl der Nachkomma-Stellen	Der optionale Wert für die Anzahl der auszugebenden Nachkomma-Stellen bei Gleitkommazahlen. Andere Werte werden von diesem Parameter nicht beeinflusst.
Typ-Angabe	Die Typ-Angabe, die angibt, wie der Wert generell behandelt werden soll. Mögliche Angaben des Typs sind: *%* – gibt ein Prozentzeichen (%) aus. Es ist kein Argument erforderlich. *b* – Argument wird als ganze Zahl angesehen und in binärer Form ausgegeben. *c* – Argument wird als ganze Zahl angesehen und als entsprechendes ASCII-Zeichen ausgegeben. *d* – Argument wird als ganze Zahl angesehen und ein Dezimalwert ausgegeben. *f* – Argument wird als Gleitkommazahl angesehen und eine Fließkommazahl ausgegeben. *o* – Argument wird als ganze Zahl angesehen und als oktaler Wert ausgegeben. *s* – Argument wird als String angesehen und als solcher ausgegeben.

Mit PHP zur dynamischen Website

Element	Kurzbeschreibung
	x – Argument wird als ganze Zahl angesehen und als Hexadezimal-Wert ausgegeben (mit Kleinbuchstaben a-f).
	X – wie x, allerdings erfolgt die Ausgabe mit Großbuchstaben (A-F).

Auf diese Art und Weise können Sie also jedes beliebige Format vorgeben und Ihre Daten in dieses Muster „pressen". Dies kann v. a. bei der Ausgabe von Datumsangaben, Preisdaten, Währungsangaben oder anderen Zahlenwerten nützlich sein.

Formatänderung von Strings

In der Praxis besteht häufiger der Bedarf, dass bestimmte Textausgaben mit geändertem Format ausgegeben werden. Als Beispiel wäre die Hervorhebung einer Textzeile, sei es eine Überschrift oder ein Name, durch Großbuchstaben zu nennen. Aber nicht nur für die Ausgabe sind Formatänderungen wichtig. Auch bei der Suche oder Vergleichen kann dies sehr hilfreich sein, wenn beide Teile dasselbe Format aufweisen („frankfurt" ist nicht gleich „Frankfurt").

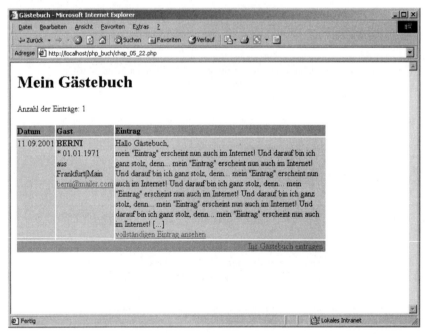

Ausgabe mit Formatänderungen der Daten

5.3 Dateneingaben der Besucher kontrollieren

Ersetzen Sie im Listing *chap_05_22.php* folgende Zeile:

- ```
  <td bgcolor="cccccc"><? echo "".strtoupper($daten[1]).
  "<br>* ".$birth."<br>aus ".$daten[5]."<br><a href=
  \"mailto:".$daten[6]."\">".strtolower($daten[6])."</a>";
  ?></td>
  ```

Wie in diesem Beispiel möchten Sie vielleicht gewisse Textausgaben z. B. in Groß- oder Kleinbuchstaben haben. Diese Formatänderung, die aus „Berni" ein „BERNI" macht, kann mit der Funktion *strtoupper()* durchgeführt werden.

Dasselbe gilt auch für die Umwandlung in Kleinbuchstaben, was hier aber nicht auffällt, da die E-Mail-Adresse vorher auch schon kleingeschrieben war. Benutzen Sie aber *Berni@Mailer.Com* als Ausgangsdaten für die E-Mail-Adresse, werden Sie sehen, dass die Ausgabe wie oben erscheint. Dies wird durch die Funktion *strtolower()* gemacht.

Nur kurz erwähnt werden sollen hier noch die Funktionen *ucfirst()* und *ucwords()*. Dabei wird bei der *ucfirst()*-Funktion das erste Zeichen, insofern es ein Buchstabe ist, des String durch den Großbuchstaben ersetzt. Bei der Funktion *ucwords()* wird dies für jedes Wort im String durchgeführt.

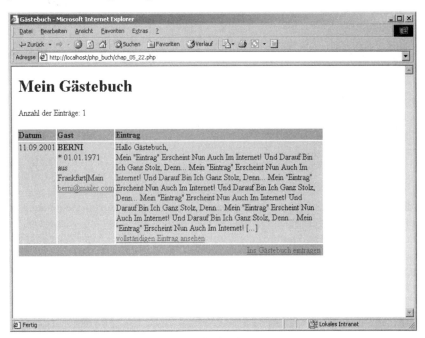

Jedes Wort des Textes beginnt mit einem Großbuchstaben
  ```

Suchen innerhalb von Strings

Nachdem nun ein Gästebucheintrag ausgegeben, manipuliert und formatiert werden kann, besteht gerade bei einem Tool wie einem Gästebuch auf der Webseite vielleicht der Anspruch, dass gewisse Dinge unterbunden werden sollen. Natürlich können Sie möglichst häufig Ihr Gästebuch anschauen und gegebenenfalls Diverses selbst korrigieren oder löschen. Dies kostet aber viel Zeit. Schöner wäre es, wenn dies automatisch verhindert werden könnte.

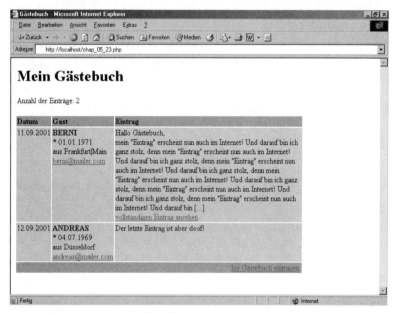

Zweiter Gästebucheintrag „beschimpft" den Verfasser des ersten

„Einfaches" Suchen innerhalb von Strings

Wie Sie die Position einer Zeichenkette innerhalb eines Strings finden können, haben Sie im vorherigen Kapitel gesehen. Nochmals sei auf einen Umstand hingewiesen: Mit der Funktion *strpos()* lässt sich nur das erste Vorkommen einer gesuchten Zeichenkette finden. Diesem Problem sind Sie beim Zerlegen des Daten-Strings schon begegnet. Dagegen kann die Funktion *strrpos()* auf der Suche nach dem letzten Vorkommen nur nach einem Zeichen suchen.

Für dieses Beispiel soll es erst einmal reichen, alle Vorkommen eines gesuchten Worts zu ersetzen.

5.3 Dateneingaben der Besucher kontrollieren

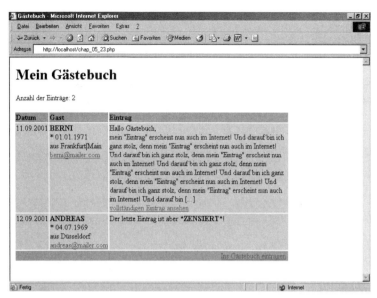

Reaktion auf die „Beschimpfung" im Gästebuch

Dafür können Sie wiederum das Listing *chap_05_22.php* verändern. Ebenfalls realisiert ist, dass beliebig viele Einträge ausgegeben werden.

chap_05_23.php

- <?
- $string[]="11.09.2001|*|Berni|*|1|*|1|*|1971|*|Frankfurt|Main|*|bern i@mailer.com|*|Hallo Gästebuch,\n\rmein \"Eintrag\" erscheint nun auch im Internet! Und darauf bin ich ganz stolz, denn... ";
- $string[]="12.09.2001|*|Andreas|*|4|*|7|*|1969|*|Düsseldorf|*| andreas@mailer.com|*|Der letzte Eintrag ist aber doof!";
- ?>

Hier wurden nun zwei Einträge des Gästebuchs simuliert. Im Gegensatz zu vorher sind diese Daten nun jeweils als Array-Eintrag abgelegt.

- <html>
- <head>
-     <title>Gästebuch</title>
- </head>
- <body>
- <table width="80%">
-     <tr>
-         <td colspan="3">
-         <h1>Mein Gästebuch</h1>
-         </td>

253

Mit PHP zur dynamischen Website

```
- </tr>
- <tr>
-     <td colspan="3">Anzahl der Einträge:
             <? echo count($string);?><br><br></td>
```

An dieser Stelle wird nun dynamisch die Anzahl der Gästebucheinträge ausgegeben, indem die Anzahl der Array-Einträge mit der *count()*-Funktion gezählt wird.

```
- </tr>
- <tr>
-     <td bgcolor="999999"><b>Datum</b></td>
-     <td bgcolor="999999"><b>Gast</b></td>
-     <td bgcolor="999999"><b>Eintrag</b></td>
- </tr>
- <?
- for ($i=0;$i<count($string); $i++) {  // Schleife über alle
                                          Daten-Strings
```

Da ein Gästebuch meist mehr als einen Eintrag hat, wird hier nun über eine For-Schleife, die als Laufweite die Anzahl der Array-Einträge hat, jeder einzelne Gästebucheintrag ausgegeben.

```
-     $daten=explode("|*|", $string[$i]);  // Daten-String zerlegen
-     $birth=sprintf("%02d.%02d.%04d", $daten[2], $daten[3],
              $daten[4]);  // Datumformat aufbauen
- ?>
-     <tr valign="top">
-         <td bgcolor="cccccc"><? echo $daten[0]; ?></td>
-         <td bgcolor="cccccc"><? echo "<b>".strtoupper($daten[1]).
                    "</b><br>* ".$birth."<br>aus ".$daten[5].
                    "<br><a href=\"mailto:".$daten[6]."\
                    ">".strtolower($daten[6])."</a>"; ?></td>
-         <td bgcolor="cccccc"><?
          $text=nl2br(strip_tags(stripslashes($daten[7])));
                      // Zuweisung des Textes
-         if (strstr($text,"doof")) {   // Prüfen, ob Suchwort
                                          überhaupt vorkommt
-             $text=str_replace("doof", "<b>*ZENSIERT*</b>", $text);
                                  // alle Vorkommen ersetzen
-         }
```

Die Filterung nach unerlaubten Wörtern ist an dieser Stelle eingebaut. Zuerst findet mittels der Funktion *strstr()* eine Prüfung statt, ob das gesuchte Wort überhaupt im String vorkommt. Kommt es zu einem Treffer, wird über die Ihnen bekannte Funktion *str_replace()* das gesuchte Wort mit *ZENSIERT* ersetzt. Alternativ zur *strstr()*-Funktion gibt es noch die *stristr()*-Funktion, die Groß- und Kleinschreibung nicht beachtet.

5.3 Dateneingaben der Besucher kontrollieren

Nun folgt noch der Code bis zum Ende, den Sie unverändert von *chap_05_22.php* übernehmen können.

```
          if (strlen($text)>500 && $action!="gesamt") {
             $text=wordwrap($text,500,"%@%");
                // ab 500 Zeichen wortgerecht abschneiden
             $text=substr($text,0,strpos($text,"%@%"));
                // Teil-String bis erste Position %@% holen
             echo $text." [...]<br><a href=\"chap_05_20.php
                ?action=gesamt\" target=\"_blank\">
                vollständigen Eintrag ansehen</a>";
          }
          else echo $text; ?></td>
     </tr>
<? } ?>
     <tr>
          <td bgcolor="999999" colspan="3" align="right">
             <a href="seitenname.html" target="_self">
             Ins Gästebuch eintragen</a> </td>
     </tr>
     <tr>
          <td colspan="3"></td>
     </tr>
</table>
</body>
</html>
```

Das Ergebnis haben Sie oben schon gesehen. Im zweiten Eintrag wurde das Wort „doof" durch „*ZENSIERT*" ersetzt. Natürlich ist es auch nicht gerade der Sinn, solch einen Eintrag überhaupt erst abzuspeichern. Als Aktion könnten Sie natürlich nach der Eingabe eines Eintrags, ohne abzuspeichern, eine Warnung ausgeben und den Besucher auffordern, dies zu unterlassen. Aber zur Verdeutlichung der Vorgehensweise soll dieses Beispiel genügen. Allerdings handelt es sich im Moment nur um eine gesuchte Zeichenkette. Und für jeden Fall diese Abfrage einzubauen wäre sehr umständlich. Deshalb werden Sie diesen Prozess als Funktion auslagern. Wie sieht diese Funktion aus und was macht sie? Fügen Sie zunächst im oberen PHP-Code des Listings *chap_05_23.php* nach der Definition der Daten-Strings dies ein:

```
$filter1=array("doof","Depp","Idiot");
$filter2=array("Internet");
function filter($data,$filter,$exchange) {
   for ($n=0;$n<count($filter);$n++) {
      if (strstr($data,$filter[$n])) { // Prüfen, ob Suchwort
                                       überhaupt vorkommt
         $data=str_replace($filter[$n], $exchange, $data);
                                       // alle Vorkommen ersetzen
      }
```

Mit PHP zur dynamischen Website

- }
- return $data;
- }

Und an die Stelle, an der zuvor die If-Abfrage mit der Ersetzung war, fügen Sie folgende Zeile ein:

- $text=filter($text,$filter1,"*ZENSIERT*");
  // Aufruf des Filters

Was geschieht nun hier? In der letzten Zeile wird die Funktion *filter()* aufgerufen und der Variable *$text* der Rückgabewert zugewiesen. Als Parameter werden an die Funktion *filter()* der zu prüfende Text, das Array mit den Suchwörtern und die gewünschte Ersetzung weitergegeben. Die Funktion *filter()* wurde von Ihnen weiter oben im Code definiert. Über eine For-Schleife mit der Laufweite der Anzahl der Array-Einträge von *$filter* wird dieselbe If-Abfrage und Ersetzung durchgeführt, die Sie vorher direkt im Code hatten. Vorteil ist nun, dass Sie das Filterarray beliebig ausbauen können und die Prüfung automatisch erweitert wird. Sicher haben Sie die Zeile mit dem Array *$filter2* gesehen und sich schon gefragt, was es damit auf sich hat. Fügen Sie den Aufruf der Funktion noch ein zweites Mal ein:

- $text=filter($text,$filter2,"WorldWideWeb");

Als Ergebnis erhalten Sie nun folgende Ausgabe:

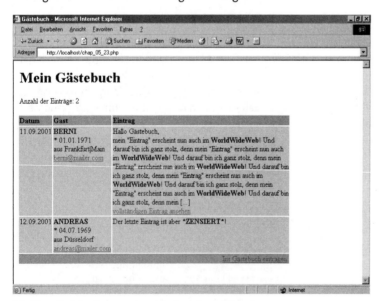

Die Filter-Funktion kann auch andere Funktionen übernehmen

5.3 Dateneingaben der Besucher kontrollieren

Sie haben nun auch die Möglichkeit, innerhalb des Textes gewisse Wörter zu ersetzen. Dies ist recht praktisch, wenn Sie gewisse Schlagwörter hervorheben möchten oder durch Synonyme ersetzen wollen. Aber auch hier hakt es nun. Wenn Sie das Array *$filter2* erweitern, macht es auch nur bei „WWW" als zu ersetzendes Wort Sinn. Eine Erweiterung der Funktion schafft Abhilfe:

```
$filter1=array("doof","Depp","Idiot");
$filter2=array("Internet", "WWW", "Gästebuch");
$filter3=array("Eintrag");
function filter($data,$filter,$exchange) {
    for ($n=0;$n<count($filter);$n++) {
        if (strstr($data,$filter[$n])) {    // Prüfen, ob Suchwort
                                            //         überhaupt vorkommt
            if (strstr($exchange,"###")) $change=str_replace("###",
$filter[$n], $exchange);
            else $change=$exchange;
            $data=str_replace($filter[$n], $change, $data);
                                            // alle Vorkommen ersetzen
        }
    }
    return $data;
}
```

Und die dazugehörigen Aufrufe ändern bzw. erweitern Sie wie folgt:

```
$text=filter($text,$filter1,"<b>*ZENSIERT*</b>");
$text=filter($text,$filter2,"<b>###</b>");
$text=filter($text,$filter3,"<i>###</i>");
```

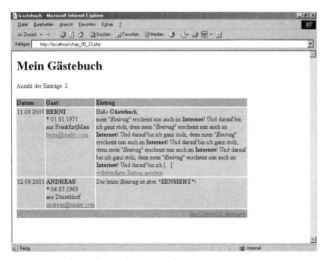

Ausgabe mit dreimaliger Filter-Anwendung

Mit PHP zur dynamischen Website

Sie haben nun die Funktion so abgeändert, dass Sie, anstatt komplett zu ersetzen, auch ein Wort hervorheben können. Wie, also ob Fettdruck oder kursiv etc., können Sie nun über den dritten Parameter beim Funktionsaufruf entscheiden. Kommt in diesem Parameter die Zeichenfolge ### vor, wird an dieser Stelle in der Funktion der gesuchte Eintrag aus dem Array eingesetzt. Es ist natürlich auch möglich, als Parameter ###t zu übergeben. Dann werden Sie als Ausgabe überall *Internett* stehen haben.

Da die Funktion *filter()* mit *str_replace()* arbeitet und diese wiederum einen binären Vergleich anstellt, kommt es zu einer Beachtung der Groß- und Kleinschreibung. Hier können Sie entweder die Wörter, die sowohl als auch vorkommen können, im Sucharray als Groß- und Kleinschreibung ablegen oder die Funktion abändern. Diese Änderung wäre aber sehr komplex und würde den Rahmen des Buchs sprengen. Gleiches trifft auf die Variante, dass wirklich nur Wörter und keine Fragmente von längeren Zeichenketten ersetzt werden („intern" würde auch in „Internet" gefunden), zu. Eine kürzere und effektivere Methode ist das Suchen mit regulären Ausdrücken, wie im folgenden Kapitel beschrieben wird.

Einsatz von Mustern für ein komplexe Suche

Sie haben gerade eben gesehen, wie eine Funktion erstellt wurde, die einen gegebenen String verarbeitet und alle Vorkommen einer zu suchenden Zeichenkette mit etwas anderem ersetzt. Hierbei wurde schnell klar, dass die Groß- und Kleinschreibung nicht beachtet wird. Dafür könnten Sie allerdings sehr schnell die Einträge des Sucharrays erweitern. Extra hierfür ein Suchmuster zu entwerfen wäre, wie mit Kanonen auf Spatzen zu schießen.

Aber um zu verhindern, dass „intern" in „Internet" gefunden wird, kann mit einem regulären Ausdruck gearbeitet werden. Einige Funktionen, die mit regulären Ausdrücken arbeiten, sind:

Funktion	Kurzbeschreibung
ereg()	suchen nach Übereinstimmungen
ereg_replace()	suchen und ersetzen der Übereinstimmungen
eregi()	wie *ereg()*, aber ohne Berücksichtigung von Groß- und Kleinschreibung
eregi_replace()	wie *ereg_replace()*, aber ohne Berücksichtigung von Groß- und Kleinschreibung
preg_match()	suchen nach Übereinstimmungen
preg_match_all()	global suchen nach Übereinstimmungen
preg_replace()	suchen und ersetzen
preg_grep()	suchen in einem Array nach Übereinstimmungen

5.3 Dateneingaben der Besucher kontrollieren

Unter PHP haben Sie die Möglichkeit, auf Funktionen zuzugreifen, die mit der erweiterten POSIX arbeiten, aber auch über Funktionen zu verfügen, die auf Perl-kompatiblen regulären Ausdrücken (PCRE) basieren.

PCRE und POSIX

PCRE steht für Perl Compatible Regular Expressions und beschreibt eine Definition für Suchmuster, so genannten Patterns, die auf Perl basieren. Hierfür gibt es verschiedene Symbole, Begrenzer und Modifier. All diese PCRE stehen Ihnen in PHP über die Funktionen mit *preg* (Perl Regular Expressions) im Funktionsnamen zur Verfügung. Dagegen basieren die Funktionen, die mit *ereg* (Extended Regular Expressions) beginnen, auf dem durch POSIX 1003.2 erweiterten POSIX-Satz. POSIX steht für Portable Open System Interface for UNIX und stellt ein Interface dar. Hiervon wurden sozusagen die regulären Ausdrücke entliehen.

Meist ist es in der Praxis nicht damit getan, etwas in einem String zu finden, sondern es soll auch etwas damit getan werden. Deshalb werden Sie hier Näheres über die Funktion *ereg_replace()* und *eregi_replace()* erfahren.

Um auf das Beispiel von oben zurückzukommen, soll nun eine Lösung gefunden werden, die verhindert, dass wie im Fall vom Gebrauch von *str_replace()* der Such-String „intern" in „Internet" gefunden wird (natürlich nur bei Nicht-Beachtung der Groß- und Kleinschreibung). Dies können Sie dann gewährleisten, wenn sichergestellt ist, dass nach dem Such-String entweder ein Leerzeichen oder aber auch ein Punkt, Komma, Ausrufungszeichen, Fragezeichen oder (abschließende) Anführungszeichen folgen.

So müssen Sie in *chap_05_23.php* die PHP-Funktion *filter()* umschreiben:

```
function filter($data,$filter,$exchange) {
    for ($n=0;$n<count($filter);$n++) {
        if (strstr($exchange,"###")) $change=str_replace("###",
                                                $filter[$n], $exchange);
            else $change=$exchange;
        $data=eregi_replace("$filter[$n](,|\s|\?|\!|\"|$)",
                                                $change, $data);
    }
    return $data;
}
```

Mit PHP zur dynamischen Website

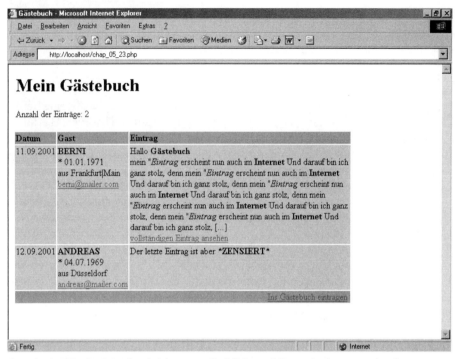

Ausgabe der Gästebucheinträge, bei denen nur die definierten Wörter mittels eregi_replace() ersetzt werden

Die Syntax stimmt mit der von *str_replace()* überein, allerdings wird anstelle eines normalen Strings ein Suchmuster angegeben. Dieses Suchmuster basiert auf einem regulären Ausdruck. Für dieses Beispiel ist der Aufbau dieses regulären Ausdrucks noch recht einfach, aber am Anfang wirkt es doch recht verwirrend und unüberschaubar. Deshalb hier noch einmal die eigentliche Funktion innerhalb der *filter()*-Funktion:

- eregi_replace("$filter[$n](,|\s|\?|\!|\"|$)", $change, $data);

Im Gegensatz zu *str_replace* steht nun hinter dem gesuchten String noch eine Klammer mit mehreren Zeichen. Die Klammerung bedeutet zuerst einmal, dass auf den Such-String noch etwas folgen muss, was in der Klammer näher definiert wird. Hier wiederum werden verschiedene Operatoren mit einer Oder-Verknüpfung anhand dem /-Zeichen angegeben. Lassen Sie sich nicht zu sehr von den vielen Backslashes beeindrucken. Diese dienen hier dazu, die Zeichen zur Suche anzugeben, die in regulären

5.3 Dateneingaben der Besucher kontrollieren

Ausdrücken eine funktionale Bedeutung haben. Da das Komma keine funktionale Bedeutung hat, kann dieses Zeichen direkt an erster Stelle ohne führenden Backslash stehen.

Es wird also nach dem Such-String gesucht, dem entweder ein Komma, ein Leerzeichen (\s), ein Fragezeichen (\?), ein Ausrufungszeichen (\!) oder ein abschließendes Anführungszeichen (\") folgt.

Als Besonderheit wird noch als letzte Option das $-Zeichen aufgeführt, das für das Zeilenende bzw. Zeichenkettenende steht – Besonderheit deshalb, damit auch Übereinstimmungen erkannt werden, die ganz am Ende des Strings stehen.

Falls Sie nun an dieser Stelle eine tief gehende Aufzählung und Erläuterung der Symbole der regulären Ausdrücke erwarten, werden Sie leider enttäuscht. Sie können sich umfangreich unter

http://www.php.net/manual/en/pcre.pattern.syntax.php

informieren. Dort finden Sie zwar die Ausdrücke für PCRE, aber die Unterschiede sind marginal bzw. eher in der Anordnung und Verschachtelung zu finden. Die grundlegenden Ausdrücke werden Sie noch anhand der Beispiele kennen lernen. Einige haben Sie nun auch schon gesehen.

Eine kleine Tabelle mit der Übersicht über die grundlegenden Ausdrücke soll aber nicht fehlen:

Metazeichen	Bedeutung
\	Escape-Zeichen, leitet ein Sonderzeichen ein
^	am Beginn einer Zeile
$	am Ende einer Zeile oder eines Worts
.	Ausdruck für genau ein Zeichen
[	leitet eine Zeichendefinition ein
]	beendet eine Zeichendefinition
(	startet eine untergeordnete Suchmustergruppe
)	beendet eine untergeordnete Suchmustergruppe
|	leitet einen alternativen Zweig ein
?	steht für kein oder ein Zeichen

Mit PHP zur dynamischen Website

Metazeichen	Bedeutung
*	steht für kein oder beliebig viele Zeichen
+	steht für ein oder beliebig viele Zeichen
{n,m}	definiert eine minimale (n) und maximale (m) Anzahl eines Zeichens

Darüber hinaus verfügt der erweiterte POSIX für besonders häufig benutzte Zeichenfolgen über spezielle Symbole, die immer von zwei Doppelpunkten eingefasst sind:

Symbol	Bedeutung
:alnum:	alphanumerische Zeichen
:alpha:	Zeichen des Alphabets
:digit:	numerische Zeichen (Ziffern und Plus- und Minuszeichen)
:blank:	Leerzeichen und Tabulator
:space:	alle Whitespaces
:punct:	alle Satzzeichen
:lower:	Kleinbuchstaben
:upper:	Großbuchstaben
:cntrl:	Steuerzeichen
:graph:	druckbare und sichtbare Zeichen
:print:	alphanumerische Zeichen
:xdigit:	hexadezimale Zeichen

Wenn Sie die Ausgabe oben näher betrachten, wird Ihnen auffallen, dass die *eregi_replace()*-Funktion nicht nur alle Übereinstimmungen mit dem Such-String gefunden und ersetzt hat, sondern auch die definierten Zeichen, die folgen müssen. Während vorher überall „Internet!" stand, finden Sie nun kein Ausrufungszeichen mehr. Um dieses Dilemma zu lösen, bedarf es einer Möglichkeit, nach beidem (Such-String und spezielles Zeichen) zu suchen, aber nur den Such-String zu ersetzen. Und genau hier rücken die PCRE ins Rampenlicht.

Während die regulären Ausdrücke von POSIX dies nicht leisten können, sind die Perl-kompatiblen regulären Ausdrücke dafür hervorragend geeignet.

5.3 Dateneingaben der Besucher kontrollieren

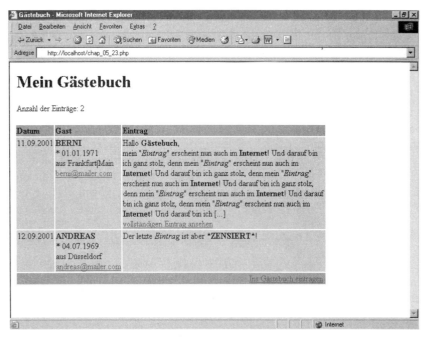

Korrektes Ersetzen mittels preg_replace()

Ersetzen Sie die *eregi_replace()*-Funktion durch folgende:

- preg_replace("/(?i)$filter[$n](?=(,|\s|\?|\!|\"))/", $change, $data);

Was ist hier neu dazugekommen? Der Grundstamm des regulären Ausdrucks bleibt gleich, allerdings wurde die geklammerte Zeichendefinition nach dem Such-String nochmals geklammert. Bevor dann die innere Klammerung folgt, finden Sie ein *?=* und genau das ist die Lösung. Diese Syntax leitet eine vorausschauende, übereinstimmende Bedingung ein, d. h., für das vorhergehende Zeichen eines zu suchenden Zeichens wird eine Bedingung aufgestellt oder – einfach ausgedrückt – die Bedingung muss auf den Such-String folgen. Allerdings, und hier kommt das Wichtige, wird die Bedingung nicht mit zur Auswertung bzw. Übereinstimmung hinzugezogen.

Ebenso hinzugekommen ist der Ausdruck (*?i*) gleich zu Beginn des regulären Ausdrucks. Dies weist die Funktion an, die Groß- und Kleinschreibung zu ignorieren. Letztendlich ist der gesamte reguläre Ausdruck von zwei Slashes (/) eingefasst, die den Start und das Ende kennzeichnen.

Mit PHP zur dynamischen Website

Vielleicht erinnern Sie sich noch an diese lange, kryptisch wirkende Zeile bei der JavaScript-Überprüfung der E-Mail-Eingabe im Webmailer-Formular auf Seite 171. Auch hier wurde mittels regulärer Ausdrücke gearbeitet, allerdings innerhalb von JavaScript. Da in der Praxis die Prüfung einer eingegebenen E-Mail-Adresse sehr wichtig ist, soll dies hier für PHP erläutert werden.

Eine E-Mail-Adresse muss laut Definition eine gewisse Syntax aufweisen. Der Name des E-Mail-Kontos darf aus Groß- und Kleinbuchstaben aufgebaut sein. Des Weiteren sind auch noch das Minuszeichen (-), der Unterstrich (_) und der Punkt (.) erlaubt. Anschließend folgt das @-Zeichen und die Domain, die keine Unterstriche aufweisen darf, und am Ende ein Punkt gefolgt von zwei bis drei Zeichen für die Kennung der Domain (z. B. .de oder .com). Ein gültiger regulärer Ausdruck für die gesamte Syntax wäre folgendes:

^[0-9a-zA-Z]([-_.]?[0-9a-zA-Z])*@[0-9a-zA-Z]([-.]?[0-9a-zA-Z])*\ \.[a-zA-Z]{2,3}$

Auf den ersten Blick ist schwer nachzuvollziehen, was hier passiert. Gehen Sie Schritt für Schritt vor und der Ausdruck wird sich Ihnen erschließen. Eingeleitet wird der Ausdruck durch das ^, das vorgibt, dass zu Beginn der Zeichenkette Folgendes zutreffen soll:

^[0-9a-zA-Z]

Das heißt, es dürfen alle Groß- und Kleinbuchstaben und alle Ziffern vorkommen. Diese Regel wird aber noch erweitert, indem festgelegt wird, dass Folgendes entweder beliebig oft oder keinmal zutreffen kann:

([-_.]?[0-9a-zA-Z])*

Was wiederum einschließt, dass nach einem Punkt, einem Minuszeichen oder einem Unterstrich wieder eine Ziffer oder Buchstabe (groß oder klein) folgen muss. Anschließend folgt das @-Zeichen. Für den Domain-Namen nach dem @ beginnt dasselbe wieder mit der Prüfung auf Ziffern oder Buchstaben (groß oder klein):

[0-9a-zA-Z]

Daraufhin können entweder keine oder beliebig viele Punkte oder Minuszeichen vorkommen, die aber immer von Ziffern oder Buchstaben (groß oder klein) begleitet werden müssen:

([-.]?[0-9a-zA-Z])*

5.3 Dateneingaben der Besucher kontrollieren

Zum Abschluss des Ausdrucks wird noch ein Punkt erwartet, der zwei oder drei Zeichen vom Typ Buchstabe (groß oder klein) hinter sich stehen hat. Und damit wäre der reguläre Ausdruck vollendet. Durch die Klammerung, sowohl mit runden als auch eckigen Klammern, ist es oft schwer, dem regulären Ausdruck zu folgen, aber gehen Sie in solchen Fällen immer Schritt für Schritt von links nach rechts vor, denn der Parser macht nichts anderes.

Wenn Sie sich andere Beispiele an anderen Stellen für eine E-Mail-Überprüfung ansehen, wird Ihnen auffallen, dass diese vielleicht oder sogar wahrscheinlich anders aufgebaut sind als diese hier. Das liegt daran, dass viele Wege zum Ziel führen. Deshalb sind die Ausdrücke nicht automatisch falsch.

Für diesen regulären Ausdruck können Sie z. B. die Funktion *eregi()* benutzen:

- if (eregi("^[0-9a-z]([-_.]?[0-9a-z])*@[0-9a-z]([-.]?[0-9a-z])*\\.[a-z]{2,3}$", $email)) echo "Syntax in Orndung"; else echo "Syntax fehlerhaft";

Mit der Variable *$email* können Sie nun eine beliebige E-Mail-Adresse prüfen, z. B. eben die Eingabe der Empfänger- und Absender-E-Mail-Adresse beim Webmailer-Formular.

TIPP **E-Mail-Check**

Natürlich gibt es unter PHP neben der Syntaxprüfung auch noch weitere Möglichkeiten, die Existenz einer E-Mail-Adresse mehr oder weniger zuverlässig zu verifizieren. Hierfür stehen Ihnen die Funktionen *getmxrr()* und *checkdnsrr()* zur Verfügung. Während die *checkdnsrr()*-Funktion den Domain-Namen als Eintrag im DNS-Server überprüft, sucht *getmxrr()* im DNS-Server nach passenden MX-Datensätzen zum Domain-Namen. Die Anwendung beider Methoden als Fallback-Lösung ist angebracht. Falls nun das Ergebnis positiv ist, haben Sie bestätigt, dass der angegebene Domain-Name auch wirklich existiert. Eine Überprüfung des E-Mail-Kontos ist abzuraten, da viele Server diese Anfrage nicht unterstützen. Deshalb wird hier auch nicht näher darauf eingegangen.

Als mächtiges Instrument steht Ihnen unter PHP die Funktion *preg_match_all()* zur Verfügung. Mit dieser Funktion haben Sie zum einen die ganze Bandbreite der regulären Ausdrücke und zum anderen eine sehr komfortable Suchfunktion. Der entscheidende Vorteil dieser Funktion liegt in der Rückgabe der Ergebnisse in einem Array und in der Beeinflussung der Zuordnung von der Rückgabe. Anhand eines einfachen, aber praktikablen Beispiels werden Sie die Funktion kennen lernen.

Mit PHP zur dynamischen Website

Stellen Sie sich vor, Sie haben eine Webseite, die sehr textlastig ist, die viele Seiten mit Tabellen von technischen Daten (z. B. ein Produktkatalog) oder gleiche Seiten (vom Aufbau aus betrachtet) mit unterschiedlichen Inhalten hat. Diese Ausgangssituation eignet sich dafür, Templates zu benutzen. Was sind Templates? Sie können sich Templates als Schablonen (entspricht der wörtlichen Übersetzung von Template) für Webseiten vorstellen, in die der Inhalt, der entweder aus einer Datenbank oder aus einem File kommt, an dafür vorgesehene Stellen eingefüllt wird. Content Management Systeme (CMS) arbeiten meist auf diese Weise.

Für das nun folgende Beispiel gehen Sie davon aus, dass die Daten, die später auf der Webseite im Template erscheinen sollen, in einem File abgespeichert sind. Natürlich bietet sich hier die Nutzung von XML geradezu an bzw. die Lösung im Beispiel kommt XML sehr nahe.

INFO

XML

XML (Extensible Markup Language) ist das universelle Format für strukturierte Dokumente oder Daten, d. h., XML ist eine Metasprache für das Definieren von Dokumenttypen bzw. liefert die Regeln, die beim Definieren von Dokumenttypen angewendet werden. Solche Definitionen werden als XML-Anwendungen bezeichnet. Ähnlich wie HTML baut sich XML aus Tags auf. Die Syntax, Struktur und Bedeutung der Tags wird für jede XML-Anwendung mit einer DTD (Document Type Definition) oder einem Schema definiert.

Wofür kann man nun solche XML-Anwendungen verwenden?

Mit XML lässt sich die logische Bedeutung von Daten, Informationen und Texten definieren.

XML ermöglicht im Gegensatz zu HTML die Definition eigener oder zusätzlicher Tags.

XML-Anwendungen eignen sich als plattform- und softwareunabhängiges Austauschformat für Daten zwischen verschiedenen Programmen und Rechnern.

Als Beispiel für ein Template soll ein kurzer HTML-Block dienen, der als Tabelle für z. B. neuste Nachrichten auf einer oder mehreren Seiten Ihrer Webseite erscheinen kann.

5.3 Dateneingaben der Besucher kontrollieren

chap_05_30.inc

```
<table width="30%" bgcolor="#FBA9B0">
    <tr>
        <td>
            <h3><headline></h3>
        </td>
    </tr>
    <tr>

        <td><copytext1><br><br><b><subheadline1></b><br><copytext2></td>
    </tr>
</table>
```

Dieser Block soll im Beispiel auf der Vorschauseite des Webmailers platziert werden. Dazu sollten Sie zunächst den Code von *chap_05_04.php* erweitern. An dieser Stelle wird die Änderung aber als neues Listing betrachtet. Falls Sie dies ebenfalls tun, müssen Sie im Formular von *chap_05_02.html* beim Formularelement (Schaltfläche *E-Mail Vorschau*)

- `<input type="button" value="E-Mail Vorschau" onclick="document.mailing.action='chap_05_04.php'; document.mailing.submit()">`

den Eintrag von *chap_05_04.php* nach *chap_05_31.php* ändern.

chap_05_31.php

```
<html>
<head>
    <title>Mailer Vorschau</title>
</head>
<body>
<table>
    <tr>
        <td><h3>E-Mail Vorschau</h3></td>
    </tr>
    <tr>
        <td>Sie wollen eine E-Mail an <b>
            <? echo $empfaenger_name; ?></b> (E-Mail-Adresse:<b>
            <? echo $empfaenger_mail; ?></b>) mit folgender
            Nachricht senden:<br><hr></td>
    </tr>
    <tr>
        <td bgcolor="999999"><br><? echo $nachricht; ?><br><br>
                            <? echo $grussformel; ?><br>
                            <? echo $unterschrift; ?><br></td>
    </tr>
```

Mit PHP zur dynamischen Website

- ```   <tr>```
- ```   <td><hr><a href="javascript:history.back()">Zurück zum Formular</a></td>```
- ```   </tr>```
- ```</table>
```
- ```<?```
- ```$data_simulation="<headline>Wichtige Information:</headline>
                     <copytext1>Bitte beachten Sie meinen neuen
                     Webmailer.</copytext1><subheadline1>Auch
   interessant:</subheadline1><copytext2>Meine Bildergalerie Nr. 7-
                     jetzt neu!</copytext2>";```
- ```preg_match_all("|<[^>]+>(.*)</[^>]+>|U", $data_simulation,
                                                $extract,
                                                PREG_PATTERN_ORDER);```
- ```for ($i=0;$i<count($extract[0]);$i++) {```
- ```   echo "<span style=\"font-size:12px\">".htmlspecialchars($extract[0][$i])." ->```
- ```   ".$extract[1][$i]."
</span>";```
- ```}```
- ```?>```
- ```</body>```
- ```</html>```

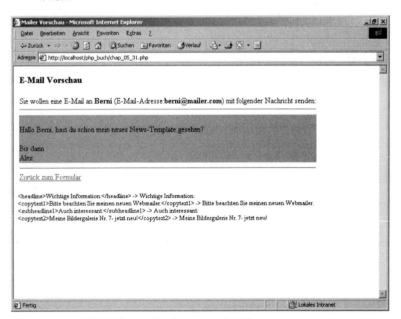

Ausgabe der extrahierten Daten mittels preg_match_all()

5.3 Dateneingaben der Besucher kontrollieren

Wenn Sie nun den Webmailer benutzen und die Funktion *E-Mail Vorschau* anklicken, sehen Sie die Ausgabe von oben. Unter der eigentlichen E-Mail-Vorschau wurde durch eine For-Schleife der Inhalt eines Rückgabe-Array ausgegeben.

Die Ausgabe soll Ihnen lediglich zeigen, wie die Daten von der *preg_match_all()*-Funktion zurückgegeben werden. Sie erhalten durch die Funktion das Array *$extract* mit zwei Dimensionen, wobei der erste Eintrag in der ersten Dimension die gesuchten Muster enthält und der zweite die extrahierten Daten.

Diese Rückgabeart wird durch die Option *PREG_PATTERN_ORDER* bestimmt. Also stehen im vorliegenden Beispiel im Array *$extract[0]* alle Suchmuster und in *$extract [1]* alle Daten. Die zweite Dimension sind die einzelnen Treffer, d. h., *$extract[0][0]* enthält das Suchmuster (<headline>Wichtige Information:</headline>) und *$extract [1][0]* beinhaltet die Daten (*Wichtige Information:*). Diese Wertepaare sehen Sie unter der Tabelle für die E-Mail-Vorschau.

Aber sehen Sie sich nun den eigentlich wichtigen Punkt an: den regulären Ausdruck der *preg_match_all()*-Funktion. Wiederum wird es einfacher, wenn Sie versuchen, den regulären Ausdruck in Blöcke aufzuteilen und Schritt für Schritt nachzuvollziehen.

Um den gesamten Ausdruck stehen zwei senkrechte Striche (|), die den inneren Teil begrenzen, und die Option *U*, die für das Verhalten *PCRE_UNGREEDY* steht, ist aktiviert. Mit *PCRE_UNGREEDY* kann also das Verhalten „non greedy" („greedy": englisch für „gierig") erzwungen werden, d. h., der reguläre Ausdruck hält sich an die Muster bzw. -teile, sonst würde durch bestimmte Suchmusterteile der gesamte String als Übereinstimmung betrachtet werden – also zu „gierig". Nun aber zum eigentlichen Ausdruck. Betrachten Sie denn ersten Block:

<[^>]+>

Es wird zuerst eine öffnende, spitze Klammer erwartet. Dieser darf keine schließende spitze Klammer folgen, was hier durch die eckigen Klammern mit der Negierung des ^-Zeichens ausgedrückt wird. Nun wird als nächste Anforderung durch das Pluszeichen formuliert, dass mindestens ein oder beliebig viele Zeichen nachfolgen müssen. Abschließend muss eine schließende spitze Klammer folgen. Zusammenfassend sucht dieser Ausdruck nach einem <-Zeichen, dem nicht als erstes Zeichen ein > folgen darf, aber mindestens ein oder beliebig viele andere und danach wieder ein >-Zeichen. Sehen Sie sich nun den nächsten Block an:

(.*)

Durch die runden Klammern wird das eigentliche Pattern oder Suchmuster eingeleitet, d. h., dieser Teil kann später als extrahierte Daten zur Verfügung stehen. Der Punkt

Mit PHP zur dynamischen Website

steht für ein Zeichen und der Stern bedeutet, dass keines oder beliebig viele vorkommen dürfen. Der abschließende Block

`</[^>]+>`

ist fast identisch mit dem ersten, allerdings wird nach dem <-Zeichen ein Slash (/) erwartet. Der gesamte reguläre Ausdruck findet nun also alle Übereinstimmungen, die einen Start-Tag und einen End-Tag haben. Der davon eingeschlossene String wird darüber hinaus als Treffer zurückgegeben.

Natürlich soll die Ausgabe nicht wie oben gezeigt erfolgen. Um nun die gewonnenen Daten dem Template zuzuweisen, müssen Sie den PHP-Code von *chap_05_31.php* wie folgt ändern:

```
<?
$fp=fopen("chap_05_30.inc", "r");   // Template-File öffnen
$template=fread ($fp, filesize („chap_05_30.inc"));
                                    // komplett einlesen
fclose($fp);   // File schliessen
$data_simulation="<headline>Wichtige Information:</headline>
                <copytext1>Bitte beachten Sie meinen neuen
                Webmailer.</copytext1><subheadline1>Auch
                interessant:</subheadline1><copytext2>Meine
                Bildergalerie Nr. 7- jetzt neu!</copytext2>";
preg_match_all("|<[^>]+>(.*)</[^>]+>|U", $data_simulation,
                $extract, PREG_PATTERN_ORDER);
for ($i=0;$i<count($extract[0]);$i++) {
    $search=substr($extract[0][$i],0,strpos($extract[0][$i],">")+1);
                                    // Tag-Name holen
    $replace=$extract[1][$i];
    $template=str_replace($search, $replace, $template);
}
echo $template;
?>
```

Die ersten Zeilen beziehen sich auf das Öffnen und Einlesen des Template-Files.

Des Weiteren wurde der Code innerhalb der For-Schleife geändert. Mittels der Funktion *substr()* wird aus dem ersten Suchmuster (*$extract[0][$i]*) der Tag extrahiert und in *$search* abgelegt. Anschließend wird der Wert, also die Daten von *$extract[1][$i]* in der Variable *$replace* gespeichert. Anhand der *str_replace*-Funktion, deren Funktionsweise Sie schon kennen, wird der gesuchte Tag (z. B. <headline>) durch die Daten (z. B. *Wichtige Informationen:*) im String *$template*, der als Inhalt das Template hat, ersetzt. Am Ende wird die Variable *$template* ausgegeben.

5.4 Datums- und Zeitangaben in PHP

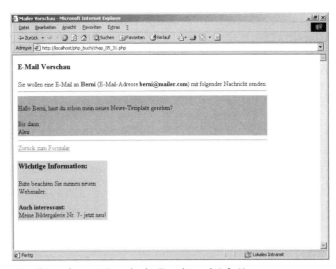

E-Mail-Vorschau mit Ausgabe des Templates als Info-Kasten

5.4 Datums- und Zeitangaben in PHP

Sie haben mittlerweile einen Webmailer und ein Gästebuch auf Ihrer Webseite zur Verfügung. Es bietet sich geradezu an, entweder in einem oder sogar beiden Modulen mit der „Zeit" zu arbeiten. Was ist damit gemeint?

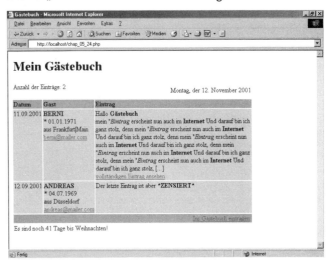

Immer aktuell – Datum und Zeit in PHP

Mit PHP zur dynamischen Website

Die Zeit in Form von Datums- oder Zeitangaben eignet sich hervorragend, um dem Besucher ein Gefühl der Aktualität Ihrer Webseite zu vermitteln. Sie haben schon beim Gästebuch die Zeit des Eintrags als Datum mit abgespeichert. Dies lässt sich mit Sicherheit noch verfeinern. Mit PHP ist so ziemlich alles möglich ist, was mit einer Zeitangabe gemacht werden kann. Was sich dahinter verbirgt, werden Sie auf den kommenden Seiten sehen.

Keine besonderen Formate

INFO Speichern Sie, wenn möglich, niemals Zeit- oder Datumsangaben in Form von bestimmten Formaten ab. Sie erschweren sich dadurch später zum einen Berechnungen, die auf dieser Zeitangabe basieren, und zum anderen werden Such- und Sortierfunktionen erschwert bzw. unmöglich gemacht. Verwenden Sie daher von Anfang an das UNIX-Format, den UNIX-Timestamp.

UNIX-Timestamp

INFO Beim UNIX-Timestamp handelt es sich um ein Zeitformat, das die vergangenen Sekunden seit dem 1.1.1970 angibt. So sind als Beispiel am 1.1.2001 genau 978.303.600 Sekunden verstrichen. Der Wechsel zu einer zehnstelligen Zahl fand am 9.9.2001 um 3:46:40 Uhr statt. Das Ende des UNIX-Zeitalters wird der 19.1.2038 sein, da hier die Darstellung an der Grenze von Integern und deren Laufweite scheitern wird.

Ausgeben von Datum und Zeit

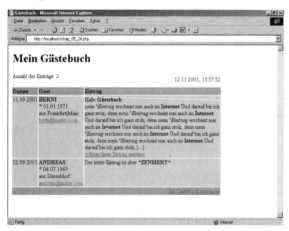

Ausgabe des Gästebuchs mit aktueller Zeit

5.4 Datums- und Zeitangaben in PHP

Um auf Ihrer Webseite eine Zeitangabe dynamisch auszugeben, haben Sie unter PHP mit der Funktion *date()* eine hervorragende Möglichkeit.

An dieser Stelle noch einmal das komplette Listing, auf dem Sie dann kontinuierlich die Änderungen dieses Kapitels vornehmen können. Das Beispiel von oben ist hier schon eingebaut und der Code basiert auf dem Listing *chap_05_23.php*:

chap_05_24.php

```
<?
$string[]="11.09.2001|*|Berni|*|1|*|1|*|1971|*|Frankfurt|Main|*|berni@mailer.com|*|Hallo Gästebuch, \n\rmein \"Eintrag\" erscheint nun auch im Internet! Und darauf bin ich ganz stolz, denn ";
$string[]="12.09.2001|*|Andreas|*|4|*|7|*|1969|*|Düsseldorf|*|andreas@mailer.com|*|Der letzte Eintrag ist aber doof!";
$filter1=array("doof","Depp","Idiot");
$filter2=array("Internet", "WWW", "Gästebuch");
$filter3=array("Eintrag");
function filter($data,$filter,$exchange) {
    for ($n=0;$n<count($filter);$n++) {
        if (strstr($data,$filter[$n])) {    // Prüfen, ob Suchwort
                                            //    überhaupt vorkommt
            if (strstr($exchange,"###")) $change=str_replace
                                    ("###", $filter[$n], $exchange);
            else $change=$exchange;
            $data=str_replace($filter[$n], $change, $data);
                                    // alle Vorkommen ersetzen
        }
    }
    return $data;
}
?>
<html>
<head>
    <title>Gästebuch</title>
</head>
<body>
<table width="80%">
    <tr>
        <td colspan="3">
            <h1>Mein Gästebuch</h1>
        </td>
    </tr>
    <tr>
        <td colspan="2">Anzahl der Einträge:
            <? echo count($string);?><br><br></td>
        <td align="right"><? echo date("d.m.Y, H:i:s"); ?></td>
    </tr>
```

Mit PHP zur dynamischen Website

```
        <tr>
            <td bgcolor="999999"><b>Datum</b></td>
            <td bgcolor="999999"><b>Gast</b></td>
            <td bgcolor="999999"><b>Eintrag</b></td>
        </tr>
<?
for ($i=0;$i<count($string); $i++) {
    $daten=explode("|*|", $string[$i]);   // Datenstring zerlegen
    $birth=sprintf("%02d.%02d.%04d", $daten[2], $daten[3],
                   $daten[4]);   // Datumsformat aufbauen
?>
        <tr valign="top">
            <td bgcolor="cccccc"><? echo $daten[0]; ?></td>
            <td bgcolor="cccccc"><? echo
 "<b>".strtoupper($daten[1])."</b><br>* ".$birth."<br>aus
            ".$daten[5]."<br><a href=\"mailto:".$daten
            [6]."\">".strtolower($daten[6])."</a>";
            ?></td>
            <td bgcolor="cccccc"><?
            $text=nl2br(strip_tags(stripslashes($daten[7])));
                    // Zuweisung des Textes
            $text=filter($text,$filter1,"<b>*ZENSIERT*</b>");
            $text=filter($text,$filter2,"<b>###</b>");
            $text=filter($text,$filter3,"<i>###</i>");
            if (strlen($text)>500 && $action!="gesamt") {
                $text=wordwrap($text,500,"%@%");
                    // ab 500 Zeichen wortgerecht abschneiden
                $text=substr($text,0,strpos($text,"%@%"));
                    // Teilstring bis erste Position %@% holen
                echo $text." [...]<br><a href=\"chap_05_20.php?
                     action=gesamt\" target=\"_blank\">vollständigen
                     Eintrag ansehen</a>";
            }
            else echo $text; ?></td>
        </tr>
<? } ?>
        <tr>
            <td bgcolor="999999" colspan="3" align="right">
                    <a href="seitenname.html" target="_self">
                    Ins Gästebuch eintragen</a> </td>
        </tr>
        <tr>
            <td colspan="3"></td>
        </tr>
</table>
</body>
</html>
```

5.4 Datums- und Zeitangaben in PHP

Die Funktion *date()* gibt Ihnen basierend auf einem UNIX-Timestamp (siehe Seite 272) eine Ausgabe zurück, die eine Vielfalt an Formatierungsmöglichkeiten bietet. Von der Syntax erwartet die Funktion *date()* die Formatierung und einen UNIX-Timestamp. Fehlt letzterer, wird die aktuelle Zeit benutzt. Allerdings können Sie unter Verwendung des zweiten Parameters gespeicherte Zeitangaben (z. B. im Gästebuch) wieder ohne Probleme vom UNIX-Timestamp in jedes beliebige Format umwandeln. Der erste Parameter, also die eigentliche Formatierung, sieht im vorliegenden Beispiel so aus:

date("d.m.Y, H:i:s");

Wie Sie sicher erahnen, sind die Buchstaben hier Platzhalter für Formatierungsanweisungen. Die folgende Tabelle gibt einen Überblick über die möglichen Argumente und ihre Formatierungen:

Argument	Formatierung
a	"am" oder "pm" (engl. „Vormittag" oder „Nachmittag")
A	"AM" oder "PM" (engl. „Vormittag" oder „Nachmittag")
d	Tag des Monats (zweistellig)
D	Kurzbezeichnung des Wochentags, z. B. "Tue" (engl.)
F	Monat z.B "February" (engl.)
g	Stunde (ein-/zweistellig) im 12-Stunden-Format
G	Stunde (ein-/zweistellig) im 24-Stunden-Format
h	Stunde (zweistellig) im 12-Stunden-Format
H	Stunde (zweistellig) im 24-Stunden-Format
i	Minuten (zweistellig)
j	Tag des Monats (ein-/zweistellig)
l	Wochentag, z. B. "Tuesday" (engl.)
L	Schaltjahr, wenn Schaltjahr "1", sonst 0
m	Monat (numerisch, zweistellig)
M	Kurzbezeichnung des Monats, z. B. "Oct" (engl.)
n	Monat (numerisch, einstellig)
s	Sekunden (zweistellig)
t	Anzahl der Tage des Monats ("28","29","30","31")
U	Sekunden seit dem 1.1.1970 (= Timestamp)

Mit PHP zur dynamischen Website

Argument	Formatierung
w	Wochentag (numerisch) von "0" (Sonntag) bis "6" (Samstag)
y	Jahr (zweistellig)
Y	Jahr (vierstellig)
z	Tag des Jahres ("0" bis "365")

Möchten Sie beispielsweise als Ergebnis den abgekürzten Monatsnamen in Ihrer Ausgabe haben, brauchen Sie lediglich aus dem „m" ein „M" zu machen. Wie Sie beim Testen sicher schnell merken werden, sind die Angaben der Namen von Wochentagen oder Monaten auf Englisch.

Ausnahmsweise deutsches Format

INFO Sollten bei Ihnen deutsche Bezeichungen erscheinen, ist der Server mit der Länderspezifikation für Deutschland konfiguriert. Dies lässt sich auch mit der Funktion *setlocale()* bestimmen, allerdings funktioniert dies nicht unbedingt bei allen Servern und wird hier nicht näher erklärt.

Deshalb ist es sehr praktisch, dafür eine Anpassung zu schreiben. Um diese auch auf anderen Seiten benutzen zu können, werden Sie wieder eine Funktion erstellen.

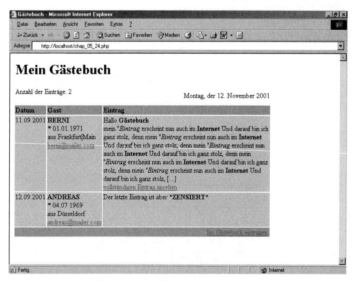

Verändertes Datumsformat als Ergebnis der Funktion datum_deutsch()

5.4 Datums- und Zeitangaben in PHP

Fügen Sie im oberen Listing *chap_05_24.php* unter der Funktion *filter()* folgende Zeilen ein:

```
function datum_deutsch($datum){
    if (!isset($datum)) $datum=time();
    $tage=array("Sonntag", "Montag", "Dienstag", "Mittwoch",
                "Donnerstag", "Freitag", "Samstag");
                // Array für Wochentagsnamen definieren
    $monate=array("Januar", "Februar", "März", "April", "Mai",
                  "Juni", "Juli", "August", "September", "Oktober",
                  "November", "Dezember");
                // Array für Monatsnamen definieren
    $t_name=$tage[date("w",$datum)];
                // Auswählen des Wochentags aus dem Array anhand
                   date(w)
    $m_name=$monate[date("n",$datum)-1];
                // Auswählen des Monats aus dem Array anhand
                   date(n)
    $neues_format=$t_name.", der ".date("d",$datum).".".
                  ".$m_name." ".date("Y",$datum);
                // Zusammenfügen der einzelnen Komponenten
    return $neues_format;  // Rückgabe des neuen Formats
}
```

Diese Funktion ermöglicht es Ihnen, jedes beliebige Datum im deutschen Format bzw. mit deutschen Namen für die Wochentage und Monate umzuändern. Dabei wird wiederum auf einige Formatierungsanweisungen von *date()* zurückgegriffen. Wie kommt es zur Zuweisung des Wochentags und des Monats?

Das Symbol „*w*" gibt Ihnen die Nummer des Wochentags zurück, wobei bei Sonntag mit der Null (0) angefangen wird. Dies entspricht auch dem definierten Array *$tage*, bei dem der Sonntag die Array-Position 0 einnimmt. Gleiches geschieht beim Monat, d. h., das Symbol „*n*" der *date()*-Funktion sorgt dafür, dass die Nummer des Monats zurückgegeben wird. Hierbei müssen Sie beachten, dass der Januar die Nummer 1 hat. Deshalb wird dieser Rückgabewert um eins erniedrigt, um eine Übereinstimmung mit dem Array *$monate* zu haben. Danach wird der komplette String zusammengesetzt und zurückgegeben.

Sollten Sie nun folgende Ausgabe erhalten, müssen Sie entweder mittels dem PHP-Befehl *error_reporting(1)*; die Warnungen ausschalten oder direkt in der PHP-Konfiguration den Parameter dafür ändern. Da die Funktion einen Parameter *$datum* erwartet, wird das Fehlen desselben als Warnung ausgegeben. Die Funktion wird dadurch nicht beeinträchtigt, da bei fehlendem *$datum* automatisch der aktuelle UNIX-Timestamp benutzt wird.

Mit PHP zur dynamischen Website

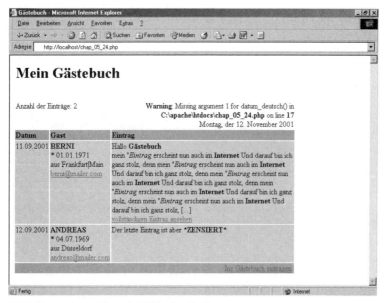

PHP gibt eine Warnung aus bei fehlendem Funktionsparameter

Im Zusammenhang mit *date()* sei kurz auf die Möglichkeit von *checkdate()* eingegangen. Diese Funktion ermöglicht es Ihnen z. B., die Eingabe des Geburtsdatums beim Gästebuch zu kontrollieren. Dazu müssen Sie folgenden Code verwenden:

- $check=checkdate($monat, $tag, $jahr);

Wenn es sich um ein gültiges Datum handelt, wobei auch Schaltjahre beachtet werden, wird *TRUE* zurückgegeben, andernfalls *FALSE*.

Berechnen und umrechnen von Zeit

Im Beispiel von eben haben Sie auch im Zusammenhang mit der *datum_deutsch()*-Funktion gesehen, dass Sie mit der *time()*-Funktion den aktuellen UNIX-Timestamp erzeugen können. Hierfür ist immer die Server-Systemzeit und deren Zeitzone ausschlaggebend (siehe Seite 276). Neben der *time()*-Funktion stehen Ihnen noch weitere Zeitfunktionen zur Verfügung: *mktime()*, *gmmktime()*, *microtime()*, *gmstrftime()*, *strftime()*, *gettimeofday()* und *strtotime()*.

Einen besonderen Stellenwert hat das Erstellen von UNIX-Timestamps mit *mktime()*, da *time()* ausschließlich die aktuelle Zeit ausgibt. Mit der Funktion *mktime()* können Sie nun jeden beliebigen UNIX-Timestamp erzeugen, solange er innerhalb des UNIX-Zeitalters (1.1.1970–19.1.2038) liegt. Aber wofür ist diese Berechnung wichtig?

5.4 Datums- und Zeitangaben in PHP

Nehmen Sie an, Sie wollen in Ihrem Gästebuch die Möglichkeit bieten, die Einträge von einem gewissen Zeitraum, z. B. monatsbezogen, auszugeben. Dafür sollten die Zeitangaben in den Datensätzen als UNIX-Timestamps abgelegt sein und Sie müssen basierend auf der aktuellen Zeit das richtige Start- und Enddatum berechnen. Die Syntax der Funktion lautet:

mktime (Stunde, Minute, Sekunde, Monat, Tag, Jahr, Sommerzeit);

Der Parameter *Sommerzeit* ist optional und gibt an, ob das Datum sich in der Sommerzeit befindet. Wie bei *checkdate()* ist auch hier die „verkehrte" Reihenfolge von Monat und Tag zu beachten, was aber dem englischen Format des Datums entspricht. Wollen Sie nun alle Einträge des Monats August des aktuellen Jahrs ausgeben, können Sie die Berechnung wie folgt anstellen:

- <?
- $start=mktime(0,0,0,8,1,date("Y"));   // Start von August berechnen
- $end=mktime(0,0,0,9,1,date("Y"));   // Ende von August berechnen
- ?>

Ebenso können Sie relativ einfach die Anzahl der Tage bis zu einem gewissen Zeitpunkt ermitteln.

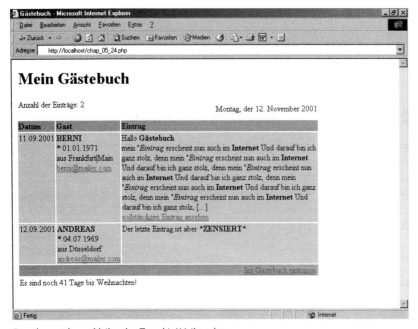

Berechnung der verbleibenden Tage bis Weihnachten

279

Mit PHP zur dynamischen Website

Dafür bedarf es nur der Änderung einer Zeile im Listing *chap_05_24.php*, die vorher eine leere Zeile ausgegeben hat:

- ```
  <td colspan="3">Es sind noch
  <? echo floor((mktime(0,0,0,12,24,date("Y"))-
  time())/86400); ?> Tage bis Weihnachten!</td>
  ```

Es wird vom berechneten UNIX-Timestamp vom diesjährigen Weihnachten der aktuelle UNIX-Timestamp abgezogen. Die übrig bleibenden Sekunden werden durch 86.400 (Sekunden eines Tags) geteilt und anschließend wird das Ergebnis mittels *floor()* abgerundet.

Ein weiteres nützliches Werkzeug beim Berechnen von Daten ist die Funktion *strtotime()*. Hier können Sie eine Vielzahl an unterschiedlichen Zeitangaben, vorliegend in String-Form, in einen UNIX-Timestamp umwandeln. Besonders nützlich in der Praxis ist die relative Angabe von Zeit:

- `<?`
- `echo strtotime("+1day");   // Ausgabe von morgen`
- `echo strtotime("-1day");   // Ausgabe von gestern`
- `echo date("d.m.Y",strtotime("+1day"));   // Wert kann benutzt werden`
- `?>`

Wie bei der *date()*-Funktion wird bei *strtotime()* die aktuelle Zeit als Grundlage benutzt, aber es lässt sich auch als zweiter Parameter ein Datum als UNIX-Timestamp vorgeben.

Kalenderfunktionen – Feiertage ermitteln

PHP hat eine umfangreiche Unterstützung von Kalenderfunktionen, die sich aber v. a. mit der Umrechnung von verschiedenen Kalendersystemen beschäftigen und hier nicht näher erläutert werden sollen. Eine besondere Stellung nimmt die Funktion *easter_date()* ein, die Ihnen in einem Beispiel näher gebracht wird. So wäre es sicher ein nettes, kleines Feature auf Ihrer Webseite, wenn Sie einen Kalender oder eine Liste der Feiertage anbieten.

Ostern ist die Basis

Die Oster-Funktion *easter_date()* ist nicht so trivial, wie sie vielleicht erscheinen mag, da erstens eine solche Berechnung nicht einfach ist und zweitens vom Ostertermin in der christlichen Welt viele Feiertage abhängen.
  ```

5.4 Datums- und Zeitangaben in PHP

Ostern hat eine klare Definition und ist festgelegt auf den ersten Sonntag nach dem ersten Vollmond nach Frühlingsanfang, der am 21. März ist. So kann also theoretisch der früheste Termin für Ostern am 21. März sein, vorausgesetzt, es ist ein Sonntag und Vollmond.

Die Syntax der Funktion *easter_date()* lautet:

- easter_date($jahr);   // Angabe des Jahres als vierstellige Zahl

Den Ostersonntag des Jahres 2005 ermittelt man also so:

- echo date ("d.m.Y",ostern(2005));

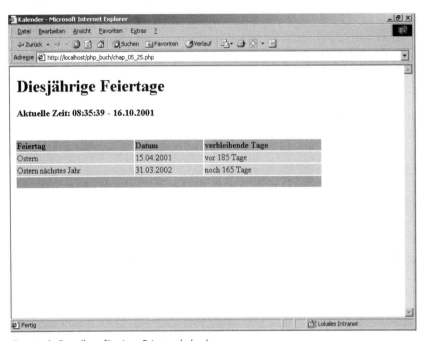

Ostern als Grundlage für einen Feiertagskalender

Als Grundgerüst sollen Sie erst einmal das diesjährige Ostern und das im nächsten Jahr ausgeben. Folgendes Listing setzt dies um:

chap_05_25.php

```
<?
$feiertag["Ostern"]=easter_date(date("Y"));   // dieses Jahr
$feiertag["Ostern nächstes Jahr"]=easter_date(date("Y")+1);
       // nächstes Jahr
```

Mit PHP zur dynamischen Website

```
?>
<html>
<head>
    <title>Kalender</title>
</head>
<body>
<table width="80%">
    <tr>
        <td colspan="3">
            <h1>Diesjährige Feiertage</h1>
        </td>
    </tr>
    <tr>
        <td colspan="3"><h3><? echo "Aktuelle Zeit: ".date("H:i:s
                - d.m.Y");?></h3><br></td>
    </tr>
    <tr>
        <td bgcolor="999999"><b>Feiertag</b></td>
        <td bgcolor="999999"><b>Datum</b></td>
        <td bgcolor="999999"><b>verbleibende Tage</b></td>
    </tr>
    <? reset($feiertag);
    for ($i=0;$i<count($feiertag);$i++) { ?>
    <tr valign="top">
        <td bgcolor="cccccc"><? echo key($feiertag); ?></td>
        <td bgcolor="cccccc"><? echo date("d.m.Y",current
                ($feiertag)); ?></td>
        <td bgcolor="cccccc"><? $bis_datum=floor((current
                ($feiertag)-time())/86400); if
                ($bis_datum<0) echo "vor "; else
                echo "noch "; echo abs($bis_datum);
                ?> Tage</td>
    </tr>
    <? next($feiertag);
    } ?>
    <tr>
        <td bgcolor="999999" colspan="3" align="right"> 
            </td>
    </tr>
</table>
</body>
</html>
```

Zuerst wird hier mit der *easter_date()*-Funktion das Datum bzw. der UNIX-Timestamp des Ostersonntags von diesem Jahr und vom nächsten Jahr berechnet und in einem assoziativen Array abgespeichert. Anschließend wird im HTML-Code die Ausgabe einer Tabelle über die For-Schleife geregelt, die nacheinander alle Einträge des Array ausgibt, wobei sowohl der Index mittels der *key()*-Funktion als auch der Wert mittels

5.4 Datums- und Zeitangaben in PHP

der *current()*-Funktion benutzt wird. Der Wert wird hier an die *date()*-Funktion übergeben, die das Datum im gewünschten Format ausgibt. Daraufhin wird die Berechnung der verbleibenden Tage des Feiertags zum aktuellen Datum in *$bis_datum* abgelegt. Diese Berechnung haben Sie schon im Zusammenhang mit der Umrechnung mittels *mktime()* kennen gelernt.

 Beachten Sie, dass, da die *easter_date()*-Funktion auf dem UNIX-Timestamp basiert, nur innerhalb des Zeitraums von 1970 bis 2038 diese Berechnung fehlerlos funktioniert.

Andere Feiertage ermitteln

Nun wollen Sie aber nicht nur diese zwei Daten anbieten, sondern Ihr Angebot noch erweitern. Da im christlichen Kalender sich sehr viele Feiertage vom Ostersonntag ableiten lassen, können Sie ohne große Problem noch ein paar weitere Feiertage darstellen.

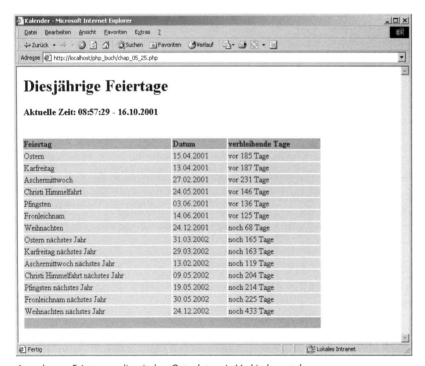

Ausgabe von Feiertagen, die mit dem Osterdatum in Verbindung stehen

283

Mit PHP zur dynamischen Website

An der Ausgabe, also dem HTML-Code, müssen Sie nichts mehr ändern, wenn Sie Ihre Tabelle erweitern wollen. Die For-Schleife übernimmt dies automatisch für Sie. Für die obige Ausgabe müssen Sie also lediglich den PHP-Code mit den Berechnungen und Array-Zuweisungen zu Anfang abändern:

- `<?`
- `// für dieses Jahr die Feiertage`
- `$feiertag["Ostern"]=easter_date(date("Y"));   // dieses Jahr`
- `$feiertag["Karfreitag"]=$feiertag["Ostern"]-(2*86400);`
- `$feiertag["Aschermittwoch"]=$feiertag["Ostern"]-(46*86400);`
- `$feiertag["Christi Himmelfahrt"]=$feiertag["Ostern"]+(39*86400);`
- `$feiertag["Pfingsten"]=$feiertag["Ostern"]+(49*86400);`
- `$feiertag["Fronleichnam"]=$feiertag["Ostern"]+(60*86400);`
- `$feiertag["Weihnachten"]=mktime(0,0,0,12,24,date("Y"));`
- `// für nächstes Jahr die Feiertage`
- `$feiertag["Ostern nächstes Jahr"]=easter_date(date("Y")+1);`
- `// nächstes Jahr`
- `$feiertag["Karfreitag nächstes Jahr"]=$feiertag["Ostern nächstes Jahr"]-(2*86400);`
- `$feiertag["Aschermittwoch nächstes Jahr"]=$feiertag["Ostern nächstes Jahr"]-(46*86400);`
- `$feiertag["Christi Himmelfahrt nächstes Jahr"]=$feiertag["Ostern nächstes Jahr"]+(39*86400);`
- `$feiertag["Pfingsten nächstes Jahr"]=$feiertag["Ostern nächstes Jahr"]+(49*86400);`
- `$feiertag["Fronleichnam nächstes Jahr"]=$feiertag["Ostern nächstes Jahr"]+(60*86400);`
- `$feiertag["Weihnachten nächstes Jahr"]=mktime(0,0,0,12,24,date("Y")+1);`
- `?>`

Als Index des assoziativen Array benutzen Sie immer den Text, der in der Ausgabe in der Tabellenzeile auftauchen soll. Vom Ostersonntag sind nun also folgende Feiertage abhängig: Karfreitag (zwei Tage vorher), Aschermittwoch (46 Tage zuvor), Christi Himmelfahrt (39 Tage später), Pfingsten (49 Tage später) und Fronleichnam (60 Tage danach).

Diese Differenz zum Ostersonntag, also die Anzahl der Tage multipliziert mit 86.400 (Sekunden eines Tags), wird in der Berechnung oben vom UNIX-Timestamp des Ostersonntags abgezogen.

Sicher haben Sie gemerkt, dass sich im Beispiel in der Tabelle ein Datum eingeschmuggelt hat – Weihnachten bzw. Heilig Abend. Weihnachten ist natürlich ein festes Datum und wird ohne Bezug zu Ostern ausgegeben. Betrachtet man den Stellenwert, sollte dieses Datum aber nicht in solch einer Liste fehlen.

5.4 Datums- und Zeitangaben in PHP

Darüber hinaus können Sie auch noch das Datum für den Muttertag, den Buß- und Bettag und den 1. Advent berechnen. Dies basiert auf jeweils derselben Vorgehensweise bei der Berechnung: Bekannt ist ein fester Termin, der in Bezug zum gesuchten Datum steht.

So ist der Muttertag immer der zweite Sonntag im Mai. Hier müssen Sie mit dem Rückgabewert der *date()*-Funktion und dem Parameter *"w"* (Wochentag) arbeiten. Dafür müssen Sie nun den Wochentagwert des 30. April, also ein Tag vor dem 1. Mai, von der maximalen Anzahl (2. Sonntag = 2 Wochen = 14) abziehen.

Warum ist dies so? Nehmen Sie als Beispiel an, dass der 30. April ein Sonntag ist, d. h., der Wochentag-Wert 0 wird von 14 abgezogen und ergibt natürlich 14, was auch logisch erscheint, da nun mit dem 1. Mai ganze zwei Wochen vergehen müssen, bis der zweite Sonntag eintritt.

- `$feiertag["Muttertag"]=mktime(0,0,0,5,(14-date("w",mktime (0,0,0,4,30,date("Y")))),date("Y"));`
- `$feiertag["Muttertag nächstes Jahr"]=mktime(0,0,0,5,(14-date ("w",mktime (0,0,0,4,30,date("Y")+1))),date("Y")+1);`

Auf den ersten Blick ist diese Berechnung sehr verwirrend. Lesen Sie sich aufmerksam die Beschreibung oben durch und versuchen Sie, Schritt für Schritt die Klammerung der Berechnungsfunktion nachzuvollziehen.

Gleiches gilt auch für den 1. Advent, der der 1. Sonntag nach dem 26. November ist. Wiederum brauchen Sie „nur" zum 26. November die Anzahl der maximalen Tage (also 1. Sonntag = 1 Woche = 7) den Wochentagwert vom 26. November abziehen:

- `$feiertag["1. Advent"]=mktime(0,0,0,11,26+(7-date("w",mktime (0,0,0,11,26,date("Y")))),date("Y"));`
- `$feiertag["1. Advent nächstes Jahr"]=mktime(0,0,0,11,26+(7-date("w",mktime (0,0,0,11,26,date("Y")+1))),date("Y")+1);`

Als Letztes soll noch der Buß- und Bettag ausgegeben werden. Dieser hat einen direkten Bezug zum 1. Advent, den Sie soeben berechnet haben. Der Buß- und Bettag findet 11 Tage vor dem 1. Advent statt. Entweder Sie benutzen dieselbe Berechnung wie für den 1. Advent und ziehen dort noch beim Parameter für den Tag die Anzahl 11 ab, oder Sie verwenden das Ergebnis, was sich hier anbietet:

- `$feiertag["Buß- und Bettag"]=$feiertag["1. Advent"]-(11*86400);`
- `$feiertag["Buß- und Bettag nächstes Jahr"]=$feiertag["1. Advent nächstes Jahr"]-(11*86400);`

Mit PHP zur dynamischen Website

Folgend noch einmal die gesamte Ausgabe:

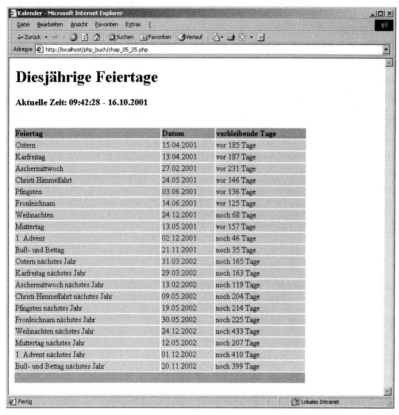

Vollständige Ausgabe der Feiertage basierend auf chap_05_25.php

5.5 Formulare grafisch aufarbeiten

Wenn Sie nun noch einmal zurückgehen und Ihren Webmailer bzw. das Formular betrachten, wird Ihnen schnell auffallen, was das Formular „unprofessionell" erscheinen lässt. Zum einen sind es die recht schlichten Eingabefelder, zum anderen die Schaltflächen. Beides lässt sich bis zu einem gewissen Grad mittels CSS verändern und „besser" gestalten. Ob dies gelingt, ist aber stark abhängig davon, mit welchem Browser Sie sich dann Ihre Seite anschauen, d. h., es gibt hier leider nach wie vor keine Vereinheitlichung, obwohl der Standard durch die W3C-Organisation festgelegt ist.

5.5 Formulare grafisch aufarbeiten

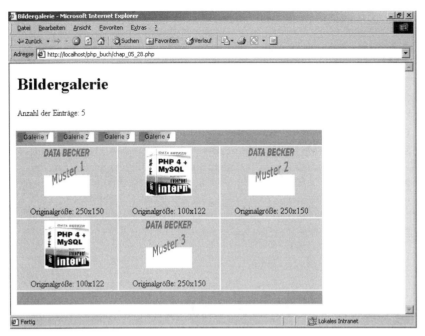

Die eigene Seite aufwerten – mit dynamischer Bilderzeugung

INFO

CSS

CSS (Cascading Style Sheet) ist eine Sprache, um Stylesheets zu definieren und wurde vom World Wide Web-Consortium (W3C) als Standard festgelegt. CSS sind eine unmittelbare Ergänzung zu HTML und dienen zur Definition von Formateigenschaften einzelner HTML-Befehle. Ein weiteres wichtiges Leistungsmerkmal ist, dass CSS-Definitionen zentral angegeben werden können. Es wird sowohl die professionelle Gestaltung beim Webdesign unterstützt als auch die Grundlage für D-HTML (siehe Seite 148) geschaffen.

PHP bietet hier eine elegantere Lösung an, die Ihnen im Kapitel über einfache Buttons auf Seite 289 näher bringe. Damit lässt sich schnell die eigene Webseite schöner gestalten. Interessante Effekte oder nützliche Module wie eCards sind aber auch zu realisieren, wofür Sie im Kapitel über die Aufbereitung von Bildern ab Seite 293 die Grundlagen kennen lernen werden. Während Sie etwas über die Manipulation von Bildern ab Seite 297 erfahren werden, findet das Erstellen von Grafiken, z. B. Balkendiagramme oder Tortengrafiken, aus Platzgründen keine Erwähnung.

287

Mit PHP zur dynamischen Website

Aber was kann denn nun PHP?

Ausführliche Informationen zum Thema „Grafikfunktionen unter PHP" finden Sie unter

> http://www.php.net/manual/en/ref.image.php

NT-Server, ISS und GD-Bibliothek

Sollten Sie mit einem NT-Server und dem IIS (Internet Information Server) arbeiten, muss die GD-Bibliothek meist erst zur Verfügung gestellt werden. Bei der Version 4.06pl von PHP hat sich allerdings ein Fehler eingeschlichen, weshalb die GD-Bibliothek nicht verfügbar sein kann. Weichen Sie hier auf die Version 4.04pl aus oder installieren sich, wie im Kapitel über die Installation vorgeschlagen, einen Apache-Server, der auch die größtmögliche Unterstützung für PHP bietet.

Voraussetzung: Die Bibliothek GD-Lib

PHP benötigt für die Erstellung und Manipulation von Grafiken die GD-Lib.

GD-Lib

Mit der GD-Lib können Sie nicht nur die Grafikfunktionen von PHP dafür benutzen, um die Größe von JPEG-, GIF-, PNG- und SWF-Bild-Dateien zu ermitteln, sondern auch um Grafiken bzw. Bilder dynamisch (also zur Laufzeit ihres Skripts) zu erzeugen bzw. zu verändern. Die mittels dieser Funktionen veränderbaren Grafikformate sind abhängig von der bei Ihnen installierten GD-Version. Besonders wichtig ist, dass ab der Version 1.6 aus Lizenzgründen kein GIF-Format mehr unterstützt wird, dafür aber das PNG-Format. Allerdings wird dieses wiederum bei Versionen vor 1.6 nicht unterstützt.

Mit PHPTriad wurde diese Bibliothek installiert. Es muss nur noch in der Datei *php.ini* bei folgender Zeile das Simikolon davor entfernt werden:

> *;extension=php_gd.dll*

Die *php.ini* finden Sie bei der PHPTriad-Installation in dem Verzeichnis *C:\apache\php*.

5.5 Formulare grafisch aufarbeiten

Haben Sie die Installer-Version von PHP installiert, ist die GD-Lib nicht verfügbar. Sie können sie jedoch nachträglich einbauen. Dazu benötigen Sie die ZIP-Version von PHP. Diese finden Sie unter *http://www.php.net/downloads.php* zum Download. Entpacken Sie diese Datei nach dem Herunterladen. In dem entpackten Verzeichnis finden Sie ein Verzeichnis *extensions*. Kopieren Sie das ganze Verzeichnis in Ihr PHP-Verzeichnis. Als Letztes muss jetzt noch die *php.ini*-Datei geändert werden. Diese befindet sich bei der Installer-Installation im Windows-Verzeichnis. Suchen Sie hier den Eintrag

extension_dir=./

und fügen Sie hinter dem Slash das Wort *extensions* ein. Dies ist der Name des Verzeichnisses, dass Sie eben kopiert haben. Jetzt suchen Sie die Zeile

;extension=php_gd.dll

und entfernen das Simikolon davor.

Die GD-Lib steht Ihnen jetzt zur Verfügung.

Erzeugen dynamischer Schaltflächen

Sie wollen nun, wie oben erwähnt, Ihr Formular ansprechender gestalten. Dazu werden Sie die Schaltflächen durch dynamische Schaltflächen bzw. Buttons ersetzen. Natürlich kommt hier die berechtigte Frage auf, ob es nicht einfacher wäre, die Buttons in einem Grafikprogramm herzustellen und als Bilder dann dem Formular zur Verfügung zu stellen. Damit haben Sie auch vollkommen recht. Allerdings müssen Sie sich vor Augen halten, dass Sie möglicherweise eine Dynamik erhalten wollen, z. B. wöchentlich wechselnde Buttons. Noch einleuchtender wird die Methode, wenn Sie an dynamisch erzeugte Navigations-Buttons denken. Wenn diese und der Inhalt der gesamten Webseite durch ein CMS (**C**ontent **M**anagement **S**ystem) verwaltet werden, können bei Änderung der Navigationspunkte automatisch die Navigations-Buttons angepasst werden. Aber das war nun ein Ausblick in die Zukunft, zurück zum Thema.

PHP stellt Ihnen mit der GD-Bibliothek zahlreiche Funktionen zur Verfügung. Einen kleinen Vorgeschmack sollen Sie nun bekommen. Legen Sie hierzu folgendes Skript an:

chap_05_26.php

```
<?
header ("Content-type: image/png");
$string = rawurldecode($text);
$textlength = ImageTTFbbox(14, 0, "arial.ttf", $string);
$width = 24 + abs($textlength[4]-$textlength[0]);
```

Mit PHP zur dynamischen Website

- `$img = ImageCreate ($width, 20);`
- `$background_color = ImageColorAllocate ($img, 200, 200, 200);`
- `$text_color = ImageColorAllocate ($img, 233, 14, 91);`
- `$startpos = ($width - $textlength[4])/2;`
- `ImageTTFText($img, 14, 0, $startpos , 14 , $text_color, "arial.ttf", $string);`
- `ImagePNG ($img);`
- `?>`

Und ersetzen Sie im Webmailer-Skript *chap_05_06.php* die letzte Tabellenreihe mit den Schaltflächen durch folgende Zeilen:

- `<tr>`
- `    <td colspan="2" align="right"><br><input type="image" src="chap_05_26.php?text=E-Mail+senden"> <input type="image" src="chap_05_26.php?text=E-Mail+Vorschau"></td>`
- `</tr>`

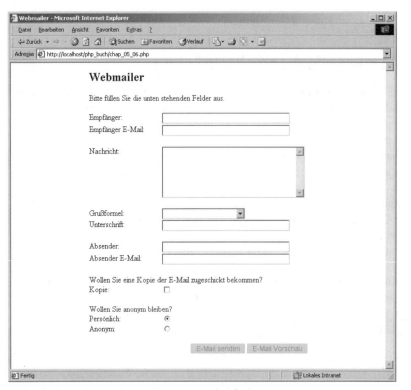

Webmailer-Formular mit dynamisch erzeugten Schaltflächen

5.5 Formulare grafisch aufarbeiten

Als Ergebnis präsentieren sich Ihnen zwei gräuliche Schaltflächen mit einer rötlichen Schrift. Der Text entspricht den vorherigen Systemschaltflächen. Was wurde hier im Einzelnen gemacht? Zuerst betrachten Sie die Art der Einbindung. Aus dem Formularelement <input type="submit"> haben Sie nun einen <input type="image"> gemacht, der als Quelle (*src=""*) das neue Skript *chap_05_26.php* aufruft. Dabei wird ein Parameter über die GET-Methode an die URL angehängt. Mit diesem Parameter wird der Text übergeben, der auf dem zu erzeugenden Bild erscheinen soll.

Nun aber zum wirklich Neuen: *chap_05_26.php* weist einige GD-Funktionen auf. Als erster Schritt wird für die Ausgabe des Skripts der Header definiert, d. h., die Information wird als Bild an den Browser zurückgesandt. Anschließend wird der übergebene Text entschlüsselt, d. h., Leerzeichen etc. müssen wieder umgewandelt werden. Was nun folgt, wirkt auf den ersten Blick etwas konfus, aber entwirren Sie den Code Schritt für Schritt.

Als Nächstes wird anhand der Funktion *imagettfbbox()* die benötigte Breite des Bilds vorberechnet. Diese Funktion gibt ein Array zurück, das einige Daten enthält, wenn eine Textbox mit dem angegebenen Text und Schriftart erzeugt wird. Hierbei ist darauf zu achten, dass die Schriftart verfügbar ist und der Pfad stimmt. Wichtig sind nur zwei Einträge vom Array, um die Breite der Box auszurechnen. Dieser Wert wird in $width abgelegt, der aber noch um einen festen Wert erhöht wird. Dies dient dazu, um rechts und links von der Schrift noch ein wenig Platz zu haben.

Nun kommt der nächste, wichtige Schritt: Sie erzeugen mit der Funktion *imagecreate()*, basierend auf der Breite $width und einer festen Höhe, ein leeres Bild. Das ist die Grundlage, mit der Sie weiterarbeiten. Die Funktion *imagecolorallocate()* in den nächsten zwei Zeilen weist zuerst die Hintergrundfarbe und dann die Textfarbe dem eben erzeugten Bild zu.

Um die Schrift auf der Schaltfläche zu zentrieren, berechnen Sie mittels $startpos = ($width - $textlength[4])/2; die Startposition des Textes. Nun werden Sie auf das noch leere Bild einen Text schreiben. Dies geschieht mit der Funktion *imagettftext()*, die einige Parameter wie das Ziel (Bild), die Schriftgröße und Startposition erwartet. Wichtig ist hier auch wieder, dass die TrueType-Schriftart verfügbar ist. Sie können übrigens jede beliebige Schriftart benutzen, solange sie als TrueType vorliegt. Die Syntax von *imagettftext()* lautet:

> *imagettftext(Bild, Schriftgröße, Winkel, X-Pos, Y-Pos, Schriftfarbe, Schrift-File, Text);*

Genauere Informationen über alle Parameter erhalten Sie unter:

> *http://www.php.net/manual/en/function.imagettftext.php*

Mit PHP zur dynamischen Website

Als Alternative zu dieser Funktion könnten Sie auch mit der *imagestring()*-Funktion die Schrift auf das Bild projizieren, allerdings können keine TrueType-Schriftarten benutzt werden. Zu guter Letzt wird das nun fertige Bild zur Ausgabe mittels der Funktion *imagepng()* an den Browser gesendet. Es wäre auch möglich, die Ausgabe in einen File zu leiten, was für stark beanspruchte Systeme von Vorteil ist.

Um das Skript *chap_05_26.php* etwas variabler zu gestalten, können Sie einige der festen Größen auslagern und als Parameter übergeben:

```
<?
header ("Content-type: image/png");
$string = rawurldecode($text);
$farbe = explode("/",$color);
$textlength = ImageTTFbbox($size, 0, "arial.ttf", $string);
$width = 24 + abs($textlength[4]-$textlength[0]);
$img = ImageCreate ($width, $size+6);
$background_color = ImageColorAllocate ($img, 200, 200, 200);
$text_color = ImageColorAllocate ($img, $farbe[0], $farbe[1],
            $farbe[2]);
$startpos = ($width - $textlength[4])/2;
ImageTTFText($img, $size, 0, $startpos , $size , $text_color,
            "arial.ttf", $string);
ImagePNG ($img);
?>
```

Variable, dynamische Erzeugung der Schaltflächen

5.5 Formulare grafisch aufarbeiten

Viel hat sich nicht geändert am Code von *chap_05_26.php*. Es wird nun ein Parameter *$size* erwartet, der die Schriftgröße definiert, und ein Parameter *$color*, der die Farben der Schrift als RGB-Werte getrennt mit einem / übergibt. Dieser Parameter *$color* wird mittels *explode()* in seine Einzelwerte für R, G und B zerlegt und fließt so als Array-Eintrag in die Funktion *imagecolorallocate()* ein. Natürlich wäre es ratsam, wenn Sie bei solch einem Skript eine Sicherung einbauen, d. h., wenn ein Parameter nicht übergeben wurde, einen Standardwert zu benutzen. Andernfalls wird das Skript sehr wahrscheinlich fehlerhaft ablaufen und entweder nichts zurückgeben oder aber ein unerwünschtes Ergebnis. Beides sollte vermieden werden.

E-Mail senden — *Fehlerhafte Darstellung der zweiten Schaltfläche aufgrund des fehlenden Schriftgrößen-Parameters size beim Aufruf*

Auf bestehende Bilder Text projizieren

Wie oben schon angesprochen, können Sie neben den dynamisch erzeugten, einfarbigen Bildern mit Schrift auch auf bestehende Bilder eine Schrift projizieren. Dies kann nützlich sein, wenn Sie auf Ihrer Webseite die Möglichkeit bieten, dass der Besucher eine eCard versenden kann, bei der dann der Nachrichtentext auf ein bestehendes Motiv geschrieben wird. Aber auch um ansprechendere bzw. zum Webseiten-Design passende Schaltflächen oder Navigations-Buttons zu erstellen, ist diese neue Funktion geeignet.

Um das neue Skript zu testen, benötigen Sie zuerst ein anderes Skript, das die erzeugten Bilder integriert. Dafür soll das folgende Listing dienen, das Sie entweder abschreiben oder auf der Webseite von DATA BECKER downloaden können:

chap_05_28.php

```
<html>
<head>
    <title>Bildergalerie</title>
</head>
<body>
<table width="80%">
    <tr>
        <td colspan="3">
        <h1>Bildergalerie</h3>
        </td>
    </tr>
    <tr>
        <td colspan="3">Anzahl der Einträge:
            <? echo count($bilder);?><br><br></td>
    </tr>
```

Mit PHP zur dynamischen Website

```
    <tr>
        <td bgcolor="999999" colspan="3"><a href="
            <? echo $PHP_SELF;?>?galerie=1" target="_self">
            <img src="chap_05_27.php?text=Galerie+1&size=
            12&color=0/0/0" border="0"></a>  
            <a href="<? echo $PHP_SELF;?>?galerie=
            2" target="_self"><img src="chap_05_27.php?
            text=Galerie+2&size=12&color=0/0/0"
            border="0"></a>  <a href="
            <? echo $PHP_SELF;?>?galerie=3" target="_self">
            <img src="chap_05_27.php?text=Galerie+
            3&size=12&color=0/0/0" border="0"></a>
              <a href="<? echo $PHP_SELF;?>
            ?galerie=4" target="_self">
            <img src="chap_05_27.php?text=Galerie+4
            &size=12&color=0/0/0" border="0"></a> 
             <br></td>
    </tr>
<? for ($i=0;$i<count($bilder); $i++) { ?>
    <tr valign="top">
        <td bgcolor="cccccc"></td>
        <td bgcolor="cccccc"></td>
        <td bgcolor="cccccc"></td>
    </tr>
<? }
if (count($bilder)==0) { ?>
    <tr valign="top">
        <td bgcolor="cccccc" colspan="3"><br>
        <h3>Keine Bilder vorhanden.</h3>
        </td>
    </tr>
<? } ?>
    <tr>
        <td bgcolor="999999" colspan="3" align="right">
             </td>
    </tr>
</table>
</body>
</html>
```

Wundern Sie sich an dieser Stelle erst einmal nicht, wofür dieses Skript gut sein soll. Es ist das Grundgerüst, das Sie später noch ausbauen werden. Damit dieses Skript einen Sinn ergibt, müssen Sie auch noch folgendes Skript bereitstellen:

chap_05_27.php

```
<?
if (!isset($size)) $size=12;   // Schriftgröße 12 als Standard
```

5.5 Formulare grafisch aufarbeiten

```
■ if (!isset($color)) $color="0/0/0";   // Schriftfarbe Schwarz als
                                            Standard
■ if (!isset($text)) $text=" ";   // Leerer Text  als Standard
■ header ("Content-type: image/png");
■ $im = ImageCreatefrompng("button.png");
■ $string = rawurldecode($text);
■ $farbe = explode("/",$color);
■ $textlength = ImageTTFbbox($size, 0, "arial.ttf", $string);
■ $width = 24 + abs($textlength[4]-$textlength[0]);
■ $img = ImageCreate ($width, $size+6);
■ $dx = ImageSX($im);
■ $dy = ImageSY($im);
■ ImageCopyResized($img,$im,0,0,0,0,$width,$size+6,$dx,$dy);
■ $text_color = ImageColorAllocate ($img, $farbe[0], $farbe[1],
■                  $farbe[2]);
■ $startpos = ($width - $textlength[4])/2;
■ ImageTTFText($img, $size, 0, $startpos , $size , $text_color,
■                  "arial.ttf", $string);
■ ImagePNG ($img);
■ ?>
```

In den ersten Zeilen wurde die Sicherung, die im Kapitel zuvor erwähnt wurde, bei fehlenden Parametern umgesetzt. Aber schauen Sie sich erst das Ergebnis des Codes von *chap_05_27.php* an:

Button-Generierung auf ein bestehendes Bild

Mit PHP zur dynamischen Website

Abgesehen von den drei Zeilen für die Überprüfung der Parameter sind zum Listing chap_05_26.php nur vier weitere Zeilen hinzugekommen. Die erste enthält den Funktionsaufruf von *imagecreatefrompng()*, d. h., hier wird, basierend auf einem bestehenden Bild im PNG-Format, ein neues erzeugt. Dieses hat ebenfalls das PNG-Format. Die nächsten beiden neuen Zeilen ermitteln mit *imagesx()* für die Bildbreite und mit *imagesy()* für die Bildhöhe die Daten, die für die anschließende Operation notwendig sind. Die letzte neue und zugleich wichtigste Funktion ist *imagecopyresized()*. Diese Funktion kopiert einen rechteckigen Ausschnitt eines Bilds in ein anderes. Die Syntax lautet wie folgt:

imagecopyresized(Zielbild, Quellbild, Ziel-X-Pos, Ziel-Y-Pos, Quelle-X-Pos, Quelle-Y-Pos, Ziel-Breite, Ziel-Höhe, Quelle-Breite, Quelle-Höhe)

Lieber glelich PNG-Format

INFO Es ist nicht möglich, ein PNG-Bild zu erzeugen und darauf ein GIF- oder JPEG-Bild zu projizieren (oder andersherum). Sie müssen innerhalb eines Formats bleiben. Da das GIF-Format aus Lizenzgründen in neueren GD-Versionen nicht mehr unterstützt wird, bietet sich das PNG-Format an. Dafür müssen allerdings alle Ausgangsbilder im PNG-Format abgespeichert werden.

Für weitergehende Informationen zu dieser Funktion können Sie auch unter http://www.php.net/manual/en/function.imagecopyresized.php nachsehen. Sie können mit dieser Funktion auch Teilbilder innerhalb ein- und desselben Bilds kopieren, wenn die Parameter für Zielbild und Quellbild übereinstimmen.

Im vorliegenden Beispiel wurde durch die *imagecopyresized()*-Funktion das existierende Bild *button.png* in die passenden Abmessungen kopiert und anschließend wurde wie gehabt mittels der Funktion *imagettftext()* der Text auf das neue Bild erzeugt. Möchten Sie dagegen nur direkt auf ein Bild schreiben, ohne dessen Ausgangsgröße anzupassen, benötigen Sie weit weniger Schritte:

```
<?
if (!isset($size)) $size=12;     // Schriftgröße 12 als Standard
if (!isset($color)) $color="0/0/0";  // Schriftfarbe Schwarz als
                                      Standard
if (!isset($text)) $text=" ";    // Leerer Text als Standard
header ("Content-type: image/png");
$img = ImageCreatefrompng("button.png");
$string = rawurldecode($text);
$farbe = explode("/",$color);
$dx = ImageSX($img);
```

5.5 Formulare grafisch aufarbeiten

- $dy = ImageSY($img);
- $text_color = ImageColorAllocate ($img, $farbe[0], $farbe[1],
-                $farbe[2]);
- $startpos = $dx/2-strlen($string);
- ImageTTFText($img, $size, 0, $startpos , $size , $text_color,
-               "arial.ttf", $string);
- ImagePNG ($img);
- ?>

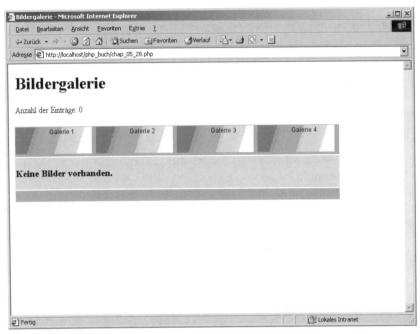

Kopie des bestehenden Bilds mit Schrift

Soll der Text wiederum zentriert sein, müssen Sie die Berechnung über die Funktion *imagettfbbox()* durchführen und den Wert von der Startposition *$startpos* abziehen. Darüber hinaus sieht das Ergebnis im Beispiel natürlich anders aus, wenn das Bild *button.png* die gewünschte Größe hat.

Entwicklung einer Thumbnail-Galerie

Mittlerweile haben Sie schon einige Grafikfunktionen von PHP kennen gelernt. Und Sie werden sich wundern, was damit schon alles möglich ist. Wahrhaftig kann PHP

Mit PHP zur dynamischen Website

darüber hinaus noch vieles mit der GD-Bibliothek vollbringen, aber selbst dieser kleiner Stamm an Basisfunktionen gibt Ihnen Freiheit und Spielräume, die Sie ergründen können.

In der Praxis wird häufiger, sei es auch vorwiegend „nur" auf privaten Homepages, eine Masse an Bildern auf einer Webseite angeboten. Oft wird hierfür die Form einer Bildergalerie durch so genannte Thumbnails (auf Deutsch: Daumennägel) geprägt. Thumbnails sind also kleine Ansichten von Bildern, die die Webseite auch noch im Originalformat bereithält. Nun möchten Sie das wohlweislich auch. Und das ist auch kein Problem mehr für Sie.

Den ersten Schritt haben Sie mittlerweile schon gemacht: Sie haben dynamisch in einer Bildergalerie Buttons erzeugt, die zum Wechseln zwischen den einzelnen Galerien bzw. Sets von Bildern benutzt werden können. Dafür ist auch schon das Listing *chap_05_28.php* ausgelegt, das bei Klick auf die einzelnen Buttons die selbe Seite (also sich selbst) mit einem Parameter für die Galeriewahl erneut aufruft.

Auch die Darstellung von Thumbnails Ihrer Bilder haben Sie schon umgesetzt, als Sie nämlich das Bild *button.png* in ein anderes kopiert und dabei die Größe angepasst haben. Und genau dies werden Sie für Ihre Bildergalerie ebenfalls umsetzen.

Sehen Sie sich zuerst das Skript an, das ein Thumbnail erzeugen wird:

chap_05_29.php

```
<?
if (!isset($bild) || empty($bild)) exit();
$thumbnail_width=90;   // Breite des Thumbnails
$thumbnail_height=90;  // Höhe des Thumbnails
header("Content-type: image/png");
$dest_img=ImageCreate($thumbnail_width,$thumbnail_height);
$src_img=ImageCreateFromPNG($bild);
ImageCopyResized($dest_img,$src_img,0,0,0,0,$thumbnail_width,
        $thumbnail_height,ImageSX($src_img),ImageSY($src_img));
ImagePNG($dest_img);
?>
```

Wie Sie sehen, wird das Skript immer kürzer. Und v. a. wurde hierfür auch keine neue Funktion benutzt. Wieder wird ein neues Bild erzeugt (*imagecreate()*), das die Thumbnail-Größe hat. Anschließend wird, wie Sie es schon gesehen haben, ein neues Bild von der Vorlage erstellt, das dann mittels *imagecopyresized()* in das neue Thumbnail-Bild kopiert und angepasst wird.

5.5 Formulare grafisch aufarbeiten

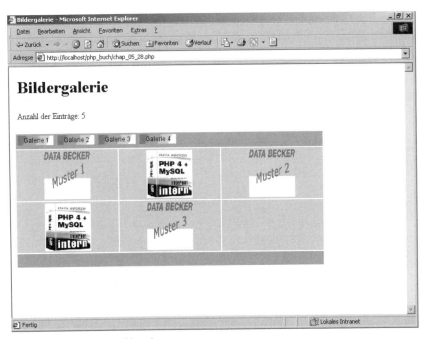

Thumbnail-Ausgabe der Bildergalerie

Sie müssen noch ein klein wenig Ihr Bildergalerien-Skript *chap_05_28.php* anpassen bzw. erweitern. Fügen Sie dazu zu Anfang des Listings folgenden PHP-Code ein:

- <?
- switch ($galerie) {
-     case 2: $bilder=array("", "", "", "", "", ""); break;
-     case 3: $bilder=array("", "", "", ""); break;
-     case 4: $bilder=array("", ""); break;
-     case 1:
-     default:$bilder=array("test1.png", "databook.png",
              "test2.png", "databook.png", "test3.png"); break;
- }
- ?>

Hier wird über die *switch()*-Funktion geprüft, ob das Skript mittels der „Galerie"-Buttons aufgerufen wurde. Je nachdem wird ein bestimmtes Bildset benutzt, in dem dem Array *$bilder* unterschiedliche Bildnamen bzw. Pfadangaben zugewiesen werden. Als Standard, also zu Beginn, wenn es noch keinen Parameter *$galerie* gibt, wird das Bilderset 1 benutzt.

299

Mit PHP zur dynamischen Website

Hier sind im Beispiel einige Bilder vorgegeben. Die Ausgabe erfolgt nun im unteren HTML-Teil. Hier ersetzen Sie den HTML-Block, der innerhalb der For-Schleife von PHP steht, durch Folgendes:

- ```
  <tr valign="top">
      <td bgcolor="cccccc" align="center">
          <? if ($bilder[$i]!="") { ?><a href="
          <? echo $bilder[$i]; ?>" target="_blank">
          <img src="chap_05_29.php?bild=<? echo $bilder
          [$i]; ?>" border="0"></a><? } ?></td>
      <td bgcolor="cccccc" align="center"><? if
          ($bilder[++$i]!="") { ?><a href="
          <? echo $bilder[$i]; ?>" target="_blank">
          <img src="chap_05_29.php?bild=<? echo $bilder
          [$i]; ?>" border="0"></a><? } ?></td>
      <td bgcolor="cccccc" align="center">
          <? if ($bilder[++$i]!="") { ?><a href="
          <? echo $bilder[$i]; ?>" target="_blank">
          <img src="chap_05_29.php?bild=<? echo $bilder[$i];
          ?>" border="0"></a><? } ?></td>
  ```
- `</tr>`

Eine kurze Erläuterung zur Funktionsweise der Ausgabe. Über die For-Schleife, die eine Laufweite wie die Anzahl der Array-Einträge hat, werden alle Bilder ausgegeben. Da aber immer je Tabellenreihe drei Thumbnails erzeugt werden, muss der Zähler der For-Schleife ($i) auch um die entsprechende Anzahl erhöht werden.

Für eine Erhöhung sorgt die For-Schleife selbst, also muss noch zweimal der Parameter erhöht werden. Dies geschieht innerhalb der If-Abfragen, die den Sinn haben, bei einem leeren Array-Eintrag keinen Thumbnail zu erzeugen. Warum steht nun aber

<? if ($bilder[++$i]="") { ?>

hier im Code? Wenn Sie zur Erhöhung $i++ benutzen, werden Sie sehen, dass $i erst nach der Abfrage erhöht wird, also findet die Aktion vor der Erhöhung statt. Auf diese Weise würde die Abfrage also nicht richtig funktionieren und bei einem leeren Eintrag trotzdem ein Link mit einem nicht existierenden Thumbnail ausgeben. Zwar wird das Skript chap_05_29.php abbrechen, wenn der Parameter $bild nicht gesetzt ist, aber der HTML-Code für ein Bild <img src=""> wäre schon ausgegeben.
  ```

5.5 Formulare grafisch aufarbeiten

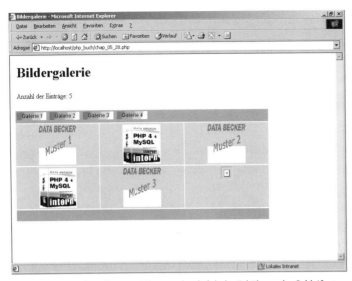

Ausgabe eines nicht existenten Eintrags durch falsche Erhöhung des Schleifenparameters

Nun können Sie noch nach Belieben die Bildergalerie ausbauen. Sinnvoll wäre z. B. noch, die Dateigröße des Originalbilds anzugeben (siehe Kapitel 4) oder auch die Original-Bildgröße. Diese Informationen bekommen Sie recht einfach über die Funktion *getimagesize()* und soll als letzte Erweiterung Ihrer Bildergalerie hier gezeigt werden.

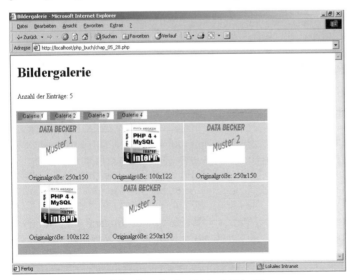

Bildergalerie mit zusätzlicher Ausgabe der Original-Bildgröße

Mit PHP zur dynamischen Website

Hierfür bedarf es wieder einer Änderungen des HTML-Blocks innerhalb der For-Schleife von PHP:

- ```
  <tr valign="top">
      <td bgcolor="cccccc" align="center">
          <? if ($bilder[$i]!="") { ?><a href="
          <? echo $bilder[$i]; ?>" target="_blank">
          <img src="chap_05_29.php?bild=
          <? echo $bilder[$i]; ?>" border="0">
          </a><br><br>Originalgröße:
          <? $bilddaten=getimagesize($bilder[$i]);
          echo $bilddaten[0]."x".$bilddaten[1]; ?>
          <? } ?></td>
  ```
- ```
      <td bgcolor="cccccc" align="center">
          <? if ($bilder[++$i]!="") { ?><a href="
          <? echo $bilder[$i]; ?>" target="_blank">
          <img src="chap_05_29.php?bild=
          <? echo $bilder[$i]; ?>" border="0">
          </a><br><br>Originalgröße: <? $bilddaten=
          getimagesize($bilder[$i]); echo $bilddaten
          [0]."x".$bilddaten[1]; ?><? } ?></td>
  ```
- ```
      <td bgcolor="cccccc" align="center"><? if
          ($bilder[++$i]!="") { ?><a href="
          <? echo $bilder[$i]; ?>" target="_blank">
          <img src="chap_05_29.php?bild=<? echo
          $bilder[$i]; ?>" border="0"></a><br><br>
          Originalgröße: <? $bilddaten=getimagesize
          ($bilder[$i]); echo $bilddaten[0]."x".
          $bilddaten[1]; ?><? } ?></td>
  ```
- ```
  </tr>
  ```

Die *getimagesize()*-Funktion, die als Parameter die Pfadangabe des Bilds erwartet, übergibt die ermittelten Bilddaten wie Höhe, Breite und Bildtyp als Array an *$bilddaten*. Als erster Array-Eintrag ist die Breite *($bilddaten[0])* und als zweiter Array-Eintrag *($bilddaten[1])* die Höhe abgelegt. Beide werden unter dem Thumbnail ausgegeben.

Diese hier vorgestellte Bildergalerie ist nur eine sehr einfache Variante. Denkbar ist es z. B., ein Bildergalerie-Modul zu entwerfen, das es ermöglicht, Bilder in ein Verzeichnis auf dem Server hochzuladen und gleichzeitig als Thumbnails abzuspeichern. Diese Variante wäre als öffentliche Galerie und als private umsetzbar. Mit einem zusätzlichen Eintrag in eine Datenbank oder in ein File könnte dynamisch die Darstellung um die hinzugefügten Bilder erweitert werden. Dazu sollten Sie sich im Umgang mit Dateien (siehe Kapitel 4 ab Seite 115) auskennen. Eine weitere Möglichkeit wäre die Speicherung der Thumbnails in der Datenbank. Dafür sind Kenntnisse im Umgang mit einer Datenbank notwendig, die Sie in Kapitel 7 ab Seite 317 erfahren können.

Diese Ideen und Varianten, die sich auch noch beliebig ausbauen und ergänzen lassen, werden hier nicht vorgestellt und sollten lediglich ein Anreiz oder ein Anstoß für Sie sein. Wie immer lautet die Devise: trial and error- einfach ausprobieren!

5.6 Cookies – Einsatz und Beschränkungen

Hier erfahren Sie alles Notwendige über Cookies. Was das überhaupt ist, wie man sie einsetzt, welche Beschränkungen es gibt und zu was man sie gebrauchen kann.

Das verbirgt sich hinter einem Cookie

Cookies sind Zeichenketten und die einzige einfache Möglichkeit für eine Website, Daten beim Client – also auf dem Rechner des Besuchers – abzulegen. Sie werden ausschließlich an die Domain zurückgesandt, von der aus sie gesetzt wurden. Möglich ist das in jeder Sprache, in der sich CGIs programmieren lassen, in JavaScript, und natürlich auch in PHP.

Unter Windows legt auch manches Browser-Plug-In Daten als Cookies ab. So erkennt zum Beispiel RealAudio, welche Version installiert ist, und kann so den Download einer neueren Version vorschlagen.

Falls Sie sich einmal anschauen wollen, was auf Ihrem Rechner an Cookies gespeichert ist: der Netscape Navigator speichert sie im Netscape-Verzeichnis in einer Datei *cookies.txt* (unter Linux *cookies* ohne *.txt*), der Internet Explorer seit Version 4 in einem Verzeichnis *cookies*. Das Verzeichnis liegt im Allgemeinen direkt im Windows-Verzeichnis, bei Multi-User-Installationen (z. B. jeder NT- oder Windows 2000-Installation) ist es unter *Dokumente* und *Einstellungen* zu finden.

Der Netscape Navigator schreibt übrigens erst beim ordnungsgemäßen Beenden des Browser in die Cookie-Datei. Stürzt der Browser ab, ist's Essig mit dauerhaften Cookies.

Cookies und deren Einsatzmöglichkeiten

Ein Webcounter kann mit Cookies die Zugriffe auf eine Site zählen; Banner-Exchange-Dienste können sich die Anzahl der gezeigten Banner merken; Onlineshops können getätigte Einkäufe speichern und eventuell mit Rabatten darauf reagieren.

Mit PHP zur dynamischen Website

Im Zentrum des Themas steht ein Begriff: die Personalisierung von Webangeboten. Sie zielt darauf ab, jedem Besucher den Teil eines Angebots leichter erreichbar zu machen, der von ihm am häufigsten besucht wird. Sind sie zum Beispiel gerade auf der Suche nach einer Webcam und suchen auf der Website eines Versandhandels öfter die entsprechenden Bereiche auf, kann es sein, dass das Projekt darauf reagiert, sodass Sie bei Ihrem nächsten Besuch die interessantesten Angebote zum Thema gleich auf der Startseite sehen.

Cookies bieten aber auch eine (allerdings recht unkomfortable) Möglichkeit zum User-Tracking. User-Tracking dient dem Anbieter eines Webangebots herauszufinden, welche Angebote vom gleichen Besucher in welcher Reihenfolge genutzt werden. Wer misstrauisch ist, fühlt sich dabei als gläserner Surfer und deaktiviert die Speicherung von Cookies im Browser. Aber jede Seite hat zwei Medaillen: User-Tracking ermöglicht dem Anbieter nämlich auch herauszufinden, welche Teile seines Angebots für die Besucher nicht interessant (oder nicht zu finden) sind; so kann er das Angebot auf die Nachfrage abstimmen und seine Energie bei der Weiterentwicklung auf den gut besuchten Teil konzentrieren.

Zum User-Tracking ist es aber viel sinnvoller, die entsprechenden Daten auf dem Server zu speichern, denn wenn ein Besucher nicht wiederkommt, regelmäßig seine Cookies löscht oder sie gar ganz abgeschaltet hat, hat der Anbieter keinen Zugriff auf die Daten.

Cookies - Woher stammt der Begriff?

Der Entwickler, der für Netscape die Spezifikationen für den Navigator 1.0 geschrieben hat – also sozusagen der Erfinder der Cookies –, meinte dazu in einem Interview: „Ein Cookie ist ein wohlbekannter Begriff in der Informatik, der ein opaque piece of data held by an intermediary beschreibt. Der Begriff passt damit exakt auf die Nutzungsweise; er ist nur außerhalb von Informatikerkreisen nicht weit verbreitet."

Quelle:
ttp://builder.cnet.com/webbuilding/pages/Programming/Cookies/ss01.html.

Und tatsächlich findet sich der Begriff „Cookie" als Bezeichnung eines kleinen Pakets zum Datenaustausch an vielen Stellen wieder; sei es der Datenaustausch zwischen verschiedenen Funktionen eines Programms oder zwischen verschiedenen Rechnern.

Einschränkungen im Einsatz von Cookies

Größen:

- Pro Domain dürfen maximal 20 Cookies gespeichert werden.
- Pro Browser werden nicht mehr als 300 Cookies gespeichert. Wird diese Grenze überschritten, wird der älteste Cookie gelöscht.
- Ein Cookie darf – inklusive der Optionen und des Namens – nicht größer als 4 KByte sein. Versuchen Sie dennoch, einen größeren Cookie anzulegen, wird der Wert am Ende abgeschnitten.

Zeitpunkt:

Da Cookie-Daten im Header eines HTTP-Pakets gesendet werden, darf vor dem Aufruf kein Zeichen per *echo* (oder außerhalb von PHP-Tags) zur Darstellung an den Browser gesendet werden. Besonderes Augenmerk ist dabei auch auf Leerzeichen und Zeilenumbrüche zu richten! Der HTTP-Header hat überhaupt nichts mit dem HTML-Header zu tun und sollte mit ihm nicht verwechselt werden.

Versucht man nach der ersten Ausgabe, noch weitere Header-Daten (zum Beispiel Cookies) an den Browser zu senden, erscheint folgende Fehlermeldung:

warning cannot add header information - headers already sent by (output startet at hauptskript:x) in aktuellesskript on line y

Dabei stehen *hauptskript* für Pfad und Namen der Datei, die im Browser aufgerufen wurde, *x* für die Anzahl bereits von an den Browser gesendeten Zeilen; *aktuellesskript* und *y* bezeichnen Pfad, Dateiname und Zeilennummer, in der der Versuch gemacht wird, den Cookie zu setzen.

Cookies mit PHP deklarieren

Cookies werden in PHP mit folgender Funktion gesetzt:

setcookie ($name [$value [$expire [$path [$domain [$secure]]]]]);

Diese Deklaration sieht sehr kompliziert aus, wird aber ganz einfach, wenn man sich die Reihenfolge der Parameter notiert und sich dazu merkt, dass man (beginnend von hinten) jeden einzelnen Parameter weglassen kann. Der einzige Parameter, der zwingend benötigt wird, ist der Name.

Mit PHP zur dynamischen Website

In der folgenden Tabelle finden Sie die Parameter im Einzelnen beschrieben.

Parameter/Bedeutung	Format	wenn weggelassen ...
name – der Name des Cookies	muss ein in PHP gültiger Variablenname (ohne das führende $-Zeichen) sein.	... gibt PHP beim Parsen des Skripts die Fehlermeldung *wrong parameter count* aus.
value – der zu setzende Wert	ein String ohne Semikolon, Komma oder Whitespace (Leerzeichen, Tabs, Zeilenumbrüche). Die „verbotenen" Zeichen können gespeichert werden, indem der String vorher durch *rawurlencode* geschickt wird.	... wird der Cookie gelöscht.
expire – das Ablaufdatum	eine UNIX-Timestamp, wie sie z. B. von *time()* oder *mktime()* zurückgeliefert wird. Liegt diese Zeit in der Vergangenheit, wird der Cookie vom Browser gelöscht. Das Datum 0 liegt natürlich immer in der Vergangenheit – es entspricht der ersten Sekunde des Jahres 1970.	... wird der Cookie gelöscht, sobald das Browser-Fenster geschlossen wird.
path – Pfadbeschränkung fürs Zurücksenden	Anfang des Pfads: Der Cookie wird nur zurückgesendet, wenn der Pfad des Skripts mit dem angegebenen beginnt.	... wird der Pfad des aktuellen Skripts verwendet (z. B. */verzeichnis*)
domain – Domain-Einschränkung fürs Zurücksenden	Ende des Domain-Namens: Der Cookie wird nur zurückgesendet, wenn der Domain-Name des aktuellen Skripts mit dem hier angegebenen Text endet.	... wird der Name des aktuellen Hosts verwendet (z. B. *www.meinedomain.de*)
secure	gibt an, ob der Cookie nur über eine sichere HTTPS-Verbindung zurückgesendet werden darf.	... entspricht das der Angabe 0 bzw. *false*: Die Art der Verbindung wird nicht überprüft.

Die letzten beiden Parameter sollten Sie nur verwenden, wenn es wirklich nötig ist. Bei der Domain sollten die Subdomains abgeschnitten werden, wenn Cookies von verschiedenen Subdomains geteilt werden sollen.

Setzen Sie einen Cookie und wollen ihn in einem übergeordneten Verzeichnis benutzen, muss der Pfad entsprechend gekürzt werden. Im Allgemeinen reicht hier die Angabe */*.

Werden zwei oder mehr Cookies gleichen Namens mit verschiedenen Pfad- oder Domain-Angaben gespeichert, sind die voneinander getrennt und werden unter Umstän-

5.6 Cookies – Einsatz und Beschränkungen

den alle auf einmal an ein Skript gesendet. Dabei ergibt sich dann ein ähnliches Problem wie bei den Multiselects im Formular-Kapitel.

Das *expire*-Datum ist die häufigste Ursache für Verwirrungen. Hier ist nicht die Zeit auf dem Server gefragt, die man mit *time()* ermitteln kann. Auch die Lokalzeit des Clients ist hier nicht gefragt, denn die kann der Server nicht wissen. Damit wären relative Angaben, um statt eines Datums eine Lebensdauer für den Cookie anzugeben, unmöglich.

Stattdessen wird die Greenwich Mean Time (GMT), also die Londoner Ortszeit, als Basis genommen. Die lässt sich ermitteln, indem man *time()-date('Z')* statt *time()* benutzt oder *mktime()* durch *gmmktime()* ersetzt.

Cookies mit PHP auslesen

Cookies, die vom Browser an PHP zurückgesendet werden, werden ebenso wie Formulardaten und Link-Parameter sofort in Variablen geparsed und stehen im Skript ohne weiteren Aufwand direkt zur Verfügung.

Hinweis: Vorsicht, die Variable wird nicht vom Befehl *setcookie* gesetzt, sondern erst, wenn das Skript den Cookie vom Browser zurückerhält! Soll sie schon im Skript benutzt werden, das den Cookie setzt, muss sie ausdrücklich definiert werden: *setcookie (name, wert); $name=wert;*

Wenn man nachprüfen möchte, ob eine Variable per Cookie gesetzt wurde oder nicht, ist das vordefinierte Array *$HTTP_COOKIE_VARS* hilfreich. Auch wenn Cookies gleichen Namens unter verschiedenen Pfaden zurückgesandt werden, kann man mithilfe dieses Arrays alle verschiedenen Werte ermitteln. Dabei gehen die Pfadangaben allerdings verloren.

Das folgende Beispiel merkt sich Ihren Namen und die Anzahl Ihrer Besuche in einem Cookie. Ist der Cookie nicht gesetzt, erscheint ein Formular, das Sie nach Ihrem Namen fragt.

cookie_01.php

```
<?
if ($HTTP_POST_VARS['name']) // Formular abgeschickt
    $count = 1; // Cookie erzeugen
elseif ($cookie = $HTTP_COOKIE_VARS['username'])
            // Cookie erhalten
{
    list ($name, $count) = unserialize ($cookie);
            // Parameter entschlüsseln
    $count++; // Besuche hochzählen
```

Mit PHP zur dynamischen Website

- } else // keins von beidem
- unset ($count); // markieren, dass noch keine Daten existieren
- if (isset($count))
- {
- $delta = 365*24*3600; // Anzahl der Sekunden in einem Jahr
- // Um nicht zwei Cookies speichern zu müssen und die Grenze von 20 nicht zu strapazieren, werden beide Daten in einem gemeinsamen Cookie gespeichert.
- setcookie ('username', serialize (array($name, $count)), time()-date('Z')+$delta);
- }
- ?>
- <html><body><?
- if (isset($count)) // Wenn das Formular abgesendet wurde oder der Cookie gesetzt ist: Begrüßung ausgeben
-
- {
- ?>Hallo <? echo $name; ?>,
- Sie sind zum <? echo $count; ?>. Mal auf dieser Seite.

- <a href="<? echo $PHP_SELF; ?>">Seite erneut besuchen</a>
- <?
- } else { // sonst: Per Formular zur Namenseingabe auffordern.
- ?>
- Bitte geben Sie Ihren Namen ein:
- <form method="post" action="<? echo $PHP_SELF; ?>">
- <input type="text" name="name" value="<? echo $name; ?>" maxlength="2000">
- </forn><?
- }
- ?></body></html>

6. PHP und andere Skriptsprachen

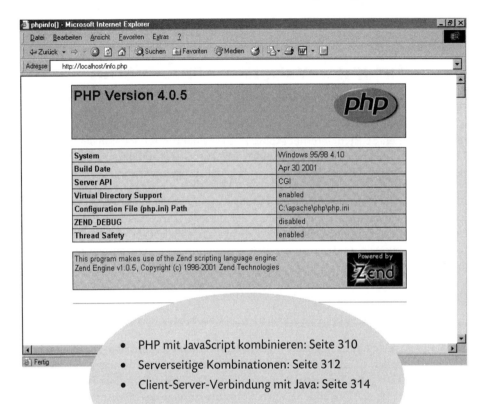

- PHP mit JavaScript kombinieren: Seite 310
- Serverseitige Kombinationen: Seite 312
- Client-Server-Verbindung mit Java: Seite 314

PHP und andere Skriptsprachen

PHP bietet zwar alle Möglichkeiten, die eine Server-seitige Skriptsprache nur bieten kann; dennoch ist es manchmal notwendig, auch andere Programmiersprachen einzusetzen. Dies ist einerseits der Fall, um Features einer Client-seitigen Sprache zu nutzen, andererseits um bestehende Module zu benutzen, ohne sie in PHP übersetzen zu müssen – und in beiden Fällen gibt es die Möglichkeit der Verknüpfung mit PHP.

6.1 PHP mit JavaScript kombinieren

Die am weitesten verbreitete Client-seitige Skriptsprache ist JavaScript. Mit JavaScript kann man keinen Schaden anrichten, solange man darauf achtet, es allen Browsern recht zu machen. So ist im Internet Explorer (IE) seit der fünften Version die Möglichkeit gegeben, mit einfachsten Mitteln einen WYSIWYG-HTML-Editor zu bauen; der Netscape Navigator (NN) kann dies erst jetzt in der sechsten Version.

Allgemein sind in Netscape 4.x die Gestaltungs- und Zugriffsmöglichkeiten eingeschränkter als im IE 4.x/5.x. Ein Beispiel ist der aktuelle Wert eines Selects: Im Internet Explorer lässt sich der ohne weiteres über den *value* des Selects ermitteln, der Navigator hat den aber nicht und braucht den Wert des Eintrags mit dem ausgewählten Index:

- IE: `<select onChange="alert(this.value)">`
- NN und IE: `<select on-Change="alert(this.elements[this.selectedIndex].value);">`

JavaScript ist recht hilfreich, um die logische Korrektheit von Formular-Eingaben schon vor dem Absenden zu überprüfen – siehe auch das Kapitel über Formulare mit JavaScript ab Seite 170 – oder Eigenschaften eines Formulars (Werte einzelner Felder, Ziel-Skript, Ziel-Frame o. Ä.) zu ändern. Auch die Status-Anzeige des Browsers (links im unteren Rahmen) lässt sich verändern und sogar Newsticker sind möglich.

Gefahren und Einschränkungen

JavaScript ist zwar ein wertvolles Werkzeug, dennoch lässt sich damit auch Unfug anrichten. So lässt sich der Rechner des Besuchers beispielsweise durch zahllose Popup-Fenster lahm legen. Aus diesem Grund deaktivieren viele Leute JavaScript, wenn sie solchen Seiten zu oft begegnen.

Deshalb sollte man darauf hinweisen, dass eine Website ohne JavaScript nicht oder nur eingeschränkt zu nutzen ist, oder aber alle durch JavaScript ermöglichten Features zusätzlich in PHP implementieren.

6.1 PHP mit JavaScript kombinieren

Im Zusammenhang mit PHP dürfte aber am interessantesten sein, dass Skriptparameter auch in JavaScript ausgewertet werden können.

Der String *window.location.search* enthält sämtliche Skriptparameter inklusive des einleitenden Fragezeichens. Somit können Parameter auch über eine zwischengeschaltete HTML-Datei an ein anderes Skript weitergereicht werden.

Der folgende Code-Schnipsel löst den Parameter-String mit den String-Funktionen von JavaScript in seine Bestandteile auf und listet die einzelnen Variablen und Werte auf. Ersetzt man die Ausgabe durch *evals*, lassen sich die Parameter auch als Variablen im Skript benutzen – solange sie von dem Code nicht selbst benutzt werden.

```
<script language="JavaScript">
if (s = window.location.search)
{
  document.write ('<b>Parameters</b><br>');
  function write_var(t)
  {
    var pos, name, value;
    pos = t.indexOf('=');
    if (pos<0)
      document.write (t);
    else
    {
      name = t.substring(0,pos);
      value = t.substring(pos+1,t.length);
      document.write (name + ' has value ' + value);
    }
    document.write('<br>');
  }

  for (t_end=anfang=1; (ende=s.indexOf('&', anfang))>0;
       anfang=ende+1)
    write_var (s.substring(anfang, ende));
  write_var (s.substring (anfang, s.length));
}
</script>
```

Dies ist übrigens eines der wenigen JavaScript-Features, die ohne Webserver nicht funktionieren. Hängt man nämlich Parameter an die URL einer lokalen Datei an, nehmen viele Browser an, dass die Parameterliste zum Dateinamen gehört – und die entsprechende Datei wird natürlich nicht gefunden.

311

PHP und andere Skriptsprachen

PHP in HTML-Dokumente einbinden

Manchmal ist es nötig, in einer statischen Seite Text per PHP einzufügen – wenn die eigentliche Seite auf einem Server liegt, der kein PHP unterstützt, aber ein wenig Platz auf einem Server mit PHP besteht. Das beste Beispiel dafür ist ein Hitcounter.

Dafür muss das PHP-Skript gültige JavaScript-Befehle ausgeben, die das gewünschte Ergebnis haben, und es muss als externes Skript in die HTML-Datei eingebunden werden:

index.html:
- `<script language="JavaScript" src="www.php-enabled.net/counter.php?site=www.my-domain.net/"></script>`

counter.php:
- `<?`
- `//Counter hochzählen`
- `$fn = „counters/$site"`
- `if (file_exists($fn))`
- `{`
- `   list($count) = file ();`
- `$count++;`
- `$f = fopen($file, 'w');`
- `fputs ($f, $count);`
- `fclose($f);`
- `}`
- `// Wert ausgeben`
- `echo „document.write ($count);";`

6.2 Server-seitige Kombinationen

Ausführbare Dateien, die in jeder beliebigen Sprache geschrieben sein können, können genau wie alle vom Betriebssystem zur Verfügung gestellten Programme von PHP mit den Funktionen *exec* und *system* aufgerufen werden. Ihr Rückgabewert (und bei *exec* die Ausgabe) kann dann von PHP ausgewertet werden.

Natürlich kann die Kommunikation auch über Dateien auf dem Server oder Datenbanken laufen, sofern das jeweilige Programm damit umgehen kann.

6.2 Server-seitige Kombinationen

Programmaufruf mit exec

- `exec ($command [$array [$return_var]])`

sendet den Befehl *$command* an das Betriebssystem, gibt aber nichts aus. Stattdessen wird die letzte Zeile der Augabe als Ergebnis geliefert. Ist ein Fehler aufgetreten, liefert die Funktion *false* zurück.

Ist der Parameter *$array* angegeben, wird die Standard-Ausgabe zeilenweise an das Array angehängt. Wollen Sie nur die aktuelle Ausgabe hier haben, stellen Sie sicher, dass das Array vor dem Ausführen der Funktion nicht gesetzt oder leer ist.

Ist *$return_var* angegeben, wird der Rückgabewert des Programms hier gespeichert. Berücksichtigen Sie bei der Auswertung des Werts, dass die meisten Programme bei Erfolg den Wert 0 liefern, bei Fehlern eine Fehlernummer ungleich 0.

- `exec ('cat test.txt', $lines, $fail); // Linux`

beziehungsweise

- `exec ('copy test.txt con:', $lines, $fail); // Windows`

hat den gleichen Effekt wie

- `$fail = !file_exists('test.txt'); if (!$fail) $lines = array_merge($lines, file('test.txt'));`

Programmaufruf mit system

- `system ($command [$return_var])`

Die Funktion *system* hat den gleichen Effekt wie *exec*, nur wird die Ausgabe des Programms nicht gespeichert, sondern an den Browser gesendet.

Vorsicht bei Systemaufrufen

INFO Der Aufruf einer Systemfunktion oder eines externen Programms umgeht sämtliche Beschränkungen, die PHP auferlegt sind. Je nach den Rechten, die das aufgerufene Programm hat, ist hier alles möglich, was das Betriebssystem kann.

Besondere Vorsicht ist geboten, wenn hier User-Eingaben verwendet werden. Bei der Entschärfung hilft die Funktion *escapeshellcmd*:

PHP und andere Skriptsprachen

- `string escapeshellcmd (string $command)`

fügt in den String Backslashes vor Shell-Sonderzeichen ein (z. B. vor den Dateinamen-Platzhaltern `*` und `?` oder dem Linux-Befehlsselimiter `;`).

Text-$userinput-Ausgaben:

- `$e = EscapeShellCmd($userinput);`
- `system("echo $e");`
- `// Linux: Datei $filename anlegen, Verzeichniseintrag auflisten:`
- `$f = EscapeShellCmd($filename);`
- `system("touch \"/tmp/$f\"; ls -l \"/tmp/$f\"");`

Alternative Server-seitige Skripte

Diese werden genauso behandelt wie PHP-Skripte auch. Sie können mit PHP nur über die normalen Wege kontaktiert werden: Parameter (s. u.), Dateien auf dem Server und Datenbanken. Fehlt dem anderen Skript die eine oder andere Möglichkeit, fällt das natürlich aus.

Die wichtigsten Sprachen hierfür sind wohl asp (Microsoft Active Server Pages) und jsp (Java Server Pages).

6.3 Client-Server-Verbindung mit Java

Java ist ein Sonderfall: Bei allen bisher angesprochenen Sprachen handelt es sich entweder um reine Client-Sprachen (JavaScript, Flash) oder um reine Server-Sprachen (Perl). Java-Applets laufen auch auf dem Client, und Dateizugriffe sind – je nach den Sicherheitseinstellungen beim Client – nur eingeschränkt möglich.

Doch Java bietet die Möglichkeit, den Client direkt mit dem Server zu verbinden. Ein gutes Beispiel sind die vielen Chat-Applets: Auf mehreren Clients läuft eine Kopie des Client-Applets, das vom Server zur Verfügung gestellt wird und mit dem Server-Applet in Verbindung steht. Das Server-Applet macht nichts anderes, als auf Eingaben eines Clients zu warten und die an alle (oder an ausgewählte) Clients weiterzureichen, die die Nachrichten dann auf dem Bildschirm darstellen.

In PHP ist dies – kombiniert mit JavaScript – zwar recht einfach zu realisieren, dennoch ergibt sich dabei ein großes Problem: Es gibt keine Möglichkeit, den Clients mit-

6.3 Client-Server-Verbindung mit Java

zuteilen, dass eine neue Nachricht eingetroffen ist. Der Client muss daher regelmäßig auf neue Nachrichten prüfen und von PHP eine neue Seite generieren lassen.

Selbst wenn die Ausgabeseite nur alle fünf Sekunden generiert wird, ist die Schmerzgrenze schon bei wenigen Chat-Teilnehmern erreicht. Eine gut besuchte Website hat einige Tausend Seitenaufrufe monatlich – bis zu wenigen Tausend täglich. Ein PHP-JavaScript-Chat mit zehn Teilnehmern und einem Aktualisierungsintervall von fünf Sekunden erzeugt 7.200 Seitenaufrufe in einer Stunde – und dabei ist das Empfangen von Textzeilen noch nicht eingerechnet. Dass dabei selbst der stärkste Webserver in die Knie geht, ist wohl verständlich.

Ein Java-Chat dagegen verursacht nur Datenverkehr, wenn tatsächlich Daten übermittelt werden, und ist damit – für Chats und Ähnliches – die eindeutig bessere Alternative.

PHP und andere Skriptsprachen

7. Das Dreamteam – PHP und MySQL

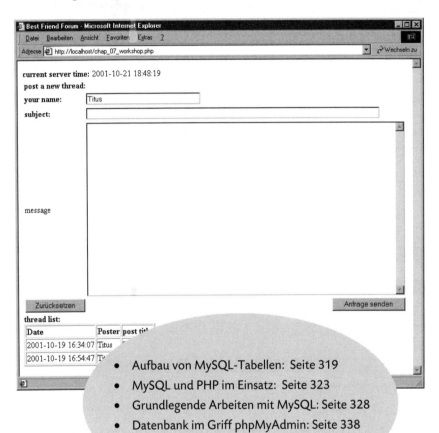

- Aufbau von MySQL-Tabellen: Seite 319
- MySQL und PHP im Einsatz: Seite 323
- Grundlegende Arbeiten mit MySQL: Seite 328
- Datenbank im Griff phpMyAdmin: Seite 338

Das Dreamteam – PHP und MySQL

PHP ist besonders stark, wenn es um das Zusammenspiel mit MySQL geht. Mittels Datenbank ist die Speicherung von Daten wesentlich leichter und komfortabler. Der Vorteil gegenüber einfachen Dateien als Datenspeicher ist die wesentlich bessere Zugriffsmöglichkeit auf die Daten. Ein Nachteil ist, dass der Einsatz von MySQL nicht auf allen Servern möglich ist, da die Provider dies unterbinden bzw. viel Geld dafür verlangen.

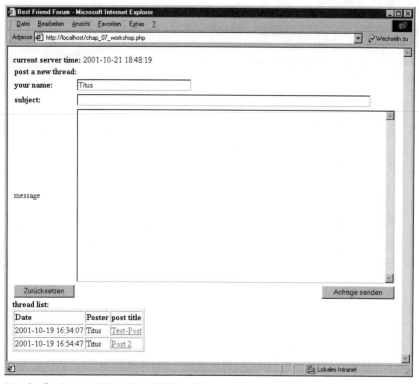

Ein schnelles Forum – PHP und MySQL Hand in Hand

Eine Datenbank (kurz DB) besteht aus mehreren Tabellen, die Daten enthalten. Diese Tabellen und die darin enthaltenen Daten werden von einem Datenbank-Managementsystem (DBMS) verwaltet.

Das DBMS wird mit einer strukturierten Anweisungssprache (Structured Query Language – SQL) bedient, die recht einfach zu lesen ist, wenn man Englisch kann. MySQL ist so ein Datenbank-Managementsystem und gleichzeitig die dazugehörige Sprache, eine leicht abgewandelte und erweiterte Form der ANSI-SQL-Standards.

7.1 Aufbau von MySQL-Tabellen

Wir wollen Ihnen nur die wichtigsten SQL-Befehle anhand eines Beispiels vorstellen. Die gesamte Sprache vorzustellen braucht ein eigenes Buch. Wer darauf nicht warten und sich am Monitor die Augen wund lesen will, der sollte mal bei *http://www.mysql.com/documentation/* vorbeischauen. Eine komplette Beschreibung der Sprache findet sich dort unter *http://www.mysql.com/documentation/mysql/bychapter/manual_Reference.html* (auf Englisch).

Sollte MySQL nicht installiert sein, laden Sie es von folgender Adresse herunter: *http://www.mysql.com/downloads/*. Installieren Sie es, indem Sie die Datei entpacken und Setup ausführen.

Der erste Teil behandelt den Aufbau von Tabellen sowie Datentypen und Parameter für deren Spalten.

7.1 Aufbau von MySQL-Tabellen

Wie schon eingangs erwähnt, bestehen Datenbanken aus Tabellen. Die entsprechen in etwa einem indizierten Array assoziativer Arrays: Jedes Element des indizierten Arrays entspricht einer Zeile der Tabelle, jedes Element dieses Zeilenpendants entspricht einer Zelle der Tabelle. Alle Klarheiten restlos beseitigt? Nun gut, dann das Gleiche etwas ausführlicher und anschaulicher.

Das Prinzip sei kurz am Beispiel der Mitglieder einer Webcommunity erläutert:

Tabelle *MEMBERS*

ID	Name	Password	last visit
1	Alex	pwalex	2001-10-01 19:01:17
2	Berni	pwberni	2001-10-02 11:34:12
3	Titus	pwtitus	2001-10-01 13:00:04

Diese Tabelle enthält drei Mitglieder mit Namen, Passwort und dem Zeitpunkt des letzten Besuchs. Eine Besonderheit ist die Spalte *ID*: Sie dient als eindeutige Kennzeichnung für jeden einzelnen Datensatz.

Wie diese Tabelle als PHP-Array aufgebaut wird, sollten Sie sich jetzt schon denken können:

Das Dreamteam – PHP und MySQL

- $members = array (
- 1=> array (
- 'Name'=>'Alex',
- 'Password'=>'pwalex',
- 'last visit'=>'2001-10-01 19:01:17'),
- 2 => array (
- 'Name'=>'Berni',
- 'Password'=>'pwberni',
- 'last visit'=>'2001-10-02 11:34:12'),
- 3=> array (
- 'Name'=>'Titus',
- 'Password'=>'pwtitus',
- 'last visit'=>'2001-10-01 13:00:04')
-);

Zwischen PHP und SQL gibt es aber mehrere entscheidende Unterschiede. In PHP lässt sich dieses Array beliebig erweitern, zum Beispiel um die E-Mail-Adresse des Mitglieds. In SQL ist dies nicht ohne weiteres möglich, denn zunächst muss dafür eine entsprechende Spalte definiert werden.

Obendrein benötigt jede Spalte einen Typ, der mehr oder weniger strikten Beschränkungen unterliegt. Und noch ein Punkt verhindert die Verwendung dieser Tabelle in SQL: das Leerzeichen im Spaltennamen *last visit*.

Berücksichtigt man diese Punkte bei der Definition der Tabelle, kommt man zu folgendem Ergebnis:

Tabelle *MEMBERS* (zweite Version)

ID	NAME	PASSWORD	LASTVISIT
bigint (20) unsigned	varchar (30)	varchar (8)	datetime
1	Alex	pwalex	2001-10-01 19:01:17
2	Berni	pwberni	2001-10-02 11:34:12
3	Titus	pwtitus	2001-10-01 13:00:04

Die Namen der Typen sprechen fast für sich: *bigint (20) unsigned* speichert ganze Zahlen mit höchstens 20 Stellen und ohne Vorzeichen. *varchar (30)* ist eine Zeichenkette mit maximal 30 Zeichen und *datetime* ist ein Datentyp, der ein Datum samt Uhrzeit speichert.

7.1 Aufbau von MySQL-Tabellen

SQL speichert Datum und Zeit fast immer in einem bestimmten Format, dem ISO-Format. Der größte Vorteil dieses Formats – abgesehen von der weltweiten Gültigkeit – ist, dass sich Zeitangaben über einen String-Vergleich miteinander vergleichen lassen, was das Suchen und Sortieren erheblich beschleunigt.

Das ISO-Format für Zeitangaben

Der 1. Februar 2001 wird mal 1.2.2001 geschrieben, mal 01/01/02, dazu die vielen Möglichkeiten, es mit Wörtern zu schreiben ... es wurde eine sinnvolle Version gesucht, die international verständlich ist. Man hat sich auf eine Schreibweise geeinigt, die obendrein recht einfach zu sortieren ist: über einen String-Vergleich.

1988 verabschiedete die International Standards Organization den Standard ISO 8601 zur Schreibweise von Zeitpunkten.

Alle ISO-konformen Zeitangaben entsprechen folgenden drei Regeln:

1 – alle Zeitangaben bestehen ausschließlich aus Ziffern; in erweiterten Formaten sind noch einige fest definierten Trennzeichen erlaubt: Bestandteile von Kalenderdaten werden durch Bindestriche getrennt, Bestandteile von Zeitangaben durch Doppelpunkte.

2 – Zeitangaben eines Formats haben immer die gleiche Länge, kurze Zahlen werden mit führenden Nullen versehen

3 – Die größte Zeiteinheit kommt zuerst, die kleinste zuletzt.

Die Internationale Initiative zur Berücksichtigung von ISO 8601 bei Zeitangaben findet sich unter *http://www.saqqara.demon.co.uk/datefmt.htm*, die deutschsprachige Version unter *http://www.ie.iwi.unibe.ch/zeit/y2k/jahr2000/iso8601.html*.

Ein Besuch bei *www.iso.org* ist nicht empfehlenswert: Das gesamten Papier (als englisches PDF oder gedruckt auf Englisch) kostet 104 Schweizer Franken plus Mehrwertsteuer. Wer eine beliebige Suchmaschine nach „ISO 8601" suchen lässt, bekommt alle notwendigen Informationen kostenlos.

SQL erwartet aber noch einige zusätzliche Angaben. Spendieren wir den Feldern noch einige Attribute, um den Umgang mit der Tabelle zu vereinfachen:

Tabelle *MEMBERS* (dritte Version)

Das Dreamteam – PHP und MySQL

ID	NAME	PASSWORD	LASTVISIT
bigint (20) unsigned	varchar (30)	varchar (8)	datetime
auto_increment default 1 not null primary key	not null	not null	not null
1	Alex	pwalex	2001-10-01 19:01:17
2	Berni	pwberni	2001-10-02 11:34:12
3	Titus	pwtitus	2001-10-01 13:00:04

not null: Dieses Attribut sorgt dafür, dass die Spalte nicht den Wert NULL annehmen kann. NULL bedeutet „nicht gesetzt". Im Falle der Felder *NAME* und *PASSWORD* bedeutet dies, dass ein leerer String eingetragen wird, wenn beim Anlegen eines Datensatzes kein Wert übergeben wird. Der Default-Wert für Felder vom Type *datetime* ist *0000-00-00 00:00:00*.

Default bezeichnet den Standardwert, wenn er nicht 0 (oder ein entsprechender Wert) sein soll. Der wird bei *ID* gesetzt, um bei der Zählung der Datensätze mit 1 zu beginnen. Das ist zwar der Standardwert für AutoIncrement-Felder bei MySQL, aber nicht überall; daher wird der Wert hier angegeben.

Die Spalte *ID* erhält noch zwei zusätzliche Attribute:

primary key bezeichnet den Hauptschlüssel. Nach ihm wird die Tabelle hauptsächlich indiziert.

Das Attribut *auto_increment* sorgt dafür, dass beim Eintragen eines Datensatzes ohne Angabe einer ID der bisher höchste vergebene Wert um eins erhöht wird. Dieses Attribut darf nur der PrimaryKey einer Tabelle erhalten.

Eine MySQL-Anweisung zum Anlegen dieser Tabelle sieht wie folgt aus:

```
create table (
ID bigint(20) unsigned  default 1 auto_increment not null,
NAME varchar(30) not null,
PASSWORD varchar(8) not null,
LASTVISIT datetime not null,
primary key ID (ID)
)
```

7.2 MySQL und PHP im Einsatz

Im Windows-Installer ist bereits eine Schnittstelle zu MySQL enthalten; unter Linux muss dem *configure*-Skript *–with-mysql=pfad_zu_mysql* als Parameter übergeben werden.

Dann muss nur noch der MySQL-Server gestartet werden, und es kann losgehen.

Verbindung zum Datenbankserver

Der Datenbankserver muss nicht auf dem gleichen Rechner laufen wie der Webserver und PHP. Das ist bei großen Datenbanken nützlich, da ein Webserver eher gute Netzverbindungen braucht, ein Datenbankserver dagegen bei der Arbeit mit umfangreichen Datenbanken einen enormen Bedarf an Arbeitsspeicher und Rechenpower hat. Daher benötigt PHP vor Beginn der Arbeit erst eine Verbindung zum richtigen Server.

Zusätzlich muss der Datenbank ein Benutzer mitgeteilt werden, der eventuell auch noch ein Passwort eingeben muss. Bei öffentlichen Websites überlässt man für gewöhnlich das Passwort nicht dem Besucher, sondern schreibt es direkt ins Skript.

mysql_connect (hostname,user,password);

Diese Befehl baut eine Verbindung zum Datenbankserver auf. Als Hostname kann der Name eines Rechners im lokalen Netzwerk oder die IP-Adresse eines Rechners angegeben werden.

Läuft der DB-Server auf dem gleichen Rechner wie der Webserver (z. B. auf der Testumgebung bei Ihnen zu Hause), ist der Host der lokale – *'localhost'*. Als User geben Sie *'root'* an, der Passwort-String bleibt leer:

- $dblink = mysql_connect ('localhost', 'root', '');

Konnte keine Verbindung zu MySQL hergestellt werden, hat $dblink nun den Wert *false*. Ansonsten ist es für PHP eine eindeutige Angabe der Verbindung, die bei weiteren MySQL-Befehlen in PHP verwendet werden kann, aber nicht muss. Notwendig ist die Angabe nur, falls man gleichzeitig Verbindungen zu mehreren Servern oder zu einem Server unter verschiedenen Benutzernamen benötigt – und das kommt sehr selten vor.

Datenbanken anlegen und auswählen

Man kann zwar beim Absenden einer Query jedes Mal den Namen der Datenbank mit angeben, auf der die Query ausgeführt werden soll. Aber auch das ist nur selten nötig, denn im Allgemeinen gehören alle Daten zu einer Website in die gleiche Datenbank. Auf die Verwendung verschiedener Datenbanken oder gar verschiedener Datenbankserver oder -User in einem Projekt sollte man nach Möglichkeit verzichten.

Meist wählt man daher unmittelbar nach Verbindungsaufbau zum DB-Server eine Datenbank aus, auf der man dann bis zum Ende des Skripts arbeitet. Dazu muss aber erst einmal eine Datenbank existieren.

mysql_create_db (dbname[dblink]);

liefert *true* zurück, wenn die Datenbank angelegt wurde. Das kann an mangelnden Rechten oder einer fehlenden Verbindung scheitern; aber auch daran, dass eine Datenbank mit dem gewünschten Namen bereits auf dem Server existiert. Der optionale Parameter *dblink* ist der Rückgabewert der Funktion *mysql_connect*. Wird er nicht angegeben, wird die zuletzt geöffnete Verbindung genutzt.

Ist die Datenbank erst angelegt, kann man sie benutzen. Um den Datenbanknamen nicht bei jedem Zugriff angeben zu müssen, wählt man sie einmal aus und erspart sich damit unter Umständen eine Menge möglicher Tippfehler:

mysql_select_db (dbname);

Der entsprechende MySQL-Befehl heißt übrigens *USE*.

Natürlich kann man Datenbanken auch wieder löschen – mitsamt allen darin enthaltenen Daten:

mysql_drop_db (dbname[dblink]);

In SQL heißt es: *DROP DATABASE dbname..*

Anfragen – Queries abschicken

Die eigentliche Arbeit mit MySQL erledigt man über einen einzigen Befehl: *mysql_query*. Die Definition:

- `mysql_query (query[dblink]);`

7.2 MySQL und PHP im Einsatz

dblink ist wieder die Angabe der Verbindung zum Datenbankserver. Sie kann in jedem MySQL-Befehl entfallen, wenn zuvor *mysql_select_db* aufgerufen wurde, solange man nur auf die ausgewählte Datenbank zugreifen will. Der erste Parameter *query* enthält die Anfrage an die Datenbank. Hier können Sie beispielsweise die Query aus dem ersten Teilkapitel einfügen, um eine Tabelle anzulegen. Die PHP-Funktion ermöglicht aber auch das Anlegen, Ändern und Speichern von Datensätzen, die Änderung des Aufbaus einer Tabelle, natürlich auch das Löschen von Tabellen und das Abrufen von Datensätzen. Doch dazu mehr in Kapitel 7.3.

Der Rückgabewert ist *true*, wenn die Query erfolgreich ausgeführt wurde und MySQL keinen Fehler meldet. Ist ein Fehler aufgetreten, kann man mithilfe zweier Funktionen herausfinden, was passiert ist:

- `mysql_errno ([dblink]);`

liefert die Fehlernummer und wird bei jedem Aufruf von *mysql_query* und einiger anderer Funktionen gesetzt. Trat kein Fehler auf, ist der Rückgabewert 0. Zahlen allein sind aber nicht sehr aussagekräftig, aber es gibt noch eine Funktion, die den Fehler im Klartext meldet:

- `mysql_error ([dblink]);`

liefert eine mehr oder weniger aussagekräfige Fehlermeldung zurück, den Leer-String '', falls bei der letzten MySQL-Operation kein Fehler auftrat.

Hier eine Liste der häufigsten Fehlermeldungen und möglichen Ursachen:

Fehlermeldung	Mögliche Ursachen
no database selected	Entweder haben Sie den Aufruf von *mysql_select_db* vergessen oder die gewünschte Datenbank existiert nicht.
There's an error in your SQL syntax near '(Teil des Query-Strings, beginnend mit der fehlerhaften Stelle)'	Kann nur durch die Angabe der Fehlerstelle ermittelt werden – fehlende oder überzählige Kommas sowie eine falsche Parameter-Reihenfolge sind die häufigsten Fehler. Bei Änderungen an einer Query löscht man auch mal ein Wort zuviel.
Unknown table 'Tabellenname'	Oft hat man sich beim Tabellennamen vertippt; aber manchmal hat man auch vergessen, die Tabelle anzulegen.
No such column 'Spaltenname' in result list/where definition/having definition	Wenn man sich beim Spaltennamen nicht vertippt hat, handelt es sich dabei meist um eine PHP-Variable in einem Vergleich. Schauen Sie, ob Sie die Anführungszeichen um einen String herum vergessen haben!

Das Dreamteam – PHP und MySQL

Fehlermeldung	Mögliche Ursachen
Ambiguous column 'Spaltenname' in result list/where definition/having definition	Spaltenname mehrdeutig: kann nur passieren, wenn Sie eine Abfrage über mehrere Tabellen machen, die Spalten gleicher Namen haben. Hier hilft es, dem Spaltennamen den Namen einer Tabelle und einen Punkt voranzustellen: *TABELLE.SPALTE*.

TIPP **Zur Arbeitsersparnis**

Um fehlerhaften Queries in Ihren Skripten auf die Spur zu kommen, können Sie die folgende Funktion benutzen. Sie macht im Normalfall nichts anderes als *mysql_query* (mit nur einem Parameter). Tritt aber ein Fehler auf, gibt sie den Text der Query samt der von MySQL zurückgelieferten Fehlermeldung aus.

- function do_query ($query) {
- if (!($q = mysql_query ($query)) //Abfrage fehlerhaft
- // Query sowie Fehlernummer und -meldung ausgeben
- echo $query, '', mysql_error(), '(', mysql_errno(), ')
';
- return $q; //Ergebnis zurückliefern
- }

Anlegen einer Beispieldatenbank

Der Verbindungsaufbau zur Datenbank sollte immer in ein eigenes Skript ausgelagert werden, das von den anderen Skripten aus mit *require* aufgerufen wird. So müssen beim Umzug auf einen neuen Server oder sonstigen Änderungen die notwendigen Parameter nur an einer Stelle geändert werden.

Falls *$noselect* gesetzt ist, wird nicht versucht, die Datenbank auszuwählen.

- <?
- $hostname = 'localhost';
- $uname = 'root';
- $passwd = '';
- $dbname = 'BESTFRIEND';
- mysql_connect ($hostname, $uname, $passwd)
- or die („no connection to database host 'localhost'");
- if (!$no_select_db) mysql_select_db ($dbname)

7.2 MySQL und PHP im Einsatz

```
or die („database '$db' could not be selected.");

?>
```

Das folgende PHP-Skript legt die eingangs beschriebene Tabelle in einer Datenbank *MYSITE* an und füllt sie mit einigen Beispiel-Datensätzen. Der Verbindungsaufbau zur Datenbank wird hergestellt. Natürlich kann die Datenbank nicht ausgewählt werden, bevor sie existiert, daher wird vor Aufruf der *connect.php* die Variable *$no_select_db* gesetzt.

Für den Fall, dass Sie das Skript aus Versehen mehrfach ausführen, wird vor jedem Abschnitt überprüft, ob die Ausführung notwendig ist.

Damit Sie während der Ausführung auf dem Laufenden bleiben, benutzen wir eine leicht veränderte Version der oben erwähnten Funktion *do_query*.

```
<?
function do_query ($query) {
  echo "$query <b>";
  if ($q = mysql_query ($query))
    echo 'ok';
  else
    echo mysql_errno(), ': ', mysql_error();
  echo "</b><br>\n";
  return $q;
}
$no_select_db = true;
require 'connect.php';

function msg ($msg) { //Meldung ausgeben
  echo "<b>$msg</b><br>\n";
}

// $dbname wurde von connect.php gesetzt.
// das $no_select_db wurde benötigt, damit das Skript nicht
   abbricht, wenn die DB nicht gefunden wird
if (!mysql_select_db($dbname)) {
  msg ("trying to create database '$dbname'");
  if (!mysql_create_db ($dbname)) die ('failed');
}

msg ('check if table 'MEMBERS' exists');
/* Der folgende Befehl liefert den gesamten Inhalt der Tabelle
   aus der Datenbank in einen Extra-Speicher. Dies ist die die
   einzige Methode herauszufinden, ob eine Tabelle existiert oder
   nicht - zugegebenermaßen ein Problem, das man selten haben
   sollte. */
```

```
$q = do_query ('select * from MEMBERS') ;
if (!$q) {
  msg ('does not exist - trying to create');
  do_query ('create table MEMBERS(
    ID bigint(20) unsigned default1 auto_increment not null,
    NAME varchar(30) not null, PASSWORD varchar(8) not null,
    LASTVISIT datetime not null, primary key ID (ID))')
  or die ('failed');
} else
  msg ('does exist');
?>
```

7.3 Grundlegende Arbeiten mit SQL

Die SQL-Befehle können in drei verschiedene Kategorien eingeteilt werden.

Da ist zunächst die Datenkontrollsprache (Data Control Language – DCL). Mit ihr werden die Rechte der Datenbankbenutzer definiert. Für unsere Beispiele mit PHP reicht es aus, den Root-User als Datenbankbenutzer zu verwenden.

Die Definition von Datenbanken und den darin enthaltenen Tabellen erledigt die Datendefinitionssprache (Data Definition Language – DDL).

Den Befehl *CREATE TABLE* haben Sie schon kennen gelernt. Die Eigenschaften von Tabellen und einzelnen Spalten lassen sich mithilfe des Befehls *ALTER* ändern, und löschen lassen sich Tabellen und Datenbanken natürlich auch.

Der Teil von SQL, der die Arbeit mit vorhandenen Datenbanken und Tabellen abdeckt – die Data Manipulation Language (DML) –, wird Ihnen hier anhand eines Beispielskripts vorgestellt. Im Skript selbst sehen Sie nur zwei der vier Befehle, die anderen beiden werden im Anschluss kurz beschrieben.

Erstellen eines einfachen Forums

Im Folgenden wird ein kleines Forum programmiert. Der Code wird in einer Datei mit dem Namen *chap_07_workshop.php* gespeichert. Zum besseren Verständnis gibt es immer wieder Unterbrechungen mit entsprechenden Erläuterungen.

7.3 Grundlegende Arbeiten mit SQL

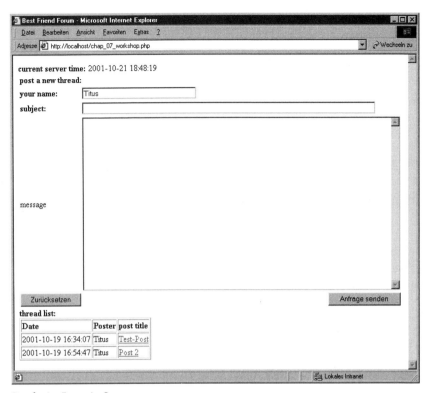

Das fertige Forum im Browser

```
<?php
$dbname = "BESTFRIEND";
$table = "MESSAGES";
$self = basename(__FILE__);

if ($HTTP_POST_VARS['user'])
   $user = $HTTP_POST_VARS['user'];

elseif (strlen($HTTP_COOKIE_VARS["forum_user"]))
   $user = $HTTP_COOKIE_VARS["forum_user"];

//Username in Cookie ablegen
if ($user)
   @setcookie ("forum_user", $user, time()+365*24*3600);

//Verbindung zur Datenbank
mysql_connect ("localhost", "root", "")
   or die ('could not connect to database host');
```

329

Das Dreamteam – PHP und MySQL

```
if (!mysql_select_db ($dbname))
{
  mysql_create_db($dbname);
  mysql_select_db($dbname);
}
```

Die Verbindung mit dem Datenbankserver und die Auswahl der Datenbank kennen Sie schon. Im Gegensatz zum vorigen Beispiel wird hier aber Stillschweigen über die Operationen bewahrt; denn eine Ausgabe würde das Layout des Forums zerstören.

Der Cookie sorgt dafür, dass ein einmal eingegebener Benutzername auch bei Klick auf die Links nicht vergessen wird und sogar nach Verlassen des Forums ein Jahr lang gültig bleibt.

```
if (!mysql_query("select * from $table"))
{
  echo "<b>creating table ..."; flush();
  mysql_query ("create table $table ( ID bigint unsigned not null
              default 1
  auto_increment, USER varchar(30) not null, DATE datetime not
              null, PARENT
  bigint unsigned not null, SUBJECT varchar(80), BODY text, primary
              key (ID),
  key (PARENT), key (DATE))")
     or die (mysql_error());
  echo " done</b>";
}
```

Hier wird die Forums-Tabelle erzeugt. Die Bedeutung der Felder im Einzelnen:

Spalten-Definition	Bedeutung
ID bigint unsigned not null default 1 auto_increment	die eindeutige ID jeder Nachricht
USER varchar(30) not null	der eingegebene Benutzername – maximale Länge 30 Zeichen
DATE datetime not null	Server-Datum und Uhrzeit des Postings
PARENT bigint unsigned not null	eine Selbstreferenz: enthält die ID des Posts, auf den dieses eine Antwort ist. Wenn es keine Antwort, sondern eine neue Nachricht ist, ist der Wert 0.
SUBJECT varcha(80)	der Titel des Posts – max. 80 Zeichen
BODY text	der Inhalt des Posts – max. 65.536 Zeichen
Schlüssel (keys)	Bedeutung
primary key (ID)	sorgt dafür, dass jede ID nur einmal vergeben werden kann

7.3 Grundlegende Arbeiten mit SQL

Spalten-Definition	Bedeutung
key (PARENT), key(DATE)	bilden zusätzliche Sortierschlüssel auf der Tabelle. Dadurch wird die Suche und das Sortieren nach diesen Feldern beschleunigt.

INSERT – Einfügen

```
//Neue Naricht?
if ("new"==$msgid)
{
  if (!$body)
     $msgid = $parent;
  else
  {
    if (!$subject)
       $subject = "-no subject-";
    else
       $subject = stripslashes($subject);
    mysql_query ("insert into $table (USER,DATE,PARENT,SUBJECT,BODY) values ('"
          . (strlen($user) ? $user : "-anonymous-") ."','" .
                          date("Y-m-d H:i:s") . "','.$parent,'"
          . mysql_escape_string($subject). "','".
             mysql_escape_string(stripslashes($body)). "')"
          );
    $msgid = mysql_insert_id();
    die(header("Location:$file?msgid=$msgid"));
  }
}
```

Dieser Teil sorgt für das Eintragen eines abgeschickten Posts. Posts ohne Angabe des Namen oder eines Themas werden der Einfachheit halber nicht zurückgewiesen, sondern mit Dummy-Werten versehen.

Sie sehen, dass in der MySQL-Query natürlich zuerst der Tabellenname angegeben ist, anschließend eine Liste der zu setzenden Felder und zum Schluss eine Liste von Werten für diese Felder. Dabei ist besonders darauf zu achten, dass alle Strings – auch das Datum – in Hochkommas gesetzt sind!

Die Funktion *mysql_escape_string* sorgt dafür, dass eventuelle MySQL-Sonderzeichen (wie z. B. Hochkommas) die Query nicht fehlerhaft machen.

In der Insert-Query ist die ID nicht angegeben. Sie wird von MySQL aufgrund des in der Definition angegebenen *auto_increments* erzeugt. Mit *mysql_insert_id()* wird die ID des neuen Datensatzes ermittelt.

331

Das Dreamteam – PHP und MySQL

Die folgende Zeile beinhaltet diesen Funktionsaufruf: *header("Location:")* sorgt für eine Weiterleitung auf die Ansicht des neuen Postings, die für den Abbruch des Skripts an dieser Stelle verantwortlich ist. Der Effekt ist, dass Beiträge nicht versehentlich doppelt angelegt werden. Kommentieren Sie diese Zeile aus, so werden bei einem unmittelbaren Aktualisieren der Seite ([Strg]+[R]) die Formulardaten erneut gesendet und damit ein weiterer neuer Eintrag im Forum angelegt.

SELECT – Auswählen

- //Initialisieren
- $msgid = (int)$msgid;
- $query_begin = "select ID, USER, DATE, SUBJECT from $table where ";
-
- if ($msgid)
- {
-   //Nachricht aus Datei laden
-   $q = mysql_query ("select * from $table where ID=$msgid");
-   $msg = mysql_fetch_array($q);
- }
- ?>

Der String *$query_begin* enthält einen Query-Teil, der im Folgenden häufig benötigt wird: Denn alle Felder werden nur aus dem aktuellen Datensatz benötigt. Wenn denn gerade einer ausgewählt ist – wenn nicht, hat *$msgid* den Wert 0.

Es werden also bei jeder Query mit *$query_begin* die ID, Benutzername, Datum und Titel der Nachrichten geholt, die die nachfolgenden Bedingungen erfüllen. Um keine Einschränkungen zu machen, müsste das *where* ausgeschnitten oder eine 1 angehängt werden. Ist die *$msgid* größer als null, werden alle Felder der entsprechenden Zeile aus der Tabelle (*select * ...*) in ein assoziatives Array gelesen (*mysql_fetch_array*).

TIPP mysql_fetch_row

Die Funktion *mysql_fetch_row* liest die Werte übrigens in der angegebenen Reihenfolge in ein indiziertes Array. Da bei *select * * keine Reihenfolge angegeben ist, würde in diesem Fall die Reihenfolge der Felddefinition benutzt.

Will man seine Skripte leserlich halten, sollte *mysql_fetch_row* aber nur benutzt werden, wenn das Query-Ergebnis in unmittelbarer Nähe des *mysql_query*-Aufrufs benutzt wird und in der Query die einzelnen Felder aufgelistet sind. Die Benutzung von assoziativen Arrays ist zwar etwas langsamer, dafür aber um einiges aussagekräftiger.

7.3 Grundlegende Arbeiten mit SQL

```
<html><head>
<title><?php if ($msg) echo "$msg[SUBJECT] - "; ?>
         Best Friend Forum</title>
</head><body bgcolor="white"><b>Aktuelle Zeit:</b> <?php
echo date("Y-m-d H:i:s");
if ($msg)
{
  //Informationen über vorhergehende Nachrichten abrufen
    und verlinken
  function make_link ($text, $query_end)
  {
    global $query_begin;
    $q = mysql_query ("$query_begin $query_end");
    $msg = mysql_fetch_array($q);
    if (!$msg)
      $res = "<td><font color=\"gray\">$text</font></td>";
    else
      $res = "<td><a href=\"$self?msgid=". $msg["ID"]
        . "\" onMouseOver=\"status='". htmlentities("$msg[USER] on
$msg[DATE]: $msg[SUBJECT]")
        . "';return true;\" onMouseOut=\"status=''; return
            true;\">$text</a></td>\n";
    return $res;
  }

  $nav = "<table border=\"0\" cellpadding=\"10\"><tr>";
  if($msgid)
    $nav .= "<td><a href=\"$self\">Thread Übersicht</a>
          </td>";
  $nav .= make_link("&lt;&lt; vorhergehende Nachricht",
         "PARENT=$msg[PARENT] and ID<$msgid order by ID desc limit
      1");
  if ($msg[PARENT])
    $nav .= make_link ("^^ vorhergehender Thread ^^",
          "ID=$msg[PARENT]");
  else
    $nav .= "<td><a href=\"$self\">^^ Aktueller Thread:
          Übersicht ^^</a></td>";
  $nav .= make_link ("nächste Nachricht &gt;&gt;",
         "PARENT=$msg[PARENT] and ID>$msgid order by ID
         asc limit 1");
  $nav .= "</tr></table>";
```

Hier werden einige Links zu „verwandten" Posts erzeugt: die Nachbarn im Thread und – falls verfügbar – das Post, auf das das aktuelle eine Antwort ist.

Die Funktion *make_link* erhält einen Text für den Link und das Ende der Query als Parameter; der Anfang wird der Funktion über das Schlüsselwort *global* bekannt. Die

333

Das Dreamteam – PHP und MySQL

Query wird abgesendet und das erste Ergebnis in ein Array gelesen. Gab es ein Ergebnis, wird ein Link zur Ansicht des Posts erzeugt, beim Überfahren des Links mit der Maus werden per JavaScript in der Statuszeile des Browsers weitere Informationen über die Nachricht angezeigt.

Schauen wir uns die Query für „previous in thread" mal etwas genauer an: Für den Vorgänger holen wir alle Posts mit dem gleichen *PARENT* und kleineren (= älteren) IDs: *where PARENT=$msg[PARENT] and ID<$msgid*. Das Datum wäre auch als Kriterium denkbar, aber durch Benutzen der ID wird ausgeschlossen, dass Nachrichten übersehen werden, die in der gleichen Sekunde abgeschickt wurden.

Die älteren Nachrichten werden nach der ID absteigend sortiert – die jüngste der älteren Nachrichten ist also die erste Zeile des Ergebnisses: *order by ID desc*. Da nur die erste Zeile des Ergebnisses benötigt wird, braucht MySQL auch nicht mehr zu liefern: *limit 1*. Wollte man die zweite und dritte passende Zeile haben, hieße es *limit 1,2*: die erste gefundene Zeile überspringen und die nächsten zwei zurückliefern.

```
//Navigationstabelle
echo $nav;

//Aktuelle Nachricht ausgeben
echo "<table border=\"1\"><tr><td nowrap>\n      <b>",
     htmlentities($msg["SUBJECT"]),
     "</b><br>\n      von <b>$msg[USER]</b> am <b>$msg[DATE]</b>\n
       </td></tr><tr><td>\n         ",
     htmlentities($msg["BODY"]), "\n    </td></tr></table>";
}
```

Zur Ausgabe des Posts wird die String-Funktion *htmlentities* benutzt, damit Gänsefüße im Titel oder die Zeichenkette </textarea> im Inhalt der Nachricht nicht den Seitenaufbau durcheinander bringen und Sicherheitslücken eröffnen.

```
//Formular für neue Nachrichten/Antworten
?>
<table border="0">
<form method=post action="<?php echo $self; ?>">
  <input type="hidden" name="msgid" value="new">
  <input type="hidden" name="parent" value="<?php echo $msgid;
     ?>">
  <tr>
    <th colspan="2" align="left">Neues <?php echo ($msgid ? "reply"
       : "Thema") ?>:</th>
</tr><tr>
    <th align="left">Name:</th>
    <td><input type="text" name="user" value="<?php echo $user; ?>"
          maxlength="30" size="30">
```

7.3 Grundlegende Arbeiten mit SQL

- `</tr><tr>`
- `<th align="left">Betreff:</th>`
- `<td><input type="text" name="subject" value="<?php if ($msg)`
    `echo "Re:", htmlentities($msg[SUBJECT]); ?>" maxlength=`
    `"80" size="80">`
- `</tr><tr>`
- `<th align="left" valign="top">Nachricht:</td>`
- `<td><textarea name="body" rows="10" cols="70"></textarea>`
- `</tr><tr>`
- `<td><input type="reset"></td>`
- `<td align="right"><input type="submit"></td>`
- `</tr></form></table>`

Falls Fragen bezüglich der Formulargestaltung auftauchen, lesen Sie in Kapitel 5.1 ab Seite 149 nach.

- `<?`
- `//Nachfolgende Nachrichten/Antworten`
- `$q = mysql_query ("$query_begin PARENT=$msgid order by DATE,`
    `ID");`
-
- `if (mysql_num_rows($q))`
- `{`
- `  echo "<b>", ($msgid ? "Antworten":"Nachrichten"), ":</b><br>\n`
    `<table border=\"1\"><tr align=\"left\">\n      <th>Datum`
    `</th>\n   <th>Von</th>\n   <th>Betreff</th>\n  </tr>";`
-
- `  while ($msg = mysql_fetch_array($q))`
- `    echo "<tr nowrap>\n     <td>$msg[DATE]</td>\n`
        `<td>$msg[USER]</td>\n     <td><a href=\"$self?msgid=$msg`
        `[ID]\">", htmlentities($msg["SUBJECT"]), "</a></td>\n`
        `</tr>";`
-
- `  echo "</table>";`
- `}`

Wenn Sie die Erzeugung der Links am Anfang des Skripts verstanden haben, ist dieser Teil auch kein Problem mehr: Die Bedingung *PARENT=$msgid* spricht für sich: Alle Antworten auf die aktuelle Nachricht werden ermittelt. Sortiert wird aufsteigend nach Datum/Uhrzeit und – sollte dies Feld bei zwei Nachrichten gleich sein – nach der ID *order by DATE, ID*.

Die anschließende Tabelle wird nur erzeugt, wenn es Antworten gibt.

- `//Navigationszeile am Ende der Seite`
- `if ($msg)`

335

- `echo $nav;`
- `?></body></html>`

Abschließend werden noch einmal die drei verwandten Postings ausgegeben, und Sie haben ein zwar nicht sehr komfortables, aber dennoch komplettes Forum-Skript in knapp 120 Zeilen.

Datensätze löschen und ändern

Sie kennen nun die beiden MySQL-Kommandos *INSERT* zum Einfügen und *SELECT* zum Auslesen von Datensätzen. Offen ins Netz stellen lässt sich das Skript aber nicht. Denn der Betreiber eines Forums ist für dessen Inhalt verantwortlich und dazu verpflichtet, ungesetzliche Inhalte zu entfernen. Außerdem ist er meist angehalten, anstößige Inhalte ebenfalls zu entfernen – macht er dies nicht, ist das meist das Ende seiner Internetpräsenz.

Das heißt, Sie benötigen zusätzlich die Möglichkeit, Einträge im Forum zu löschen und/oder abzuändern. Im Folgenden werden Sie die Befehle kennen lernen, das Erstellen eines Administrations-Skripts sollte für Sie dann kein Problem mehr darstellen.

Zur Zugangskontrolle können Sie die Tabelle *MEMBERS* benutzen, die am Anfang des Kapitels vorgestellt wurde.

DELETE: Löschen

- `delete from TABELLE [where where_definition]`

Der Befehl zum Löschen von Datensätzen heißt *DELETE*. Er hat eine ähnliche Syntax wie die obigen Beispiele für *SELECT*. Eine Angabe von Feldern gibt es nicht, da natürlich nur komplette Zeilen gelöscht werden können, Angaben zu Reihenfolge und Limit entfallen ebenso.

Das Löschen der Vorgänger-Nachricht funktioniert beispielsweise nicht mit einer Query – dazu müssten Sie erst mit der im Skript benutzten Query die ID des Vorgängers ermitteln und den dann durch Angabe seiner ID in der *Where*-Definition der *DELETE*-Query löschen.

Löscht man aber nur ein Posting, sind alle seine Nachfolger unerreichbar im Forum, darum sollten sie gleich mit gelöscht werden. Eine Methode dazu sehen Sie hier; *$msgid* ist die ID der zu löschenden Nachricht.

7.3 Grundlegende Arbeiten mit SQL

```
$delete = array($msgid);
$msgid = list(mysql_fetch_row(mysql_query("select PARENT from
          MESSAGES where ID=$msgid"));
for ($i=0; $i<count($delete); $i++
{
   $q = mysql_query ("select ID from MESSAGES where
          PARENT=".$delete[$i]);
   while ($r=mysql_fetch_row($q))
      $delete[] = $r[0];
}
mysql_query ("delete from MESSAGES where ID in (". implode(',',
          $delete). ")");
```

Zu Anfang wird ein Array erzeugt, das die IDs aller zu löschenden Datensätze aufnimmt. Dies wird in der Schleife durch die IDs der Antworten auf jede Nachricht erweitert, sodass *count($delete)* immer weiter wächst – bis keine Antwort mehr übrig bleibt.

Noch vor der Schleife wird die *msgid* mit der ID des Parents überschrieben, um nach dem Löschen der Nachricht eine sinnvolle Anzeige zu erhalten. Dies ist gefahrlos möglich, denn die Variable *$msgid* wird im weiteren Verlauf des Löschens nicht mehr benutzt.

Mit der abschließenden Query werden alle Datensätze gelöscht, deren IDs im Array *$delete* enthalten sind.

UPDATE – Ändern

```
update TABELLE set FELD1=Wert1. FELD2=Wert2
      [where where_definition]
```

Auch das Kommando zum Ändern von Datensätzen kann wieder eine *Where*-Definition enthalten. Das Setzen der Werte geschieht aber etwas anders als beim *INSERT*-Kommando. Hier werden die Felder durch eine Reihe von Zuweisungen definiert. Das Trennzeichen ist aber das schon bekannte Komma.

Wollen Sie also Titel und Inhalt einer bestehenden Nachricht ändern, lassen Sie sich beides mit *htmlentities()* in ein ähnliches Formular wie das obige ausgeben, sodass sie den Inhalt der Felder bearbeiten können. Der entsprechende Befehl zum Ändern der Inhalte nach Abschicken des Formulars sieht dann so aus:

```
mysql_query ("update MESSAGES set"
." SUBJECT='". mysql_escape_string($subject)
. "', BODY='". mysql_escape_string($body)
." where ID=$msgid"
);
```

Abweichung von Standard-SQL

Es kann vorkommen, dass Ihnen eine solche Liste von Zuweisungen auch in einer *INSERT*-Query begegnet. Dies ist in MySQL zwar möglich, sollte aber vermieden werden, da es nicht dem SQL-Standard entspricht. Aus dem gleichen Grund könnte diese Möglichkeit eines Tages auch aus MySQL verschwinden – ein weiterer Grund, dies Format nicht zu benutzen.

7.4 Alles im Griff mit phpMyAdmin

Ein sehr gutes Werkzeug zur Administration von Datenbanken auch ohne selbst geschriebene Skripte ist der phpMyAdmin. Diese Skriptsammlung stellt eine Reihe von Formularen zur Verfügung, die Arbeit auf Datenbanken zum Kinderspiel macht.

Download unter: http://phpwizard.net/projects/phpMyAdmin/

phpMyAdmin im Blickpunkt

Die wichtigsten Bestandteile des phpMyAdmin werden im Folgenden vorgestellt.

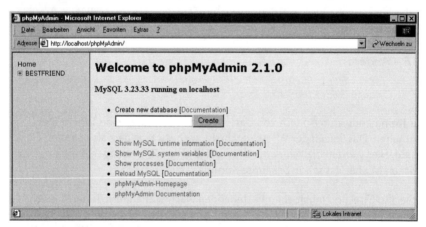

Die Startseite von phpMyAdmin

Im linken Frame wird Ihnen eine Liste aller auf dem aktuellen Server verfügbaren Datenbanken präsentiert. Durch Klick auf das Pluszeichen vor dem Datenbanknamen erhalten Sie eine Liste aller Tabellen in dieser Datenbank. Das Symbol davor enthält einen Link auf den Tabellen-Browser, der weiter unten genauer vorgestellt wird.

7.4 Alles im Griff mit phpMyAdmin

Im rechten Frame sehen Sie auf der Startseite eine Versionsangabe des phpMyAdmin und von MySQL sowie den Namen des Datenbankservers. Unter dem Formular zum Anlegen einer Datenbank sehen Sie noch einige Links, die unter anderem zur Homepage von phpMyAdmin (*http://phpwizard.net/projects/phpMyAdmin*) und der (im Download enthaltenen) Onlinedokumentation führen.

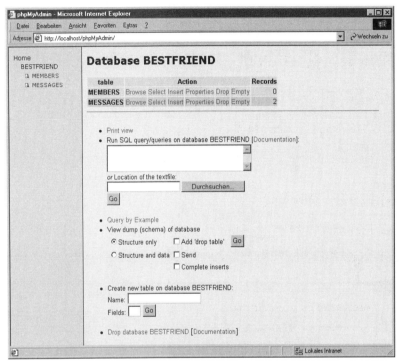

Ansicht der Tabellen die in der Datenbank enthalten sind

Datenbanknamen unter Windows

Unter Windows sind übrigens alle Datenbank- und Tabellennamen klein geschrieben. Dies hängt damit zusammen, dass MySQL die Tabellen einer Datenbank in einzelne Dateien eines Verzeichnisses ablegt. Diese Information sollte nicht zum Kopieren von Datenbanken missbraucht werden, denn es werden noch weitere Informationen zu den Datenbanken und Tabellen zentral gespeichert!

Das Dreamteam – PHP und MySQL

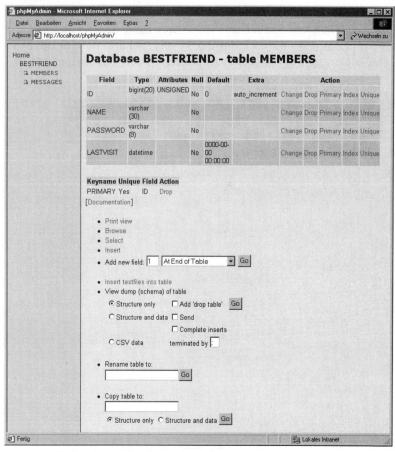

Darstellung des Inhalts einer Tabelle mit phpMyAdmin

Der Klick auf den Namen einer Datenbank im linken Frame zeigt rechts eine Liste aller Tabellen dieser Datenbank mit einigen Links sowie einigen Formulare.

Browse führt wie der Klick auf das Pluszeichen vor dem Tabellennamen im linken Frame zum Tabellen-Browser (*SELECT **). Hier können Sie die Inhalte der Tabelle seitenweise durchblättern sowie einzelne Datensätze ändern und löschen. Der Wert NULL lässt sich aber hier nicht speichern. Dazu bedarf es der Eingabe einer entsprechenden Query im entsprechenden Formular bei der Datenbank-Übersicht.

Select endet auch im Tabellen-Browser, allerdings können Sie vorher in einem Formular die anzuzeigenden Zeilen und Spalten einschränken (*SELECT*).

7.4 Alles im Griff mit phpMyAdmin

Der *Insert*-Link existiert auch im Tabellen-Browser; seine Funktion sollte klar sein (*INSERT*). *Properties* liefert – wie der Klick auf den Tabellennamen im linken Frame – eine Übersicht über die Definition der Tabelle (*SHOW FIELDS*), mithilfe von Links und eines Formulars auf der Seite kann diese Definition geändert werden (*ALTER TABLE*).

Drop löscht die Tabelle (*DROP TABLE*), *Empty* löscht alle Datensätze (*DELETE from TABELLE* – ohne Einschränkung durch *where*) nach einer Sicherheitsabfrage.

Zusätzlich besteht auf der Datenbankseite noch die Möglichkeit, neue Tabellen anzulegen. Geben Sie einfach den Namen der Tabelle und die Anzahl der benötigten Spalten ein. Auf der Folgeseite haben Sie ein Formular, mit dessen Hilfe Sie die neue Tabelle definieren können.

Natürlich können Sie Tabellen auch umbenennen oder (mit oder ohne Daten) eine Kopie anlegen. Letzteres ist sinnvoll, um beispielsweise Backups einer Tabelle anzulegen. Dies Formular befindet sich auf einer Seite mit der Tabellendefinition.

Die Datenbankübersicht und die Tabellenübersicht bieten Formulare zum Dump der Datenbank bzw. der ausgewählten Tabelle. Das heißt, es wird eine Folge von MySQL-Kommandos aufgelistet, die die Tabelle (oder alle Tabellen) erzeugt. Wenn gewünscht, werden auch gleich INSERTs für die Erzeugung der Datensätze mitgeliefert.

Ist *send* angewählt, wird das SQL-Skript nicht im Frame angezeigt, sondern als Datei an den Browser gesendet. Hat man das Skript dann gespeichert, kann man es z. B. benutzen, um die Datenbank auf einen anderen Server zu kopieren. Dazu kann das Query-Eingabeformular auf der Übersichtsseite der Datenbank benutzt werden.

Das Dreamteam – PHP und MySQL

MySQL ohne PHP benutzen

Bei großen Datenbanken mit vielen Textdaten kann die oben genannte Portierungs-Methode zu Problemen führen. Manche Sonderzeichen verwirren den phpMyAdmin so sehr, dass er Fehler meldet, wo keine sind, oder – noch schlimmer – die Queries fehlerhaft ausführt.

In diesem Fall ist es unabdingbar, das Skript von MySQL direkt ausführen zu lasen. Dazu wird – mit Ausnahme des localhost – allerdings ein Telnet-Zugang zum Datenbankserver benötigt; d. h., Sie müssen den DB-Server benutzen können, als säßen Sie direkt davor. Sind Sie mit dem Server verbunden, muss auch noch das Skript dort liegen, und Sie können es mit dem folgenden Befehl ausführen:

mysql -ubenutzername -ppasswort -ddatenbankname < sqlskriptname

Stichwortverzeichnis

$HTTP_GET_VARS 163
$HTTP_POST_VARS 163; 166
$PHP_SELF 179; 294

A

Abfragen 95
  alternative Schreibweisen 101
addslashes() 201
Alternative Schreibweisen von Abfragen ... 101
Anführungszeichen in HTML 57
Apache
  Installation unter Linux 33
  installation unter Windows 21
  Stopp-Symbol erstellen 25
Arithmetische Operatoren 68
Array 60
  assoziative 61; 284
  eindimensional, assoziativ 61
  eindimensional, indiziert 60
  Einträge ansprechen 282
  Einträge zählen 75
  erstellen 73
  grundlegende Funktionen 73
  Index 61
  indiziert 60
  mehrdimensional 62
  sortieren 80
  sortieren, Schlüssel 84
  sortieren, sort_flags 81
  sortieren, umgekehrt 83f
  sortieren, Werte 83
  Werte ausgeben 75
  Werte ausgeben mit Do-While-Schleife .. 77
  Werte ausgeben mit Foreach Schleife 80
  Werte ausgeben mit While-Schleife 79
  Zeiger 76

Zeiger bewegen, Befehle 77
zweidimensional 269
Array-Funktionen 102
arsort() 83
asort() 83

B

base64 192
base64_encode() 193
Bedingungen 95
  der Schleifen 92
  Elseif-Anweisung 97
  If-Anweisung 95
  If-else-Anweisung 96
  Switch-Anweisung 98
Benutzerrechte 37
Bitfelder 35
break 93; 99

C

Call by reference 51
Call by value 51
Case-Abfragen 98
check_date() 278
chop() 201
chunk_split() 193; 201; 231
Client 170; 203
Client-seitig 170
CMS 266; 289
Content Management System .... Siehe CMS
count() 75; 120
crypt() 201
CSS 286
current() 76; 282

343

Stichwortverzeichnis

D

date() 273
   Syntax 275
Datei- und Verzeichniszugriff 116
Dateien
   entfernen von Inhalten 121
   fopen, Pramaterübersicht 121
   hochladen 125
   Inhalte entfernen 121
   Inhalte lesen 118
   Inhalte lesen, Funktionsübersicht ... 119
   Inhalte schreiben 120
   lesen 118
   öffnen, schließen 117
   schreiben 120
   und Verzeichnisse 116
Dateien einbinden 109
   Organisation der Dateien 112
Dateifunktionen 116
Datei-Upload 125
Datenbank 148; 230
   auf anderen Server kopieren 341
   dumpen 341
Datenbank-Funktion 102
Datentypen 54
   Array 60
   Double 55
   Integer 54
   Klassen und Objekte 63
   String 55
   von Variablen verändern 66
Datenübergabe per Link 227
Datum 272
   Beispiele 283
   berechnen 279
   deutsches Format 277
   Feiertage berechnen 283
   Kalenderfunktionen 280
   Länderspezifikation 276
   Ostern 280
   umwandeln 280
Datum und Zeit, ISO8601-Format 321
default 99
Dekrementierung 70
D-HTML 148
Direkte Ausgabe 208
Double 55
Do-While-Schleife 88
Downloads
   Apache-Webserver - Windows 21
   PHP - Windows 27
DTD .... Siehe XML
Dynamische Variablennamen 52

E

each() 79; 166
easter_date() 280
echo() 201; 203; 205
Editor 12
Eindimensionales, assoziatives Array .. 61
Eindimensionales, indiziertes Array 60
Elseif-Anweisung 97
E-Mail
   Header 192
   Kodierung 194
   MIME-Format 192
   multipart 193
   multipart/alternativ 197
   quoted-printable 192; 193; 198
   senden 187
empty() 164; 212
end of file 119
ereg() 258
ereg_replace() 258
eregi() 258
eregi_replace() 258; 260
error_reporting() 277
Escape-Zeichen 58
Escape-Zeichen, Übersicht 60
exit 93

Stichwortverzeichnis

explode() 201; 231; 238
Extensible Markup Language .... *Siehe* XML

F

fclose() 117; 270
Feature, Programme auf dem Server
   ausführen 312
Fehlermeldungen 34
   ein- und ausschalten 34; 36
   Konstanten 35
   Nachteile des Ausschaltens 124
Fein-Tuning von PHP 37
feof() 119
fgetc() 119
fgets() 119
file_exists() 125
filemtime() 125
filesize() 125, 270
File-Upload 125
floor() 280
flush() 201
fopen() 117; 270
for() 166
Formular
   abhängige Elemente 176
   Array 164
   Array ausgeben 166
   Array senden 164
   Array-Daten bereitstellen 165
   Array-Möglichkeiten 169
   Datenübergabe 150; 161
   Eingabelänge 241
   Elemente 154
   Elemente, Übersicht 154
   fehlerhafte Übertragung 151
   GET-Methode 149f; 164
   Interaktion 172
   JavaScript 169
   JavaScript, dynamisch erzeugen 177
   Kodierung bei GET 152

Manipulation 153
   mit JavaScript 170
   onsubmit 170
   PHP 169
   PHP, dynamisch erzeugen 179
   Plausibilität 170
   POST-Methode 149; 153
   POST-Parameter 163
   professionell 169
   Zieländerung 172
Formular-Attribute
   action 156
   checked 155; 160
   height 160
   maxlength 155
   multiple 164
   name 155; 160
   readonly 155
   size 155
   src 155
   value 155
   width 160
Formular-Element 161
   Abhängigkeit 175
   Absende-Button 160
   Auswahlliste 158
   button 160; 173
   button onclick-Event 173
   checkbox 159
   checkbox als Array 168
   Dropdown 158
   file 161
   form 154; 156
   hidden 161
   image 160; 161
   password 161
   radio 160
   reset 161
   Schaltfläche 160; 173
   select 164
   submit 160

345

Stichwortverzsichnis

text 157f
textarea 158
   Verhalten 161
For-Schleife 89
fpassthru() 119
fputs() 121
fread() 119, 270
Funktionen 101
   Array 102
   Datenbank 102
   Parameter 104
   Parameter, optionale 106
   Parameter, vorderfinierte 106
   Parameterübergabe 107
   Rekursion 108
   selbst definierte 102
   String 102
   system 312

G

Geltungsbereich von Variablen 49
get_html_translation_table() 201
getimagesize() 301
   Rückgabewerte 302
gettype() 66
gmmktime() 278
gmstrftime() 278
Grafik
   Ausgabe an Browser 292
   Bild erzeugen 291
   Bilddaten 301
   Breite bestimmen 291
   Buttons erzeugen 289
   dynamisch erzeugen 291
   Farbe zuweisen 291
   Format wechseln 296
   RGB-Werte 293
   Text zentrieren 297
   Thumbnails erzeugen 298
Grundrechenarten 68

H

Hexadezimal 152
htmlentities() 201
htmlspecialchars() 268
HTML-Tags in Strings 216
HTTP 149

I

If-Anweisung 91; 95
If-else-Anweisung 96
imagecolorallocate() 291
imagecopyresized() 296
imagecreate() 291
imagecreatefrompng() 295
imagepng() 292
imagestring() 292
imagesx() 295
imagesy() 295
imagettfbbox() 291
imagettftext() 291
imap_8bit() 198
implode() 201; 231; 240
include() 109
Inkrementierung 70
Installation 17
   Apache unter Windows 21
   einfache 17
   PHP unter Windows 27
   PHPTriad 17
   Vorbereitung 21
Integer 54
Interaktion 148; 169
is_array() 214
is_dir() 125
is_writeable() 125
isset() 122, 164; 212

Stichwortverzeichnis

J

JavaScript
 Formular prüfen ... 182
 if() ... 177
 onchange-Event ... 178
 onclick ... 173
 onsubmit ... 170
 return ... 170
join() ... 232

K

key() ... 76; 282
Klassen erzeugen ... 64
Kommentare ... 47
Kommentieren
 blockweise ... 48
 zeilenweise ... 47
Konfiguration
 Mailserver ... 39
 PHP-Erweiterungen ... 39; 40
 überprüfen - PHP ... 40
Konstanten ... 53
 definieren ... 53
 überprüfen ... 54
krsort() ... 84
ksort() ... 84

L

levenshtein() ... 201
list() ... 79; 166
Logische Operatoren ... 72

M

magic_quotes ... 38; 174
mail() ... 187
md5() ... 193; 201
Mehrdimensionales Array ... 62
Mehrere Schleifen vorzeitig beenden ... 93

microtime() ... 278
MIME ... 161; 162
 Typ ... 162
mktime() ... 278
Modulo-Operator ... 68
MySQL ... 148; 230
 Anfragen abschicken ... 324
 Datensätze löschen ... 336
 Delete ... 336
 Queries abschicken ... 324

N

nl2br() ... 201; 225; 244

O

Objekte ... 63
 anlegen ... 64
 Zugriff auf Funktionen ... 64
Operatoren ... 67, 204
 arithmetische ... 68
 Inkrementierungs-,
  Dekrementierungsoperator ... 70
 logische ... 72
 Modulo ... 68
 Vergleich ... 71
 Zuweisung ... 69
Optimierte Entwicklungsumgebung ... 33

P

Parameterübergabe ... 107
 by reference ... 108
 by value ... 107
Pattern ... 224
PCRE ... 259
PCRE_UNGREEDY ... 269
Perl ... 171
Perl Regular Expressions ... *Siehe* PCRE
PHP
 Einbindung in den Server (Windows) ... 31

347

Stichwortverzsichnis

Fehlermeldungen 34
Fein-Tuning 37
in den Server einbinden (Windows) 31
in HTML einbetten 44
Installation unter Windows 27
Kommentare 47
mit JavaScript kombinieren 310
Programmstruktur 86
Remarks 47
PHP-Code
  einbinden 44
  in HTML einbetten 44
PHP-Editor 12
PHPTriad 17
Platzhalter 44
Plausibilität 171
POSIX 259
preg_grep() 258
preg_match() 258
preg_match_all() 258; 265
  Array-Rückgabe 269
  Rückgabebeispiel 270
PREG_PATTERN_ORDER 268; 269
preg_replace() 258
print() 201; 203; 204
printf() 201; 248
  Formatanweisungen 249
Programmstruktur 86
Punkt-Operator 240

Q

Quelltext kommentieren 47
  blockweise 48
  zeilenweise 47

R

rawurldecode() 201; 228
rawurlencode() 201; 228
Reguläre Ausdrücke 171; 224
  E-Mail-Syntax prüfen 264

Metazeichen 261
Optionsschalter 263
  spezielle Symbole 262
Symbole 260
vorausschauende Bedingung 263
Rekursion 108
Remarks 47
require() 111
reset() 166
RGB 293

S

Schleifen 86
  Bedingungen 92
  Do While 88
  For 89
  verschachtelte 87
  vorzeitig beenden 93
  vorzeitig beenden, mehrere 93
  While 86
Schnittstelle zum User 169
Server Error 190
Server-seitig 170
Server-seitige Programmiersprache 44
setlocale() 276
settype() 66
Sicherheit
  bei Systemaufrufen 313
similar_text() 201
Sonderzeichen, störende 215
sort() 81
sort_flags 81
split() 231
sprintf() 248
  Formatanweisungen 249
str_replace() 201; 222
strchr() 201
strcmp() 201
strftime() 278
String 55

Stichwortverzeichnis

Datum isolieren 232
einfaches Suchen 252
erstes Vorkommen 252
filtern 254
Formatänderung 250
formatieren 246
Fragmente 231
Groß- und Kleinschreibung 258
kodieren 227
Länge 241
nach Muster formatieren 248
Pattern 224
suchen 252
Suchmuster 224; 258
Teile ersetzen 222
verknüpfen 240
wortgerecht abschneiden 243
zerlegen 231
String-Bearbeitung 200
String-Funktion 102
strip_tags() 201; 217; 244
stripslashes() 201; 216; 244
strlen() 201; 241
strpos() 201; 245; 252
strrchr() 201
strrpos() 201
strstr() 201
strtok() 201; 231
strtolower() 201; 251
strtotime() 278; 280
strtoupper() 201; 251
strtr() 201
substr() 190; 201; 231; 245
Suchmuster 224
switch() 180; 299
Switch-Anweisung 98
Syntax-Highlighting 12
Systemaufrufe, exec und system ... 312

T

Templates 266
time() 278
trim() 201

U

Überprüfung 164
ucfirst() 251
ucwords() 251
Umfangreiche Skripte zerlegen .. 109
Upload 125; 161
URL
   Datenübergabe 150
   Parameter 150
   Sonderzeichen 151
urldecode() 228
urlencode() 152; 228

V

Variablen 48
   Call by refrence 51
   Call by value 51
   Datentypen 54
   Existenz 212
   Geltungsbereich 49
   Namen 48
   Scope 49
   Überprüfung 212
Variablennamen 48
   dynamische 52
   eindeutige 48
Vergleichsoperatoren 71
Verzeichnisfunktionen 128
Verzeichnisse 128
   erstellen 128
   flache Struktur 145
   löschen 130
   Namensgebung 144

Stichwortverzsichnis

Überblick 128
wechseln 130
Verzeichnisstruktur 144

W

W3C 286
Werte
   erhöhen 70
   vermindern 70
while() 163
While-Schleife 86
Whitespaces 218
   entfernen 220
   erwünschte 224
   umwandeln 224
wordwrap() 243f

X

XML 266
   Anwendung 266
   DTD 266

Z

Zeileneditor 133
Zeit 272
   berechnen 280
   umwandeln 280
Zugriffsrechte 36
   für Verzeichnisse 130
Zuweisungsoperator 69

▶▶ Wenn Sie an dieser Seite angelangt sind ...

Ihre Ideen sind gefragt!

Vielleicht möchten Sie sogar selbst als Autor bei **DATA BECKER** mitarbeiten? Wir suchen Buch- und Softwareautoren. Wenn Sie über Spezial-Kenntnisse verfügen, dann fordern Sie doch einfach unsere Infos für Autoren an.

Bitte einschicken an:

DATA BECKER
Gmbh & Co. KG
Postfach 10 20 44
40011 Düsseldorf

Sie können uns auch faxen:

(0211) 3 19 04 98

DATA BECKER
http://www.databecker.de

dann haben Sie sicher schon auf den vorangegangenen Seiten gestöbert oder sogar das ganze Buch gelesen. Und Sie können nun sagen, wie Ihnen dieses Buch gefallen hat. Ihre Meinung interessiert uns!

Wir sind neugierig, ob Sie jede Menge "Aha-Erlebnisse" hatten, ob es vielleicht etwas gab, bei dem das Buch Ihnen nicht weiterhelfen konnte, oder ob Sie einfach rundherum zufrieden waren (was wir natürlich hoffen). Wie auch immer - schreiben Sie uns! Wir freuen uns über Ihre Post, über Ihr Lob genauso wie über Ihre Kritik! Ihre Anregungen helfen uns, die nächsten Titel noch praxisnäher zu gestalten.

Was mir an diesem Buch gefällt:

_____

_____

Das sollten Sie unbedingt ändern:

_____

_____

Kommentar zu diesem Buch:

_____

_____

❏ Ja, ich möchte DATA BECKER Autor werden. Bitte schicken Sie mir Ihre Infos für Autoren.

❏ Ja, bitte schicken Sie mir Informationen zu Ihren Neuerscheinungen.

Name, Vorname _____

Straße _____

PLZ, Ort _____

Artikel-Nr.:

▶▶▶Professionelle Datenbänke für das Internet!

Neugierig auf mehr? Das aktuelle Insiderbuch bietet Ihnen ebenso weiterführendes Know-how, um professionelle Datenbanken sowie dynamische, datenbankgestützte Sites für das World Wide Web zu entwickeln.

Ob interaktive Website, Onlineshop oder komplexe Informationspage: Hier profitieren Sie von dem kompetenten Wissen der Insider in Sachen PHP4 und MySQL. Mit zahlreichen Lösungsvorschlägen für die Praxis und hilfreichen Experten-Tipps, die Ihnen einen Blick hinter die Fassade der Datenbankprogrammierung fürs Internet ermöglichen.

- Fundierte Einführung in die Skriptsprache PHP 4
- Installation und Funktionsweise des MySQL-Servers
- Dynamische datenbakbasierte Websites mit PHP erstellen
- Entwicklung spezieller Datenbankmodelle und eines universellen Shop-Moduls

Leierer/Stoll
**Internet intern
PHP 4 + MySQL**
584 Seiten, inkl. CD-ROM
€ 39,95 (DM 78,14)
ISBN 3-8158-2203-3

nur € 39,95

DATA BECKER
Versandkostenfrei bestellen im Internet: www.databecker.de